DICTIONNAIRE

HISTORIQUE, GÉNÉALOGIQUE ET HÉRALDIQUE

DES

ANCIENNES FAMILLES

DU BERRY

PAR

M.-H. DE MARANSANGE

AVOCAT

ANCIEN CONSEILLER GÉNÉRAL DU CHER

MEMBRE TITULAIRE DE LA SOCIÉTÉ DES ANTIQUAIRES DU CENTRE

DE LA SOCIÉTÉ HISTORIQUE DU CHER

VOLUME II

BOURGES

IMPRIMERIE A. TARDY, ÉDITEUR

1926

N° 

BITVRICVM
DVCATVS
DVCHÉ DE BERRI

DICTIONNAIRE

HISTORIQUE, GÉNÉALOGIQUE ET HÉRALDIQUE

DES

ANCIENNES FAMILLES

DU BERRY

PAR

M.-H. DE MARANSANGE

AVOCAT

ANCIEN CONSEILLER GÉNÉRAL DU CHER

MEMBRE TITULAIRE DE LA SOCIÉTÉ DES ANTIQUAIRES DU CENTRE

DE LA SOCIÉTÉ HISTORIQUE DU CHER

VOLUME II

BOURGES

IMPRIMERIE A. TARDY, ÉDITEUR

1926

DICTIONNAIRE

DES

ANCIENNES FAMILLES DU BERRY

MACÉ, seigneurs de la Vesvre, les Portaux, Villedonné, Bertrand, Veaugues, Feularde, paroisse de Fussy, Battereau, Planche, le Puy-Saint-Cyr.

La Thaumassière donne pour auteur à cette famille Bernard Macé, père de Jean Macé qui contracta alliance en 1471 et eut pour fils Nicolas Macé, seigneur de la Vesvre et des Porteaux, Receveur général du Taillon, puis trésorier de France à Bourges, échevin de cette ville en 1579 et 1580, maire en 1610 qui fut inhumé dans l'église de l'Hôtel-Dieu (1613), dont il avait été « gouverneur et maître ».

Cette famille a donné des conseillers au présidial de Bourges, un lieutenant particulier au bailliage d'Issoudun (1686).

Alliances : Coffin, Chappelain, Charlemagne, Chabenat, Jaquier, Léveillé, Petit, Tourtier, Labbe de Champgrand, Riglet, du Chèvre, Gibieuf, Cherrier, Bengy, Lemort, Caillard, Rivière, Bichier, le Maréchal, Bienvenuat, Bigot d'Astilly, de Cougny, Berault des Billiers, le Roy de Marmagne.

D'azur, à deux lions affrontés d'or, armés et lampassés de gueules, tenant trois masses d'armes d'argent en pairle, accompagnés d'un croissant de même en pointe.

La Thaumassière*. — *Armorial de la généralité de Bourges.* — *Noms féodaux.* — Catherinot, *Tombeaux généalogiques.* — Archives du Cher. — *Statistique monumentale du Cher.* — *Armorial des principales familles du Berry.*

DE MACÉE, *alias* DE MASSÉ, seigneurs de Tilloux, la Groye, la Pérusse, les Noyers, la Boutinière, la Barbelay, le Breuil, Laudonière, le Blanchet, Planche, Loye.

Famille noble originaire du Poitou, dont La Thaumassière donne la généalogie depuis Aimard de Macée, qui vivait en 1499.

Frère Robert de Macé était célerier de l'Abbaye de Déols en 1435 (Archives de l'Indre.) Gilbert de Massé, écuyer, seigneur de Loye, est qualifié capitaine du château du Châtelet (1610). Jean de Macé, écuyer, sieur de la Boulinière est inscrit d'office à l'*Armorial de la généralité de Bourges* avec des armes de fantaisie.

Alliances : De Puyvinault, de Mauvise, de Bailes, de Crémille, Mousnier, Lhostelier, d'Aureuil, Tavarin, Sartin, de la Chapelle de la Farge.

D'argent, à la croix alésée de sinople.

La Thaumassière*. — *Nobiliaire de la généralité de Bourges*, F. fr. 31791 et 32273. — Registres paroissiaux du Châtelet-en-Berry. — Carré de Busserolle, *Supplément à l'Armorial de la Touraine.* — *Les Recherches de Noblesse en Berry.* — *Armorial des principales familles du Berry.*

MACHÉ.

Louis Maché, procureur au présidial de Châtillon-sur-Indre.

D'argent, à un aigle de gueules.

Armorial de la généralité de Bourges. D'office.

MAC NAB ou MACNAB.

Famille écossaise à laquelle appartenait Edouard Mac Nab qui vint s'établir à Sancerre. Il servit comme enseigne au Royal-Ecossais où il avait un oncle capitaine. Il y resta jusqu'au licenciement du régiment en 1763. Puis il fut garde du corps du roi, maître particulier des Eaux-et-Forêts du comté de Sancerre et chevalier de Saint-Louis. L'un de ses enfants, Alexandre Mac Nab fut sous-préfet de Sancerre de 1828 à 1830.

Alliances : Wurpillot, Gaillaut de Gardefort, de Francières, de Penfentenyo de Cheffontaines, d'Anglars.

De sable, au chevron d'argent, chargé de trois croissants de sinople et accompagné d'un canot avec ses avirons voguant sur une mer en pointe, le tout au naturel.

Rietstap. — Tausserat, *Histoire de Vierzon*, Bourges, 1895, p. 483. — *Mémoires de la Société Historique du Cher* (1918-1919), p. 230.

DE MAGNAC, *alias* **DE MAIGNAC** et **DE MAIGNAT**, seigneurs du Repaire, paroisse de Malicornay, Boisron, Sery, Fraignes, Montevrier, Cluis-Dessus, Montroy, le Claux, l'Etang, Chatelard, etc. ; comtes et barons de Magnac. Originaires du pays de Combrailles. En Berry.

Cette famille semble bien être sortie de la maison chevaleresque de ce nom, qui, connue depuis Ytier de Magnac, en 997, a produit des chevaliers croisés, un sénéchal de Saintonge, un archevêque de Paris, cardinal en 1383, un échanson du roi Charles V, etc... Les armes qu'elle a fait inscrire à l'*Armorial Officiel* de 1696 et que nous donnons sont les mêmes que celles de la maison de Magnac, avec cette seule différence que cette dernière chargeait le chef d'argent d'un lambel d'azur de cinq pendants.

Alliances : De Brosses, de Maleret, de Sully, de Céris, de Puyvinault, de Gaucourt, Riffault, du Breuil, Thamoyneau, de Bridiers, de Boisbertrand, de Boislinard.

De gueules, à deux pals de vair, au chef d'or.

La Thaumassière*. — *Nobiliaire de la généralité de Bourges*, F. fr. 31791 et 32272. — *Noms féodaux*. — *Armorial de la généralité de Bourges*, élection d'Issoudun. — *Nobiliaire d'Auvergne*. — Archives de l'Indre. — *Les Recherches de Noblesse en Berry*. — Tardieu, *Dictionnaire de la Haute-Marche*. — Collection Clairambault. — *Armorial des principales familles du Berry*.

MAGNARD, seigneurs de Drulon, du Vernay, de Cornançais, de Loye, des Coûts.

Alliances : Simonnet, Desjobert, Perrot, de Bienvenuat, Villatte, Bardonnet, Béguin de Vandalon, Boityères de Saint-Georges.

D'azur, à un renard passant d'argent sur une terrasse de sinople, surmonté de deux maillets d'or, et un chef cousu de gueules chargé de trois étoiles d'argent.

Brevet d'armoiries délivré par d'Hozier le 5 août 1761 à Pierre Magnard, écuyer, conseiller, secrétaire du Roy, maison et couronne de France, en la chancellerie des Monnaies de Lyon.

Archives du Cher, Série E. Supplément, registres paroissiaux de Loye. — *Armorial des principales familles du Berry*.

DES MAGNOUX ou **DES MAIGNOUX**, seigneurs de la Garde, Laleuf, les Manteaux, Touzel, Panelière, Saint-Pierre-les-Etieux.

Famille originaire du Bourbonnais maintenue en 1667 et 1715.

Alliances : De Chappettes, de Saint-Aubin, de Lanty, de Maumont, de la Mousse, Beraud, de Wissel.

D'azur, à deux chevrons d'or accompagnés de trois merlettes d'argent, celle de la pointe soutenue d'un cœur d'or.

Noms féodaux. — Nobiliaire de la généralité de Bourges, F. fr. 31791. — Les Recherches de Noblesse en Berry. — Armorial du Bourbonnais. — Statistique monumentale du Cher.

MAGOUTET.

Jean Magoutet était archer en la maréchaussée provinciale de Berry, établie à Bourges (1675).
Nicolas Magousté, notaire royal à Bourges, décédé le 26 juillet 1765 était sans doute le fils de N. Magoutet, aussi notaire royal à Bourges, inscrit d'office à l'*Armorial* de la généralité de cette ville.

D'or, à trois bandes d'azur.

DE MAHIS, seigneurs du Breuzé (xviie siècle).

Etienne de Mahis était procureur à Aubigny en 1674.
Jean de Mahis du Breuzé, était conseiller en l'élection de Bourges, 1778.

Alliances : Ragueau, Jaupitre, Fouquet, Chaboureau, Barathon, Lesellier, Durand, Texier, de Châteaubodeau.

La Thaumassière, *Généalogies Jaupitre et Ragueau*. — Archives du Cher.

MAHON.

Jacquette Champion, veuve de Anne Mahon, conseiller du Roy, maire perpétuel d'Aubigny fit enregistrer à l'*Armorial de la généralité de Bourges* les armoiries suivantes :

D'azur, à trois éperviers d'or, chaperonnés, longés et grilletés de même, 2 et 1.

Damoiselle Marguerite Mahon, femme de noble Philippe Labbe, sieur de Champgrand, conseiller du roi au bailliage de Berry et siège présidial de Bourges était gouvernante de Mgr le prince de Conty (1632).

Archives du Cher.

DE MAILLÉ, barons de la Roche-Corbon, Bançay, la Tour-Landry, Saint-Chartier, les Gâtines, la Forest, Lequelen, Bouloire, etc...; premiers barons de Léon, de Coulonce, d'Entrames ; marquis de Gillebourg, de Benehart, de Roujoux, de Vallon ; marquis et comtes de la Tour-Landry ; marquis, comtes et vicomtes de Maillé ; marquis de Kerman, de la Flocelière, de Brezé ; comtes de Châteauroux ; marquis de Jalesmes ; ducs de Fronsac et de Maillé de la Tour-Landry.

Cette famille, originaire de Touraine, qui compte parmi les plus anciennes et les plus illustres maisons de France, a donné cinq chevaliers croisés, dont deux à la première croisade. La branche aînée a ajouté à son nom celui de la Tour-Landry, à la suite du mariage de Françoise de la Tour, héritière de cette noble maison avec Hardouin de Maillé, X^e du nom en 1494. La maison de Maillé a fourni des chevaliers bannerets, un chevalier du Temple en 1177, des sénéchaux de province, un bailli de Touraine (1351), des capitaines d'hommes d'armes des ordonnances, un grand maître d'hôtel de la reine, femme de Charles VII, un grand maître de la vénerie de René d'Anjou, roi de Sicile, des chambellans et des gentilshommes ordinaires de la chambre du roi, des chevaliers de Saint-Michel et du Saint-Esprit, un archevêque de Tours en 1119, un autre mort en odeur de sainteté en 1597, des lieutenants généraux, maréchaux de camp et brigadiers, un maréchal de France, un vice-amiral, des chevaliers et des dignitaires de l'Ordre de Malte, un pair de France en 1814.

Le titre de duc héréditaire fut conféré par lettres patentes du 1er avril 1784 à Charles René de Maillé de la Tour-Landry, lieutenant-général qui avait commandé le régiment de Condé à la bataille de Crevelt où il eut un bras fracassé.

Alliances : De Thouars, de Parthenay, de Rougé, de Vendôme, d'Amboise, de Laval, de Gouffier, de Rohan, de Chauvigny, de la Rochefoucauld, de Beaujeu-Linières, de Châteaubriand, d'Avaugour, d'Aumont, Escoubleau de Sourdis, de la Tour, Bouchard d'Aubeterre, de Chabot, de Montboissier-Beaufort-Canillac, de la Trémoille, de Vivonne, de Menou, de Lubersac, d'Osmond, de Nicolay, de Refuge, de Loüan, d'Augustin, du Plessis-Richelieu, Fitz-James, de Bourbon-Condé, de la Croix de Castries, Joly de Fleury, du Pouget de Nadaillac, Lebrun de Plaisance, de Ganay, de Caumont-La-Force, de Gontaut-Biron, etc..., etc.

D'or, à trois fasces nébulées, *alias* : ondées, de gueules.

La Thaumassière*. — *Histoire des grands officiers de la Couronne.* — *Noms féodaux.* — G. le Bouvier. — Collection Clairambault. — Lainé, *Dictionnaire des origines.* — *Armorial de la Touraine.* — *Bulletin héraldique de France,* année 1879. — *Armorial des principales familles du Berry.*

MAILLET, seigneurs de Nizerolles, anciennement Linerolle, Briou, Chaumont, Champmartin, la Motte-d'Yors (1771).

Famille vierzonnaise qui a donné à cette ville au xviiie siècle un président au grenier à sel (1710) et des lieutenants des Eaux-et-Forêts. Jacques Maillet, sieur de Chaumont était lieutenant des gabelles en la ville de Buzançais (1720).

Alliances : Michel, Tribard, Rossignol, de Sully, Gommont, Auger, Jeoffrin.

D'or, à trois maillets de sable, 2 et 1. *Alias* : de gueules, à trois maillets d'argent. D'office.

Armorial de la généralité de Bourges. — Archives du Cher. — TAUSSERAT, *Chroniques de la châtellenie de Lury.*

DE MALERET ou **MALLERET**, seigneurs de Maleret, Lussac (1401-1645), dans la Marche ; la Roche-Guillebault (1412), Saint-Palais en partie, Laleuf, paroisse de Nohant, le Plessis, paroisse de Velles, Boismarmin, etc., en Berry ; de la Nozière, en Bourbonnais ; marquis de Saint-Mexant.

Maison d'ancienne chevalerie, connue dès 1242, qui a eu pour berceau la terre de Maleret, sise près de Boussac.

Le 24 juillet 1412, Madame Dauphine de Flayac et messire Guillaume de Malleret, damoiseau, son fils, font hommage du fief de la Rocheguillebault au seigneur de Châteauroux.

En 1548, Jacques de Maleret était prieur claustral à l'abbaye de Déols ; en 1635, Laurent de Malleret, seigneur de Boismarmin comparait au ban de Berry.

Cette famille a produit des chevaliers de Malte et un député de la noblesse de la sénéchaussée de Guéret, en 1789, Louis de Maleret, marquis de Saint-Mexant, maréchal de camp.

Alliances : Brandon, de Babute, d'Aubusson, de Fontenay, d'Aubrun, de Chamborant, de Magnac, Guérin, de Saint-Martin, de Boisbertrand, de Montagnac, de Boislinard, de Noblet, Fournier de Boismarmin, de Loüan, de la Roche-Aymon, de Bethoulat.

D'or, au sautoir d'azur, accompagné en chef d'un lion issant de gueules, armé et lampassé de sable.

Guill. REVEL. — VERTOT. — LA THAUMASSIÈRE. — Archives de l'Indre. — *Noms féodaux.* — *Nobiliaire d'Auvergne.* — Collection Clairambault. -- *Armorial du Bourbonnais.* — TARDIEU, *Dictionnaire de la Haute-Marche.* — *Armorial des principales familles du Berry.*

DE MALESSET ou **MALESSEC**, seigneurs de Malesset, Chastelus-Malvaleix, Roche, Courgeat, la Prugne, Saint-Dizier, la Valette, etc... ; vicomtes de la Motte-au-Groing ; comtes de Chastelus. Originaires de la Marche.

Maison chevaleresque, connue dès 1228, qui tire son nom de la terre de Malesset, près Tulle. Elle a produit un cardinal, mort en 1412, un capitaine de cinquante hommes d'armes, gentilhomme de la chambre du roi, un chevalier de l'Ordre du roi, des chevaliers de Malte.

Cette famille s'est éteinte vers la fin du XVIIe siècle en la personne de Madeleine de Malesset, mariée au marquis du Coudray-Montpensier, de la maison d'Escoubleau de Sourdis.

Alliances : De Malval, de Saint-Avit, le Groing, Trousseau, de Rilhac, Bertrand de Villemort, de Saint-Georges, Ajasson, du Bouex, de Gaucourt.

D'or, au lion de gueules, au chef d'azur chargé de trois étoiles d'or, *alias* : d'argent, rangées en fasce.

La Thaumassière*. — Vertot. — La Chesnaye-des-Bois. — Tardieu, *Dictionnaire de la Haute-Marche.* — *Armorial des principales familles du Berry.*

DE MALESTU, seigneurs d'Aigues-Mortes (1422), la Maisonfort, Brinay, Vallenay (xve siècle).

Alliances : De Bazerne, Legoy.

Tausserat, *Chroniques de Lury.* — *Statistique monumentale du Cher.*

MALLARD, seigneurs de Villejovet, la Salle.

Ancienne famille qui a donné un conseiller du roi en l'élection de Châteauroux (1587), un gref fier en chef au siège présidial de cette ville (1680), des magistrats distingués dont un président du tribunal civil de Saint-Amand.

Alliances : Georget, Basset, Delleterie, Bourdeau de Fontenay, Cuisinier, Bonnet de Sarzay, Duval, Constant du Rhône, Robin-Massé, Delouche, Robertet, Courroux, Lebon, Vinot, Delacou, Tardé du Mousseau, Dufraisse.

Archives de l'Indre. — Registres paroissiaux de Châteaumeillant et de Lignières. — Mallard, *Histoire de Saint-Amand.*

DE MALLIVAU, seigneurs de Laige, Estrée, Maurepas, la Dime, le Trez, paroisse de Baudres. En Bas-Berry.

N. de Malivau, écuyer, seigneur d'Estrée, était marié à Françoise de la Mesvre en 1530.

Alliances : Mareschal, de Saint-Avit, de Boisvilliers, des Evières, de Dampierre, de Beauregard, du Verdier.

D'argent, au lion de sable, armé, lampassé et couronné d'or.

Archives de l'Indre. — *Les Recherches de Noblesse en Berry.* — Dossiers bleus, 421.

MANCERON.

Ancienne famille de Bourges dont la filiation suivie remonte à Guillaume Manceron, praticien, qui épousa en 1560, Gabrielle Foubert. D'après une tradition de famille, Antoine Manceron, sieur de Vailleau, fils d'un avocat au présidial, aurait été anobli par Louis XIV lors de son passage à Bourges.

Cette famille a donné des avocats, un conseiller du roi au siège présidial de Bourges qui fut élu échevin de cette ville en 1606 et continué jusqu'en 1609 ; deux imprimeurs à Bourges dont l'un fut président du Tribunal de Commerce, deux capitaines d'artillerie de marine, un vice-amiral, deux colonels et un commissaire en chef de la Marine.

Alliances : Foubert, de la Roche, Lecointe, Vermeil, Béchereau, de la Marche, Pigny, de la Grange, Malaisé, Rossignol, Collardeau, Fleury, Cissoigne, Bussou, le Rasle, Thévenet, Mathon.

D'azur, à l'arbre d'or soutenu d'une étoile d'argent, accosté de deux étoiles de même. Armes adoptées par la famille.

Alias : D'azur, à un arbre d'or, adextré d'une étoile de même et senestré d'un croissant d'agent.

Privilèges de Bourges. — LA THAUMASSIÈRE. — Noms féodaux. — Archives du Cher. — Bibliothèque Nationale, mss. Pièces originales, dossier 42167.

DES MANCHINS et DE MANCHINS, seigneurs de Villabon, Chassy.

Famille noble qui a donné un archer du roi et plusieurs officiers distingués.

Loys des Manchins, sieur de Villabon et Christophe des Manchins figurent au rôle du ban du Berry en 1569.

En 1740, Louis-Claude des Manchins, chevalier de Saint-Louis, est parrain de la cloche de l'église de Saint-Hilaire-de-Gondilly.

Alliances : Maréchal, de Druy, de Broc, de Vouzi, de Ruelle, du Pezeau, d'Orléans.

D'azur, à trois flèches d'argent posées en bande et surmontées d'un besant d'argent au canton dextre du chef.

Nobles du Berry maintenus dans leur noblesse dont les dépouillements se trouvent dans nos *Mémoires* (manuscrit attribué à D'HOZIER et appartenant à l'auteur). — Archives du Cher. — *Les Recherches de Noblesse en Berry*. — *Statistique monumentale du Cher*. — Dossiers bleus, vol. 422. Dossier 11273. — Bibliothèque nationale, pièces originales, vol. 1824, dossier 42157.

MANESSIER, seigneurs de la Motte-d'Hiors.

Maison fondue depuis 200 ans en celle de Laverdin-Patoufleau et du Vivier dont la branche aînée subsiste en Picardie dans les seigneurs marquis de Guivermaisnil et de Maison du nom de Manessier.

En effet, le 26 avril 1547, Jean de Patoufleau, écuyer, sieur de Charnay, épousait Marie Manessier, fille d'Artault Manessier, écuyer, seigneur de la Motte d'Hiors et de Philiberte Saillet.

D'argent, à trois hures de sanglier de sable.

Nobles du Berry maintenus dans leur noblesse, manuscrit attribué à D'HOZIER. — LA THAUMASSIÈRE, *Généalogie Patoufleau*. — *Les Recherches de Noblesse en Berry*. — BOREL D'HAUTERIVE, *Armorial d'Artois et de Picardie*. — RIETSTAP.

MANGIN, D'OUINCE et DE BEAUVAIS, seigneurs de Challançon, en Auvergne, Bellefonds, les Fontaines, Bournon, Sévinières, Chizé, Ouince, Beauvais, les Touches, Jouesme, Bastides, la Ferrande, Voulpaudière, Pouzioux, le Breuil, les Lignes, la Barre, etc...

Cette famille, d'ancienne noblesse, que la tradition dit originaire de Lorraine, était établie aux confins du Berry et du Poitou dès le xvᵉ siècle.

Elle a produit des présidents en l'élection du Blanc, plusieurs officiers distingués, des chevaliers de Saint-Louis, un colonel directeur d'artillerie, retraité maréchal de camp en 1815, Jean-Bapitste Mangin d'Ouince, qui fut créé baron de l'Empire en 1809, un député d'Ille-et-Vilaine (1831-1842).

Elle a été maintenue dans sa noblesse à l'Intendance de Bourges en 1715 et a comparu aux assemblées électorales de la noblesse du Berry et du Poitou.

Alliances : De la Haye, de la Touche, Maubué, Bastide, Barbe, Dury, des Marquets, Jacquet, de Turgis, d'Argence, de Gebert, Soumard de Villeneuve.

D'azur, à deux croissants rangés d'argent, ou coupé : au premier, d'azur, à deux croissants rangés d'argent ; au deuxième, de gueules plein.

Armorial de la généralité de Bourges et du Poitou. — LAINÉ, *Archives généalogiques de la Noblesse de France.* — BEAUCHET-FILLEAU, *Dictionnaire des familles du Poitou.* — *Nobiliaire de la généralité de Bourges*, F. fr. 31791. — SIMON, *Armorial de l'Empire.* — *Les Recherches de Noblesse en Berry.* — *Armorial des principales familles du Berry.*

MANSART ou MANSARD, comtes de Sagonne (1699), seigneurs du marquisat de Lévy. En Bourbonnais.

François Mansart, célèbre architecte (1598-1666) eut pour petit neveu Jules Hardoin Mansard (1646-1708), à qui on doit entre autres chefs-d'œuvres, le dôme de l'hôtel des Invalides, la place Vendôme, la place des Victoires, etc... Il fut successivement premier architecte du roi, surintendant des bâtiments, arts et manufactures, membre de l'Académie de peinture et de sculpture.

Jacques Hardouin Mansard, chevalier, comte de Sagonne, conseiller au Parlement de Paris (1704), était lieutenant du roi en la province de Bourbonnais en 1757.

Alliances : Bodin, Bernard (Samuel), d'Arpajon, Lebas, Jourdain.

D'azur, à la colonne d'argent, la base, le chapiteau et le piedestal d'or, surmontée d'un soleil de même, la dite colonne accostée de deux aigles d'or, affrontés et fixant le soleil.

CHEVILLARD, *Dictionnaire héraldique.* — LA CHESNAYE-DES-BOIS. — MORERI. — Vicomte DE MAGNY, *La Science du blason.* — RIETSTAP. — Archives de l'Allier. — *Nouveau Larousse illustré.* — *Histoire de Lurcy-Lévy*, par Régis FOURNERIS, Moulins, 1898. — *Le Conseiller des mères*, nᵒ 7 du journal, 1ᵉʳ avril 1887, *Notice sur le château de Sagonne.* — *Statistique monumentale du Cher.* — *Armorial des principales familles de Berry.*— *Les hommes illustres*, par PERRAULT, Paris 1697.

DE MARANDÉ, seigneurs de Berlières, en Berry, En Nivernais.

Le comte de Soultrait, dans son *Armorial du Bourbonnais*, attribue à cette famille le nom de Maraude, au lieu de Marandé.

Jean de Marandé, seigneur de Berlières, fief relevant de la seigneurie de Cornusse, dont Mgr Frémiot, archevêque de Bourges, était seigneur temporel, était secrétaire de la reine Marguerite, puis gentilhomme de la chambre de Monsieur, frère du roi.

Alliances : Vyau, Bolacre.

D'azur, au chevron d'or, accompagné de trois roses d'argent.

La Thaumassière, *Généalogie le Bègue*. — *Armorial manuscrit du Nivernais*, dit *Armorial de Challudet*. — Archives du Cher.

MARANDÉ.

N..... Marandé, conseiller du roi au présidial de Bourges, fit enregistrer ses armoiries à l'*Armoria* de la généralité de cette ville.

Alliance : Tourtier.

D'azur, à un arbre d'argent, accosté de deux aigles, becqués et membrés de gueules.

MARANDON, seigneurs et barons de la Maisonfort. En Berry.

Louis Marandon qui acquit la terre et baronnie de la Maisonfort, près Graçay, en 1743, fut successivement trésorier de la duchesse de Berry (1715), receveur général des finances de la province du Berry (1719) et secrétaire du roi (1721).

Alliances : Doulcet, Guillois, Pougin, de Bragelone (1768).

De gueules, au chevron d'or, accompagné de trois têtes de héron d'argent, deux en chef et une en pointe.

D'Hozier. — Chevillard, *Dictionnaire héraldique*. — *Histoire et Statistique monumentale du Cher*. — *Armorial des principales familles du Berry*.

DE MARANS, seigneurs de Saint-Marc, la Landeterie, la Dubellerie, Loubressay, le Tertre, la Saulle, Fontillé, la Varenne, la Fond ; barons des Ormes-Saint-Martin ; comtes de Marans.

Maison d'ancienne noblesse, originaire du Maine et répandue en Touraine, en Poitou et en Berry.

Elle a produit un gentilhomme de l'hôtel, un brigadier des armées du roi, un chevalier de l'Ordre, des chevaliers de Malte, des chevaliers de Saint-Louis.

Alliances : De Pindray, de Culant, Thibault, de Martel, Douat.

Fascé et contrefascé d'or et d'azur de six pièces, à un écusson d'argent en abîme, au chef tiercé en pal, le premier tranché d'or et d'azur, le deuxième parti d'azur et d'or, le troisième taillé d'azur et d'or.

Nobiliaire du Berry, F. fr. 31791 et 32273. — Vertot. — *Armorial de la Touraine. — Les Recherches de Noblesse en Berry.* — Rietstap. — L'abbé Chambois et Paul de Farcy, *Recherches de Noblesse dans la généralité de Tours.*

DE MARANSANGE. Voir PETITJEAN.

DE MARAY.

Jean de Maray, conseiller du roi, lieutenant général à Concressault, reçut d'office les armes ci-dessous :

De gueules, à une fasce d'argent, chargée de deux chevrons renversés **et rangés d'azur,** et accompagnée de trois papillons d'or miraillés d'azur, deux en chef et un en pointe.

Armorial de la généralité de Bourges.

DE MARÇAY, seigneurs de Fromentau.

Alliance : De Biottière (1452).

D'azur, semé de fleurs de lys d'argent.

Armorial de la généralité de Bourges, élection de La Châtre.

MARCHAND, seigneurs de Gasteau.

Charles Marchand, conseiller du roi en l'élection du Saint-Amand a présenté les armoiries que nous donnons ci-dessous.

Chevalier de Saint-Amand cite Pierre Marchand comme syndic perpétuel de la ville de Saint-Amand en 1706.

Alliance : Bonnet.

D'azur, à trois lettres majuscules C. M. B. d'or, posées en fasce et accompagnées de deux étoiles de même en chef et d'un cœur de carnation en pointe.

Armorial de la généralité de Bourges.

MARCHAND ou MARCHANT, seigneurs de Varye, l'Isle-au-Roi et l'Isle-Longue, paroisse de Bery, Etréchy, le Bouchetin.

Famille consulaire qui a fourni un échevin à la ville de Bourges, en 1610, un conseiller, clerc, au présidial, un receveur des deniers communs de la ville, 1610.

Nous ignorons si Jacques Marchand, abbé de Lorroy, en 1776, appartenait à cette famille.

Alliances : Bridard, Crochet, Bengy, Poireau.

De sinople, chappé d'azur, accompagné de deux faucons affrontés d'argent en chef et d'un poids de marc d'or en pointe.

La Thaumassière. — *Noms féodaux.* — Archives du Cher.

LE MARCHANT, seigneurs et patrons de Fougerolles et de Saint-Louet.

Famille de Normandie. Barnabé le Marchant, écuyer, seigneur de Saint-Louet, qui fit enregistrer ses armes à l'*Armorial de Bourges*, remplissait les fonctions de receveur des tailles en l'élection de Saint-Amand. Il avait épousé Elisabeth Michault, veuve de J.-B. du Perron, fourrier de la duchesse de Bourgogne.

Alliance : Hebert.

D'azur, à une croix tréflée d'or, cantonnée de quatre trèfles appointés de même.

Noms féodaux. — *Armorial de la généralité de Bourges.* — Archives de l'Allier. — Rietstap.

DE LA MARCHE, seigneurs de Buxières d'Aillac, Puyguillon, Parnac, la Motte-Turlin, Bogenet, Pierrefolle, Lourdoueix-Saint-Michel, Saint-Plantaire, Dun-le-Poeslier, etc... ; barons de Fins et de Faye ; comtes de Crozant de Nousserottes, de la Marche. En Berry et dans la Marche.

Famille de chevalerie, connue dès 1171. Raoul de la Marche, chevalier, figure dans une charte d'Hugues de Gargilesse en 1230. Séguin de la Marche, damoiseau, fait aveu et dénombrement aux seigneurs de Châteauroux en 1292.

La maison de la Marche a produit un capitaine exempt des gardes du roi Henri IV, un des cent gentilshommes de la chambre du roi, un évêque, un abbé de Villeloin (1386-1414), un procureur général de l'abbaye de Grandmont, des chevaliers de Malte, un grand nombre d'officiers des armées du roi, etc...

Alliances : Ajasson, de Leffe, de Lestrange, Courault, de Villelume, de Chamborant, de Maussabré, d'Assy, d'Arnac, le Roy, d'Orléans de Rère' du Ligondaix, de la Celle, de Chabannes, de Saint-Julien, de Forges de Barreneuve, de Saint-Georges, de Boislinard, du Breuil, de Loubens de Verdalle, de la Garde, Petitjean de Marcilly.

D'argent, au chef de gueules, à la bordure de même.

La Thaumassière*. — La Chesnaye-des-Bois. — Vertot. — Archives de l'Indre. — Hubert, *Le Bas-Berry*, canton d'Ardentes. — *Noms féodaux.* — Vertot. — *Nobiliaire d'Auvergne.* — Tardieu, *Dictionnaire de la Haute-Marche.* — *Armorial de la généralité de Bourges.* — *Armorial des principales familles du Berry.*

DE MARCILLAC, seigneurs d'Acre, paroisse de Noret, la Grange.

Ancienne famille établie à Châteaumeillant; qui a donné un receveur de cette châtellenie en 1510, des notaires royaux, un secrétaire du roi, un trésorier de France au bureau des finances de Bourges. Denis de Marcillac, mort à Paris en 1700, qui n'a pas laissé de postérité.

Alliances : Blanchat, Prévost, Roulin, Alasseur, Bonnin, Bernard, Menaut, Mercier.

D'azur, au chevron d'or, accompagné en chef de deux étoiles d'or, et en pointe d'un cygne au naturel, nageant sur une rivière d'argent.

Armorial de la généralité de Bourges. — Registres paroissiaux de Châteaumeillant. — Chénon, *Histoire de Châteaumeillant.* — *Les Recherches de Noblesse en Berry.* — *Mémoires des Antiquaires du Centre,* XXVIIe vol., p. 236. — *Armorial des principales familles du Berry.* — Berry, *Maintenues de noblesse,* manuscrit provenant de d'Hozier, en notre possession.

DE MARCILLAC, seigneurs de Montillet, les Palis.

Ancienne famille dont nous ignorons le pays d'origine ; peut-être était-elle un rameau de la famille précédente ? Quoiqu'il en soit nous la trouvons établie au xviie siècle dans les environs de la ville d'Argenton.

Jean de Marcillac acquiert en 1703 le fief de Mortillet situé sur le bord de la Creuse ; il est qualifié conseiller du roi, contrôleur aux revues des troupes de Sa Majesté. Son fils, Gabriel de Marcillac, par suite de son alliance avec Marie Baron du Palis, devient seigneur du château du Palis, près Argenton.

Cette famille a donné un directeur au ministère des finances, caissier payeur central du trésor public, commandeur de la Légion d'honneur et des officiers distingués.

Alliances : Dumoulin, Baron du Palis, Heurtault de Saint-Christophe, Blanchard des Bordes, de Vincent de Panette, Hay de Sancé, Hazon de Saint-Firmin, Chaillot de Lugny, Cosson de Lalande, Marcotte de Sainte-Marie, Penigault, Sanglé-Ferrière, de Montagu, de la Morinerie, Josset de Lamaugarny.

Hubert, *Le Bas-Berry*, canton d'Argenton, p. 273. — *Note* communiquée par M. Louis de Marcillac, à Boisgaillard, près Monétay-sur-Loire.

MARÉCHAL, seigneurs de Besse, Brethon, Forbois, Varennes.

Cette famille a donné un échevin de Bourges en 1517 et 1518, des avocats et conseillers du roi.

Alliances : Dupuy, Chambellan, Seurat, de Cambray, Dordon, de la Chesnaye, des Manchins, du Verne, Herpin du Coudray, Chevalier d'Almont, Aupépin, de Rouffignac, Bidault.

De sinople, à trois poissons d'or, posés l'un sur l'autre.

CHAUMEAU. — LA THAUMASSIÈRE*. — *Armorial de la généralité de Bourges.* — Archives du Cher. — *Nobiliaire de la généralité de Bourges*, F. fr. 31791 et 32272. — *Les Recherches de Noblesse en Berry.* — *Armorial des principales familles du Berry.*

MARÉCHAL, seigneurs de la Grand-Rivière.

Guillaume Maréchal, seigneur de la Grand-Rivière, était conseiller au présidial de Bourges (1569-1602).

Philippe Maréchal, seigneur de la Grand-Rivière, avocat en parlement, fut élu échevin de la ville de Bourges en 1637.

D'azur, à la tour coulissée et flanquée de deux autres tours d'or, le tout maçonné de sable et essoré de gueules à pointe et girouettes d'argent.

LA THAUMASSIÈRE. — Archives du Cher.

LE MARESCHAL ou LE MARÉCHAL, seigneurs de Corbet, Atily, Lassay, Azy, la Vienne, les Porches, Vinery en partie ; vicomtes de Chipou.

Famille qui remonte à Henri le Mareschal, sieur du Corbet, secrétaire du roi, qui fut échevin de la ville de Bourges en 1561 ; François le Mareschal, sieur du Corbet, trésorier général des finances en la généralité de Languedoc, fut élu quatre fois maire de Bourges et en exerça les fonctions pendant 8 années à partir de 1577. Cette famille a produit un conseiller au grand conseil, un conseiller au parlement de Paris (1615), un chanoine et official de l'église cathédrale de Bourges (1618).

Alliances : De Gannay, Chaumeau, de Sauzay, de Chabenat, de la Croix, Macé, Lebègue, Barthélemy.

D'argent, à deux lions affrontés de sable, supportant un triangle ou delta d'azur.

LA THAUMASSIÈRE. — *Privilèges de Bourges.* — BERRY, *Maintenues de Noblesse*, manuscrit. — Archives du Cher. — *Armorial de la généralité de Bourges.* — BLANCHARD, *Les Présidents à mortier.* — *Les Recherches de Noblesse en Berry.* — *Statistique monumentale du Cher.* — *Armorial des principales familles du Berry.*

DE MAREUIL, seigneurs de la Ferté-Sainte-Fauste, Treuillant, Coubloux, la Coifferie, paroisse de Vic-sur-Nahon, Montifault, paroisse de Rouvres-les-Bois, Corbilly, paroisse d'Arthon, la Notte, le Mineray.

Famille d'ancienne noblesse du Bas-Berry qui a fourni des religieux à l'abbaye de Déols au XVIᵉ siècle.

Alliances : De Valançay, le Borgne, de Barathon, de Boisé, de Laigue, de Soubray, Girard de Vasson.

Burelé d'or et de gueules.

Nobiliaire de la généralité de Bourges, F. fr. 31791. — Archives de l'Indre. — HUBERT, *Le Bas-Berry*, canton d'Ardentes. — *Les Recherches de Noblesse en Berry*.

DE MARGAT, seigneurs du Breuil, la Brosse, le Coudrai-les-Boni, Bussède, Crecy.

D'Hozier commence la généalogie de cette famille à François Margat, qui fut nommé le 23 mars 1548 par Marguerite de France, reine de Navarre et duchesse de Berry, à l'office de lieutenant général au siège de Concressault, office qui passa à son fils et à son petit-fils.

Cette famille a encore donné un lieutenant général d'épée, conseiller au présidial de Bourges et échevin de cette ville en 1667, un lieutenant général de police, maire de Bourges de 1724 à 1729, des chanoines, etc...

Alliances : Petau, Fortet, Alix, Fouchier, Ruelle, de la Chapelle, Gascoing, Robert de Pesselières, Masson des Rompis, Tullier, de Bonin du Cluzeau.

De gueules, au chef d'argent, chargé de trois annelets de gueules.

LA THAUMASSIÈRE. — D'HOZIER. — *Nobiliaire de la généralité de Bourges*, F. fr. 32272 et 32273. — *Armorial de la généralité de Bourges*. — Archives du Cher. — *Les Recherches de Noblesse en Berry*. — *Armorial des principales familles du Berry*.

DE MAROLLES, seigneurs de Marolles, Rançay, le Treuillault, la Valinière, Touvent, la Varenne, la Rochère, le Rabry, la Pignottière, Rochefeu, le Breuil, etc... ; comtes de Marolles. En Touraine et en Bas-Berry.

Maison d'ancienne chevalerie, connue en Touraine dès l'an 1130. Elle a produit, entre autres personnages, un gentilhomme de la chambre du roi Louis XII, un lieutenant-colonel des Cent Suisses de la garde du roi Henri III, maréchal de camp de ses armées ; le célèbre Michel de Marolles, abbé de Villeloin, mort en 1681, à qui nous devons entre autres ouvrages, l'*Inventaire des Titres de Nevers*, un bailli d'épée de Châtillon-sur-Indre en 1720, un général de brigade, officier de la Légion d'honneur, tué au siège de Sébastopol en 1855.

Alliances : Boutet, Grasleul, d'Evian, de Boisvilliers, de Châtillon, du Hamel, Dardeau, du Mesnil, de Menou, de Bridieu, de Rochefort-Luçay, de Vélard, de Wissel, de Poix, Gervais, de Sigogné, Gilles de Fontenailles.

D'azur, à une épée en pal d'argent, accostée de deux plumes d'autruche de même.

Armorial de la généralité de Bourges. — Archives de l'Indre. — *Armorial de la Touraine*. — *Les Recherches de Noblesse en Berry*. — MORERI. — *Annuaire de la Noblesse*, 1905. — *Nobiliaire de la généralité de Bourges*, F. fr. 31791 et 32273.

DE MARPON, seigneurs de Lestre, Chézeau, Oislon, paroisse de Barlieu, les Isles, Saint-Aignan-le-Faillant, la Porte-Croulais.

Famille qui a donné un gentilhomme de la chambre du roi, maire de la ville de la Charité, des trésoriers de France et des chanoines aux églises de Bourges.

Alliances : Boin, Turpin de Lespinière, Boisseau, de Bonnefoy, Mignon, le Clerc, Moulier, de Bonnestat, Ruellé de la Pagerie, de Wautier.

D'azur, au chevron d'or abaissé, surmonté d'une aigle à deux têtes, au vol éployé du même, accostée de deux étoiles d'argent, et accompagné d'un croissant de même en pointe.

Armorial de la généralité de Bourges. — Archives du Cher. — De Magny, *Nobiliaire Universel.* — *Armorial des principales familles du Berry.* — *Statistique monumentale du Cher.*

DES MARQUETS, seigneurs de la Brosse, Saint-Hilaire, Seré, Corcheron, le Verger, Beaupuis, en partie, le Breuil-Herbert. En Berry et en Poitou.

Famille d'ancienne noblesse connue dès le commencement du xve siècle.

Alliances : De Chastin, de Perpirolle, Paviot, de Coigne, de Bridiers, Pot, Cerisier, de la Bussière.

D'azur, à la bande d'argent, accompagnée de deux croissants d'or, l'un en chef et l'autre en pointe.

La Thaumassière. — *Noms féodaux.* — *Armorial de la Touraine.* — *Les Recherches de Noblesse en Berry.* — *Armorial des principales familles du Berry.*

MARS, seigneurs de la Tour, Châteaufort, Rocheneuve, le Lac, paroisse de Saint-Marcel, Chastelrou, Beaumont, Balème.

Ancienne famille connue à Saint-Marcel d'Argenton dès 1456. Elle a donné des notaires, des procureurs, des greffiers, un lieutenant particulier au bailliage de Châteauroux en 1605, un garde du corps, capitaine de la ville de Saint-Marcel, maintenu dans la qualité d'écuyer en 1669.

Alliances : Bienvenue, de Pougny, Godin, Crochereau, Dufour, de Valenciennes.

Ecartelé d'argent et d'azur.

Noms féodaux. — Archives de l'Indre. — *Les Recherches de Noblesse en Berry.* — *Le Bas-Berry*, canton d'Argenton, p. 251. — *Nouveau* d'Hozier, 226.

DE MARTEAU, seigneurs de Bonat, Fontgoin, le Tiert, les Granges (xvie siècle).

Alliance : De Mancier.

Archives de l'Indre. — Hubert, *Le Bas-Berry*, canton d'Argenton, p. 346.

DE MARTEL, seigneurs de la Gaudinière, de Launay, etc... ; comtes de Martel. Poitou, Touraine, Berry, Blésois.

La famille de Martel, originaire de Normandie, a formé de nombreuses branches, répandues en diverses provinces.

Antoine de Martel, seigneur de Laleuf, comparut au ban de Berry, en 1635. René Martel, écuyer, sieur de Launay, demeurant en la paroisse de Pezay, maintenu en la généralité de Bourges, était mort en 1696, ainsi qu'en témoigne l'*Armorial général* qui impose des armoiries d'office à sa veuve.

Alliances : D'Asnières, d'Aloigny, Taveau, du Breuil-Hélyon, de Moussy, de Chastenet de Puységur, de Lezay, de Mauvise.

Armes : D'or, à trois marteaux de gueules, et aussi : de gueules, à trois marteaux d'or.

VERTOT, *Histoire de Malte.* — *Noms féodaux.* — *Armorial de la généralité de Bourges.* — *Les Recherches de Noblesse en Berry,* — *Armorial de la Touraine.* — BEAUCHET-FILLEAU. — Archives du Cher. — *Bulletin héraldique,* 1886, p. 100. — BACHELIN-DEFLORENNE, *Etat présent de la Noblesse,* 1873. — L'abbé CHAMBOIS et Paul DE FARCY, *Recherche de la Noblesse dans la généralité de Tours,* 1895.

MARTIN, seigneurs des Augis, Jauget, la Carte, Launay, la Baratonnière, la Pillette, paroisse de Chisseaux. En Touraine et en Berry.

D'après un manuscrit inédit attribué à d'Hozier et provenant des Archives du Collège héraldique, aujourd'hui en notre possession, René Martin, sieur de la Pillette, demeurant en la paroisse de Faverolles, aurait été maintenu dans sa noblesse le 5 juillet 1669.

Alliance : D'Argier.

D'or, au chevron de gueules, accompagné de trois martinets d'azur.

Nobiliaire de la généralité de Bourges, F. fr. 31791. — *Armorial de la Touraine.* — *Les Recherches de la Noblesse en Berry.*

MARTIN DE MAROLLES, seigneurs de la Goutte-Bernard, Jartraux, paroisse de Saint-Martin-de-Tournon, Chasseloup, la Roche-de-Mouhet, les Bordes, Chassenoy, la Ménardière, Champmartin, le Bois, le Pontet, paroisse de Vic-sur-Aubois, Rochepot, Marolles, les Fontaines. Poitou, Berry, Touraine.

Ancienne famille qui a produit depuis Léonard Martin, seigneur de la Goutte, homme d'armes de la compagnie de Montpensier en 1560; maintenue dans sa noblesse le 5 octobre 1667. Elle a donné des chevaliers de Saint-Louis et a comparu aux Assemblées de la Noblesse de Berry en 1789.

Alliances : Courault, de Boislinard, Bigot, de Vouhet, Boudard, de Chamborant, d'Aubusson, Denizeau, de la Gastine, de la Selle, de Lamoureux, du Mont du Breuil-Yvain, du Peyroulx, de

Monthieux, Galland. L'Huillier de Lamardelle, Thévenin, de Bengy-Puyvallée, Soumard de Villeneuve, Gassot de Fussy, Thomas des Colombiers de Boismarmin, de Beaucorps-Créquy, de Saint-Martin.

D'argent, à la fasce ondée d'azur ; *alias* : D'argent, à trois fasces ondées d'azur.

Nobiliaire de la généralité de Bourges, F. fr. 31.791 et 32272-73. — *Armorial de la généralité de Bourges.* — Saint-Allais. — La Chesnaye-des-Bois. — *Armorial de la Touraine.* — *Les Recherches de Noblesse en Berry.* — Emile Chénon, *Histoire de Vic-sur-Aubois*, Paris, 1922, p. 101. — *Armorial des principales familles du Berry.*

DE LA MARVALIÈRE, seigneurs de la Brosse-sur-Vollon, Saint-Lactencin, le Puy, Jumeaux.

Famille de Paris possessionnée en Berry au xviiie siècle.
Albert de la Marvalière était auditeur en la Chambre des Comptes de Paris en 1754.

Alliances : De Loigne, Barandin, Le Marié d'Aubigny.

Archives du Cher. — *Rôle de la capitation des nobles de la généralité de Bourges pour 1772.* — *Catalogue des gentilshommes du Berry qui ont comparu à l'assemblée de la Noblesse en 1789.* — Hubert, *Le Bas-Berry*, canton de Buzançais. — *Armorial des principales familles du Berry.*

DU MAS ou DUMAS, seigneurs du Mas-Sarrazin, près Préveranges (1360), l'Isle-sur-Arnon (1404), le Bois de la Font, paroisse de Rezay, Boisgueffier, le Bosquot, Bannegon, la Chapelle, Hauterive, Felletin, Chanceaux, Riffardeau, la Maisonnette, le Coudray, etc... Originaires du Bourbonnais. En Berry et en Provence.

Maison d'ancienne noblesse, connue en Berry dès le xive siècle. Elle a produit des hommes d'armes, un porte-étendard du duc de Bourgogne, tué à la bataille de Morat (1476), des chambellans des rois Louis XI et Charles VIII, des capitaines châtelains d'Ainay-le-Château, un grand maître des eaux et forêts de France, un abbé de l'abbaye des Pierres, qui devint évêque de Périgueux (1486), trésorier de la Sainte-Chapelle de Bourges (1497), un abbé et réformateur de la Congrégation de Chezal-Benoit (1485). Par suite du mariage (1528) de Pierre Dumas, seigneur de l'Isle-sur-Arnon et de Bannegon, capitaine decent hommes de guerre. avec Marie Dupuy, fille du seigneur de Pradies, gouverneur et capitaine du Bastide, sa postérité s'est établie dans le comté de Foix et s'y est continuée jusqu'à notre siècle sous le nom de Dumas de Marveille.

Alliances : Sigonneau, de Carbonel, de Lévis de Ventadour, de Hangest, de Fontenay, Courault, le Groing, de Sorbiers, des Barres.

D'or, à la fasce de gueules, accompagnée de trois tourteaux d'azur.

Les auteurs héraldiques ne sont pas d'accord sur les émaux du blason de cette famille. Selon Gilles le Bouvier, elles seraient : D'or, à la fasce de gueules, accompagnée de trois tourteaux de sable. Le *Recueil manuscrit des quartiers généalogiques des illustres familles de France*, à la Bibliothèque Sainte-Geneviève, donne à Jacqueline Dumas, femme de Gilbert de Lévis, comte de Ventadour, les armes suivantes : D'argent, à la fasce de gueules, accompagnée de trois tourteaux de même. Enfin d'après divers armoriaux et nobiliaires, les du Mas auraient porté : D'azur, à la fasce d'or, accompagnée de trois besants de même. Quant à nous, nous avons adopté le blason avec les émaux que l'on trouve sur les écus des hottes des cheminées du château de l'Isle-sur-Arnon et que l'on peut voir à la Bibliothèque nationale sur de précieux manuscrits enluminés ayant appartenus à Jean Dumas, seigneur de l'Isle-sur-Arnon, grand maître des Eaux-et-Forêts de France.

G. LE BOUVIER. — *Histoire des grands officiers de la Couronne.* — LA CHESNAYE-DES-BOIS. — LA THAUMASSIÈRE. — *Noms féodaux.* — Archives du Cher et de l'Indre. — Robert DE BRIANÇON, *Etat de Provence dans sa noblesse.* — Collection Clairambault. — *Annuaire de la Noblesse.* — *Nobiliaire d'Auvergne.* — *Armorial du Bourbonnais.* — THABAUD DESROULIÈRES, *Essais historiques et généalogiques sur le château de l'Isle-sur-Arnon et ses seigneurs, Mémoires de la Société des Antiquaires du Centre, XXIIe vol.* — *Statistique monumentale du Cher.* — *Armorial des principales familles du Berry.*

MASSÉ.

Nous avons relevé de ce nom :

François Massé, avocat en parlement, bailli des villes et marquisat de Villequiers, baronnie de Baugy et châtellenie d'Etréchy (1756).

En 1771, Provisions de l'Office de notaire royal à Nérondes pour Me François Massé, au lieu de François Massé, son père.

En 1776, Provisions de l'Office de procureur fiscal du comté de Sagonne pour Me François Massé, notaire à Germigny.

Archives de l'Allier et du Cher.

DE MASSONNE.

Denis de Massonne, écuyer, sieur de Pommereau.

D'azur, au lion d'or (armes imposées d'office).

Il s'agit sans doute de la famille de Massougnes, du Poitou, qui blasonnait : D'argent, à trois fasces de gueules, dont deux sont chargées de trois têtes de couleuvres d'argent, couronnées d'or, et la troisième, chargée de trois coquilles d'argent, ombrées d'or.

Armorial de la généralité de Bourges, élection du Blanc. — *Armorial de la généralité de Poitou.*

MASSONNEAU.

Jean Massonneau, curé de la paroisse de Sainte-Solange.

D'azur, à une croix de calvaire d'or, plantée sur un pignon de deux montants d'argent, maçonné de sable.

Armorial de la généralité de Bourges. D'office.

MATHÉ.

Ancienne famille qui a donné des avocats et conseillers du roi, un doyen de l'Église de Bourges, Pierre Mathé, reçu conseiller au parlement de Paris en 1522, qui fut député par le roi François Ier pour réformer la coutume de Berry en 1529. Il mourut l'an 1544.

Alliances : Seurrat, Tullier, Crochet, de Courcelle.

D'or, à la croix pattée de gueules. Ces armoiries se voient dans un vitrail de la chapelle des Tullier, en l'église cathédrale de Bourges.

LA THAUMASSIÈRE. — BLANCHARD, *Les Présidents à mortier.* — Albert DES MÉLOIZES, *Les vitraux de la Cathédrale de Bourges.*

DE MATHEFELON, seigneurs de Mathefelon, Jars, Ivoy, Morogues, Villers, Bellabre, le Busonnet, paroisse de Saint-Denis-de-Palin, la Baume, la Cour-de-Cuffy, paroisse de Saint-Aignan-en-Berry, Reugny, Givroux, la Bruère, le Cormier. Anjou, Maine, Touraine, Berry, Orléanais.

Famille de chevalerie d'Anjou qu'il ne faut pas confondre, croyons-nous, avec la maison de Matefelon, également d'origine chevaleresque du pays de Bugey, éteinte depuis le milieu du XVe siècle et qui portait : « D'azur, au taureau d'or », armes qui auraient été portées par quelques membres de la famille de Mathefelon, entr'autres par Bertrand de Mathefelon, maréchal-des-logis de la compagnie d'hommes d'armes de la Chastre (1575) ainsi que son sceau en fait foi. Il fut aussi gouverneur d'Issoudun et son fils Jean de Mathefelon fut capitaine de la grosse tour de Bourges.

Dans un manuscrit ancien provenant des Archives du Collège héraldique (en notre possession), François de Mathefelon, sieur de la Bruère, demeurant paroisse de Langé, élection de Châteauroux (1669) est dit « originaire du Bugey » et cependant il lui est attribué les armoiries des Mathefelon, d'Anjou : De gueules, à six écussons d'or.

Alliances : De Rochechouart, de la Bruères, de Troussebois, de Chevrier, de Saint-Martin, d'Orléans de Rère, des Roches-Herpin, d'Hérouard, de Westrebourg.

De gueules, à six écussons d'or ; *alias* : d'argent, 3, 2 et 1. Ou encore : d'or, à six écussons de gueules.

L'Inventaire des sceaux de la collection Clairambault mentionne plusieurs sceaux de cette maison : tous portent un écu à six écussons avec différentes brisures. Celui de Pierre de Mathefelon, chevalier banneret de la fin du xvᵉ siècle est timbré d'un heaume cimé de deux oreilles d'ane.

G. LE BOUVIER. — LA THAUMASSIÈRE. — *Recueil des quartiers généalogiques des illustres familles de France*, manuscrit de la Bibliothèque Sainte-Geneviève. — SEGOING. — LAINÉ, *Dictionnaire des Origines.* — *Armorial de la Touraine.* — *Noms féodaux.* — Archives du Cher. — POTIER DE COURCY, *Nobiliaire de Bretagne.* — *Les recherches de Noblesse en Berry.* — DE VASSAL, *Manuscrits d'Hubert.* — *Armorial des principales familles du Berry.*

MATHÉRON, *alias* **MATHEYRON,** seigneurs de Bienassis (1540), Cluzeau, Létang, Senevaux, les Forges.

Ancienne famille qui a donné des baillis de la ville de Saint-Gaultier. Guyon de Sully, seigneur de Cors, Gargilesse, Romefort, etc., retira sur Mathurin Matheron, par puissance de fief, l'étang des Loges, le 1ᵉʳ décembre 1499.

Alliances : Audoucet, de Boislinard, de Vérisne, le Jay de Bellefond, Pérussault.

D'azur, à trois voiles de vaisseau enflées d'or, 2 et 1.

LA THAUMASSIÈRE, p. 599. — *Armorial de la généralité de Bourges.* D'office. — Archives de l'Indre. — Registres paroissiaux de Saint-Gaultier.

DE MATHIEU, seigneurs de Boisgriffon, arrière-fief de Sancergues.

Jacques de Mathieu qui comparut au ban de Berry, 1635 et fut maintenu en 1669, appartenait vraisemblablement à la famille Mathieu, du Nivernais, qui blasonnait : De gueules, au chevron d'or, accompagné de trois croissants d'argent.

Alliances : De Bongards, de Cottignon.

De sinople, à trois chevrons d'argent.

Archives du Cher. — Manuscrit inédit provenant des Archives du Collège héraldique. — *Armorial du Nivernais.* — *Les Recherches de Noblesse en Berry.*

MATHONNET.

Euzice et François Mathonnet, marchands.

De gueules, à un losange d'argent pommetée d'or et accompagnée de quatre quintefeuilles, cantonnées d'argent.

Armorial de la généralité de Bourges. D'office.

DE MAUBRUNY, seigneurs d'Aubusset, paroisse de Brinay, la Fontaine, paroisse de Méry-sur-Cher, la Petite-Planche, Espinay, Bouges.

Très ancienne famille que M. Tausserat, l'érudit auteur des *Chroniques de la châtellenie de Lury* et d'une *Histoire de Vierzon*, fait remonter à Jean Prieur ou le Prieur, dit Maubruny, écuyer, sommelier de la fauconnerie de Charles VII. Thomas Maubruny était contrôleur du scel à Vierzon.

Gilbert de Maubruny licencié-ès-lois, conseiller du roi et de la reine de Navarre, était lieutenant du bailli de Berry au siège de Vierzon (1541). Jean de Maubruny eut commission en 1590 de lever un régiment d'infanterie. De même son fils Silvain de Maubruny levait en 1634 cent hommes de guerre.

Alliances : De la Motte, Baffard, de Bethoulat, de Bonnault, de Potin, de Sathenat, de Crémille, Darsemalle, Destud d'Assay, de Courauld de Chevilly, de Passac, de Francières.

Echiqueté d'or et d'azur, au chef d'argent.

Antoine de Maubruny, sieur de Bouges, qui fut maintenu en 1668 et 1669, chargeait le chef de trois roses de gueules.

La Thaumassière*. — Manuscrit inédit provenant des Archives du Collège héraldique. — Tausserat, *Chronique de la châtellenie de Lury*. — *Généalogie de la maison de Stutt*, par le marquis de la Guère, Bourges, 1885. — *Les Recherches de Noblesse en Berry*. — *Mémoires de la Société des Antiquaires du Centre*, XXXe vol. — *Armorial des principales familles du Berry*.

MAUDUIT, seigneurs de la Chaume, du Courbat, du Vivier, des Tureaux.

Ancienne famille qui a fourni, à partir du xve siècle, une longue liste de baillis, procureurs fiscaux et notaires à la ville d'Argenton, dont un célèbre jurisconsulte, Jean Mauduit, avocat au parlement de Paris, bailli d'Argenton, auteur d'un commentaire sur la coutume du pays et duché de Berry (1624). François Mauduit, sieur du Courbat, conseiller du roi, président en l'élection et au grenier à sel d'Issoudun fit enregistrer ses armoiries à l'*Armorial général*.

Alliances : Alabonne, Peyrot, de Forges, Delagrave, Lasnier, Robin de Scévole.

D'or, au chevron de gueules, accompagné en chef, de deux palmes adossées de sinople et de deux branches de laurier de même en pointe.

Noms féodaux. — *Armorial de la généralité de Bourges*. — Manuscrit inédit provenant des Archives du Collège héraldique. — Hubert, *Le Bas-Berry*, canton d'Argenton. — *Les Recherches de Noblesse en Berry*.

MAUGENEST, seigneurs de Pergyrolle, la Preugne-Baraton, près Préveranges (1692-1696), la Roche, les Ligniers, le Pommeix, la Petite-Barre, les Fosses, Reveillère, les Palières, Montjouan. En Berry et en Bourbonnais.

Ancienne famille qui a donné des greffiers, des procureurs, un châtelain de la Roche-Guillebault (1620), des curés de Viplaix. L'un de ses membres François Maugenest, s'acquit la reconnaissance de la population Montluçonnaise en sauvant de l'échafaud, en 1793, ses compatriotes décrétés suspects. Il fit partie du Conseil des Cinq-Cents, puis de la Chambre des Députés. (Voir l'opuscule de M. DES GOZIS : *Nos grands Montluçonnais*).

Alliances : Coffin, Ralichon, Alasseur, Meillet, Gilberton, Savy, Biarnois, Maulmond, Amyot, Sartin, Dantigny, Taillemitte, Lemire, Sabardin, Aufrère, Vauvret, Merlaud de la Preugne, Pasquet, Taboüet, Benoist, Dubreuil, Hugon, Boutet-Lasseigne, Gonnet, Velluet, Dagincourt, Prudhomme, Grozieux de Laguérenne.

D'argent, à un genêt de sinople planté sur une terrasse de même et accosté de deux hauts pommiers, aussi de sinople, fruités de gueules.

Armorial de la généralité de Bourges. D'office. — Registres paroissiaux de Viplaix, Saint-Désiré, La Chapelaude et Culan. — *Armorial du Bourbonnais*, 2e édition. — *Armorial des principales familles du Berry*. — *Statistique monumentale du Cher*. — Archives du Cher et de l'Allier.

MAUGIS, seigneurs des Granges, de Crosses.

Etienne Maugis, secrétaire du roi, fut maire de Bourges en 1595 et 1596. Trois membres de cette famille furent successivement chanoines de la Sainte-Chapelle de Bourges et abbés commendataires de Saint-Ambroix de 1614 à 1667. L'un d'eux, Claude Maugis, fut en outre conseiller au parlement de Paris et aumônier ordinaire du roi et de la reine mère, Marie de Médicis.

Alliances : Chauvelin, Mollon, Fradet.

D'azur, à l'arbre de cinq racines d'or. Ces armes se voient sculptées sur la porte d'entrée du château de Crosses.

Privilèges de Bourges. — LA THAUMASSIÈRE. — *Noms féodaux*. — BLANCHARD, *Les Présidents à mortier*. — PALLIOT, *Indice armorial*. — Archives du Cher. — *Statistique monumentale du Cher*. — *Armorial des principales familles du Berry*.

DE MAULÉON. Voir DE MONTLÉON.

DE MAUMONT ou DE MAULMONT, seigneurs du Lige (Berry) (1540), Beauregard, la Roche-Saint-Firmin, Saint-Quentin, le Monteil, Bellegarde, etc..., Chef-Boutonne, la Chalard, Bajaleuf. Limousin et Marche.

Ancienne noblesse de chevalerie connue dès 1088. Elle a produit des capitaines de cinquante hommes d'armes, un grand nombre d'officiers distingués, des gouverneurs de places fortes, des chevaliers de l'Ordre du roi, des commandeurs de l'Ordre de Malte, des évêques de Mirepoix et de Tulle (XIVe siècle).

Alliances : Stuart d'Aubigny, de Villeblanche, de Jaucourt, de Salagnac, de Bridiers, de Rochechouart, d'Aubusson, de Pierre-Buffière.

D'azur, au sautoir d'or, cantonné de quatre tours d'argent maçonnées de sable. Branche de Saint-Quentin.

D'azur, à deux fasces d'or, à l'orle chargé de besants. Branche de Fromental.

D'azur, à la croix alésée d'or. Branche de la Trie.

La Thaumassière. — Archives de l'Indre. — La Chesnaye-des-Bois. — Lainé, *Dictionnaire des Origines.* — Tardieu, *Dictionnaire de la Haute-Marche.* — *Noms féodaux.* — Bouillet, *Nobiliaire d'Auvergne.*

MAULMOND, *alias* MAUMONT et MOMONT. En Berry et dans la Marche.

Famille anciennement établie dans la baronnie de Culan ainsi qu'en font foi les registres de cette paroisse au moyen desquels nous, avons pu établir sa filiation depuis Germain Maulmond, seigneur de ..... (illisible), qui décéda à Culan en décembre 1614. Elle a donné des notaires et des procureurs fiscaux de cette justice dans le cours du xviie siècle, un général sous le premier Empire et de nos jours un premier président de la Cour d'appel de Bourges.

Alliances : De Bobiet, Goutault, Sabardin, Daudeuf, Robert, Bergeron, Auclerc, Petitjean de Maransange, Dantigny, Challamel, Maugenest, d'Agard, Berthoulat, Yel, de Bize, Séveragot, Savart, Meillet, de Saincthorent, etc...

D'argent, à une montagne de sinople, sommée de deux corbeaux affrontés de sable, au chef de gueules, chargé de trois chardons d'or.

Armorial de la généralité de Bourges. D'office. — Registres paroissiaux de Culan.

DE MAUPAS. Voir AGARD.

DE MAUROY.

Séraphin de Mauroy, abbé commendataire de l'Abbaye de Noirlac.

D'azur, à une croix d'argent chargée d'un lion de sable.

Ces armes imposées d'office sont presque identiques à celle de la famille Mauroy de Merville, du Brabant, qui sont : De sinople, à la croix d'argent, au lion de sable, armé et lampassé de gueules, brochant sur le tout.

En 1651, nous trouvons le mariage de Mre Séraphin de Mauroy, chevalier de l'Ordre de Saint-Michel, maître d'hôtel ordinaire du roi, fils de Renault de Mauroy, conseiller et secrétaire du roi et de dame Anne Nau, avec Marie de Babutte, veuve de Mre Marion de Beaucaire, chevalier, fille de Mre Hugues de Babutte, baron de Germigny et de dame Marie de Thenon.

Armorial de la généralité de Bourges. — RIETSTAP. — Archives du Cher.

DE MAUSSABRÉ, seigneurs de Rivières, Saint-Martin, le Claveau, Boudan, Chamousseau, le Bois-Saint-Pèe, Villablin, Poiriers, l'Hôtel-d'Heugne, le Rabris, Courcueil, la Baudonnière, l'Aumône, Badecon, Gastesouris, Puy-Dauzon, Fontais, Puy-Barbeau, la Vallas, la Motte-Feuilly, etc... en Berry ; de la Sabardière, Bordebure, Chilloué, les Genêts, la Gentillère, la Baraterie, la Forest, la Bannerie, Vignolles, Bussières, près Loches, etc... en Touraine ; de Châteauvieux, Chamberlin, la Motte-Guitter, en Blésois ; de Lasvaux-de-Vieux, l'Aumône, Arpheuille, etc... en Marche ; de Saint-Sornin, en Bourbonnais, etc... ; vicomtes de la Motte-Feuilly ; comtes de Maussabré de Puy-Barbeau, marquis de Maussabré-Beufvier.

La famille de Maussabré semble originaire de cette partie de la Touraine et de l'ancien Berry comprise entre les villes de Saint-Aignan, Levroux, Buzançais et Loches.

D'après une tradition constante, son nom que l'on trouve orthographié dans les plus anciens titres, Malsabré, Maulsabré et Maussabré, sans particule, était originairement un surnom ou sobriquet, donné au temps des Croisades, à un gentilhomme nommé Gilbert qui, choisi avec plusieurs autres, pour se mesurer en combat singulier avec un nombre égal de Sarrazins, sortit vainqueur de cette lutte, mais tellement mutilé que ses compagnons d'armes le saluèrent, au retour, de l'épithète de Malsabré ou Mausabré, qui lui resta comme surnom et fut adopté comme nom patronymique par ses descendants. Cette tradition se trouve appuyée par l'étymologie du nom de Mausabré, nom composé, analogue à ceux de Maltaillé, Mausacré, Mautors, etc... et évidemment synonyme de celui de Balafré. Il est certain que le mot *sabre*, qui entre dans sa composition, est étranger à notre langue. Le savant étymologiste Ménage le fait dériver du mot arabe *sabel*, qui désignait une espèce de cimetère en usage chez les Sarrazins. Fidèle à son origine, la famille de Maussabré s'est constamment adonnée aux armes. Ses services militaires, constatés dès le milieu du xive siècle par plusieurs rôles de cette époque, se sont continués sans interruption dans les compagnies d'ordonnances et dans les divers corps de la maison du roi et de nos armées, auxquels elle a fourni un grand nombre d'officiers supérieurs et de tous grades dont quatorze ont été décorés de la Croix de l'Ordre de Saint-Louis et trois de celui de la Légion d'honneur.

Malgré la perte de ses plus anciens titres par l'incendie des châteaux de Badecon, du Bois-Saint-Père et de Villablin, ses principales résidences pendant les guerres de religion, cette famille établit sa filiation depuis 1350 environ, époque à laquelle elle était déjà divisée en deux branches prinpales : la première, celle des seigneurs de Rivière et de Courcœil, a pris fin au milieu du xvie siècle. La deuxième, celle des seigneurs de la Sabardière et du Bois-Saint-Père, s'est subdivisée en plusieurs autres, connues sous les noms : 1° de la Sabardière et de Bussière ; — 2° de Lasvaux-le-Vieux ; — 3° de Gastesouris ; — 4° de Puy-Barbeau et de la Motte-Feuilly ; — 5° de Villablin et de la Baudonnière ; — 6° du Bois-Saint-Père avec ses multiples rameaux.

Alliances : De Jarrie, Basset, de Boissimon, Escoubleau, de la Vernelle, de Sorbiers, Mailloche, de Saint-Père, d'Augustin, de Paray, de Sigogné, du Verdier, de Maulévrier, le Groing, de Constantin, de Baillon, de Puygirault, de Piégu, de Barbançois, Rollin, de Saint-Yriex, de Salignac, de la Marche, de Brachet, du Peyroux, de Puyvinaud, Barthon de Montbas, d'Argy, de Douhault, de Ligondès, d'Areau, de Préaulx, Chabridon du Saillant, de Coigne, de Bertrand de Beaumont, Thaumas de la Thomassière, Cothereau de Grandchamp, de Rechignevoisin, de Menou, de Bridieu, de Liniers, de la Celle, de Razès, de Durat, de Mérigot, de Préville, de Chollé, de Gigault de Bellefonds, de Brossard, de Fougières, de Boutillon, d'Orsanne de Coulons, de Beaufranchet, de Bridiers, des Champs de Saint-Amand, Moreau, d'Auvergne, Desjobert, de Bourgogne, de Bordesoulle, de Montaignac, Huard de Boisrenault, de Baudus, de Mareschal.

D'azur, au lambel d'or de trois pendants, en chef.

Couronne de marquis. Supports : deux lions. Cimier : un chevalier armé de toutes pièces, tenant un sabre ou cimeterre à la main. Devise : *A virtute nomen.*

D'Hozier. — *Noms féodaux.* — *Nobiliaire du Berry*, F. fr. 31791 et 32273. — La Chesnaye-des-Bois. — *Armorial des généralités de Bourges, Tours et Moulins.* — Saint-Allais, *Nobiliaire de France*, t. VI, généalogie de la Chapelle. — *Manuscrits de Gaignières*, à la Bibliothèque Nationale. — Beauchet-Filleau, *Dictionnaire des familles du Poitou*, t. II, pp. 184, 190 et 343. — Registres du grand prieuré d'Aquitaine, Bibliothèque de l'Arsenal. — De Courcelles, *Dictionnaire Universel de la Noblesse de France*, t. II, p. 17 et t. III, p. 468. — Archives de l'Indre. — *Armorial de la Touraine.* — *Les Recherches de Noblesse en Berry.* — *Armorial des principales familles du Berry.* — *Généalogie de la maison de Maussabré*, dressée par M. le comte Ferdinand de Maussabré, qui nous a été gracieusement communiqué par son fils, le vicomte Henri de Maussabré.

DE MAUVISE, seigneurs de Puirajoux, près du Blanc, de Mauvières, Tilloux, Villars, Mondevis, le Peux, le Grand-Valençay, Villiers, les Chézeaux, etc... ; comtes de Mauvise-Villars. En Poitou, en Berry et dans la Marche.

Famille d'ancienne noblesse, originaire du Bourbonnais, dont l'existence est constatée dès le xiiie siècle. Elle établit sa filiation suivie depuis N... de Mauvise, qui eut deux enfants : Blaise de Mauvise, chevalier, seigneur de Mauvières, de Puirajoux, capitaine du château du Bouchet-en-Brennes (1491), et Nicolas de Mauvise, écuyer, seigneur de Villiers.

Elle a donné un chevalier de Malte (1541) et plusieurs officiers distingués aux armées du roi. Elle a été maintenue dans sa noblesse en 1634, 1667, 1669 et le 11 mai 1715 en l'intendance de Berry.

Alliances : De Greaulme, de Vaillant, du Cher, de la Marche, de Massée (Macée), Perot, de la Bussière, de Martel, de Bosquevert, Faveau, de Saint-Julien, de Couhé de Lusignan, de Rochechouart, de Grailly, de la Châtre, de Nieul.

D'argent, à la croix ancrée de sable, accompagnée en chef de deux croissants de gueules.

Nobiliaire de la généralité de Bourges, F. fr. 31791. — *Armorial de la généralité de Poitiers.* — *Noms féodaux.* — Lainé, *Archives de la Noblesse.* — Beauchet-Filleau. — *Armorial de la Touraine.* — *Les Recherches de Noblesse en Berry.* — *Armorial des principales familles du Berry.*

DE MAUVOISIN, seigneurs de la Forest-Mauvoisin, la Tour-du-Bouex (vers 1200), Bostpêche, Villegongis, Neuvy-Pailloux, Mérolles, les Couraux. Originaires de la Marche. En Bourbonnais et en Berry.

Famille de chevalerie, connue dès le XIIe siècle, qui a fourni un maître d'hôtel du duc de Bourbonnais (1476), un premier écuyer du duc de Bourbon, mort à la bataille de Pavie, un sénéchal de la Marche, un chevalier de l'Ordre du roi, un abbé de Saint-Cyran (1559), un chevalier de Malte, commandeur de Villefranche-sur-Cher, un grand archidiacre de l'Église de Bourges (1621).

Alliances : De Chalus, Hébert, de Malcret, de Brisay, de Monestay, de Buchepot, du Plessis-Richelieu, le Roy de Saint-Florent, de Villars, Fincau, de la Maille.

D'azur, à deux lions léopardés partis de gueules et d'hermines, passant l'un au-dessus de l'autre. Cimier : un ours. Cri de guerre : « la Forest-Montvoisin ! » D'après Segoing, les lions seraient d'argent, semés de mouchetures d'hermines de gueules.

La Thaumassière. — Guillaume Revel. — *Noms féodaux.* — La Chesnaye-des-Bois. — Palliot. — Archives de l'Indre. — *Armorial du Bourbonnais.* — Tardieu, *Dictionnaire de la Haute-Marche.* — *Statistique monumentale du Cher.* — *Armorial des principales familles du Berry.*

DE MAY, seigneurs de Salvert, Villemoisy, la Salle, la Vedellerie, Marmagne, Boucherioux, Breuilly, Fontafré, etc... ; comtes de May de Termont. Originaires du Bourbonnais. En Poitou et dans la Marche.

Famille noble dont l'ancienneté remonte à Hugues de Maï, vivant en 1327, maintenue en 1714 à l'intendance de Berry.

Elle a fourni un lieutenant général en la châtellenie royale d'Hérisson (1546), un évêque de Blois (1753), des officiers aux armées, deux chevaliers de Saint-Louis.

Alliances : De l'Aubespin, de Souslebost, de Chaussecourte, le Groing, de la Roche-Aymon, d'Assy, de la Loëre, de Bertrand, Pelain, Lot, de la Chapelle.

D'azur, à la fasce d'or, accompagnée de trois roses d'argent, 2 et 1.

Nobiliaire de la généralité de Bourges, F. fr. 31791. — D'Hozier. — *Noms féodaux.* — *Armorial de la généralité de Moulins.* — *Nobiliaire d'Auvergne.* — Beauchet-Filleau. — *Armorial du Bourbonnais.* — Archives de l'Allier. — *Les Recherches de Noblesse en Berry.*

MAZELIN, seigneurs de Chenevières, les Chapelles, paroisse de Gron, les Minets. En Berry.

Charles Mazelin, seigneur de Chenevières, trésorier payeur de la gendarmerie de France, fut élu échevin de la ville de Bourges pour les années 1602 et 1603. Il avait été auparavant secrétaire de

M. de la Châtre, gouverneur du Berry (1592). Jean Mazelin, sieur des Chapelles, était avocat au présidial de Bourges en 1666.

Alliances : Bourdaloue, Stample, d'Ivoy, Baraton.

D'azur, au chevron d'or, accompagné de trois roses d'argent, deux en chef et une en pointe.

Privilèges de Bourges. — La Thaumassière. — *Armorial de la généralité de Bourges.* — Archives du Cher. — *Statistique monumentale du Cher.* — *Armorial des principales familles du Berry.*

DE MAZIÈRES, seigneurs de Mazières, Montlevrier, paroisse d'Argy, les Varennes, paroisses de Gehée et Balsèmes, Chambon, la Cailladière, les Bordes, paroisse de Jeu-les-Bois, Villeneuve, le Buisson.

Famille d'ancienne noblesse qui a donné des capitaines de compagnie d'ordonnance, un chevalier de Saint-Louis, et a produit devant l'intendant de Berry pour être maintenue dans sa noblesse.

Alliances : de Brillac, Chabot, de Montjouhan, de Razay, de Gray, de Jussac, de Coudreau, de Boislinard, de Mareuil, Girard de Vasson, de Préville, de Pérouin, de Lanet, Lejay de Bellefond, Bertrand du Lys-Saint-Georges, de Constantin, de Puygirault, de Bridiers, de la Cour, Pénigault, de Lâge, Robin de Lambre, de la Motte-Tillou.

De gueules, au lion d'or.

Gallia Christiana II, Inst. 69. — *Armorial de la généralité de Bourges.* — *Les Recherches de Noblesse en Berry.* — *Armorial des principales familles du Berry.* — *La branche de Berry de la maison de Mauléon,* par Henri DE MAZIÈRES, Châteauroux, 1901.

DE MEAUX, seigneurs de Douy, Neuvy, Boisboudran, Grateloup, Corfery, Vallières.

Ancienne maison de chevalerie, originaire de Brie, qui a compté de nombreux chevaliers de Malte, entre autres un grand-prieur de France.

Alliances : De Brichanteau, Le Roy de Buxières-d'Aillac, des Roches-Herpin, Gassot.

D'argent, à cinq couronnes d'épines de sable, 2, 2 et 1.

Ces armes furent données par saint Louis en mémoire de ce que l'un de ses membres, Giffard de Meaux, fut chargé par ce roi de rapporter en France la sainte couronne d'épines.

Précédemment cette maison portait : de sable, à une jumelle d'argent (Salle des Croisades à Versailles).

La Thaumassière *. — Vertot, *Histoire de Malte.* — *Les Recherches de Noblesse en Berry.* — Manuscrit inédit provenant des Archives du Collège héraldique. — *État présent de la Noblesse,* 1887.

MEILLET, seigneurs du Montet (1681), Lavallas, la Goutelle, les Guérins, les Marinais, les Boulauds. Bourbonnais et Berry.

Marien Meillet, sieur des Boulands, procureur fiscal au bailliage de Saint-Désiré (1739).

Alliances : Denizon, Borde, Ratinier, Guy de Fontenay, Gayet, Goubaud, Rallichon, de Saincthorent, Maulmond, de Bize, Josset, Moreau, Brunet, Savy, Estéve, Maugenest.

Archives de l'Allier et du Cher. — Registres paroissiaux de Vesdun.

MENARD, seigneurs des Gouzais, paroisse de Givardon (1768), Brignon, les Margueries.

Pierre Menard, bourgeois de Sancoins, est inscrit d'office à l'*Armorial de la généralité de Bourges* avec les armes ci-dessous.

Alliances : Bordereuil, Danthon du Buisson.

D'or, à deux fasces de gueules.

Archives du Cher.

DE MENAS, seigneurs de Ménas (1293-1447), paroisse d'Etrechet.

Alliances : de Chavin, Houry ou Toury.

Archives de l'Indre. — *Le Bas-Berry*, canton d'Ardentes, p. 71.

MENIGAULT ou **MENIGOT**, seigneurs de Raz, paroisse de la Pérouille (1621). Bas-Berry.

D'azur, au chevron d'or, accompagné de trois lions de même.

Armorial de la généralité de Bourges, élection du Blanc. D'office. — Archives de l'Indre.

DE MENOU, seigneurs de Menou, Montgobert, Jupilles, Boussay, Charnisay, Genillé, les Roches-Saint-Quentin, la Roche-aux-Belins, Longuy, Turbilly, Rochefolle, Chambon, Chaumussay, Nerbanne, Silly, Andilly, Sévinières, la Forge, Champlivault, Cuissy, Nauvigues, Menestreau, le Mée, Pellevoisin, Chezelles, Villegongis, Vineuil, Jeu-Maloches, Montierchaume, la Maisonfort, la Collinière, Clérandry, en Berry. Originaires du Perche. Touraine, Berry, Poitou, Anjou, Orléanais, Nivernais, Sologne, Bretagne, Normandie, etc...

La maison de Menou, d'ancienne chevalerie, a pris son nom d'une terre considérable, située dans Thimeroys, en Perche, l'un des principaux fiefs de la baronnie de Châteauneuf. Elle s'est établie, à Boussay, en Touraine, au commencement du xive siècle et l'une de ses branches, celle du Mée, en Berry. Cette grande maison qui a fourni cinq chevaliers croisés n'a cessé de remplir les charges les plus élevées de l'armée et de la cour ; elle compte des capitaines de compagnies d'hommes d'armes des ordonnances, des gouverneurs de places fortes et de provinces, un maître des arbalétriers de France sous Saint-Louis, un amiral de France sous Charles VI, des chambellans et gentilshommes de la Chambre, des ambassadeurs, des mestres-de-camp, six généraux, deux brigadiers des armées du roi, un gouverneur général de l'Acadie sous Louis XIV, un évêque de la Rochelle, des chevaliers de Malte et des Ordres du roi, etc...

Alliances : de Bretagne, d'Anjou, de Melun, de Clermont, Payen, Grasleul, de Déols (?), de Montfaucon, de Graçay, de Marolles, de Gastineau, de Douhault, de Gray, de Chamborant, de Maussabré, Guénand, de Varennes, de la Châtre, de Coigne, de Bridiers, d'Etampes, de Maillé, de Châteauneuf, de Rochefort-Luçay, de Préaux, de Fougères, de Brisay, de Lanet, de la Marche, de Chapelle-Jumilhac, de Damas, de Broglie, etc...

De gueules, à une bande d'or. Supports : deux anges tenant chacun une bannière, celle de dextre, d'hermines plein, qui est de Bretagne ; celle de senestre, d'azur, semé de fleurs de lys d'or, qui est de France ancien. Cimier : un ange naissant tenant d'une main une épée flamboyante, la garde d'or, et de l'autre main une bannière de gueules, à une bande d'or, qui est de Menou.

Gilles LE BOUVIER. — LA THAUMASSIÈRE*. — *Histoire des grands officiers de la Couronne*. — *Nobiliaire de la généralité de Bourges*, F. fr., 31791. — *Noms féodaux*. — *Armorial de la généralité de Bourges*. — *Dictionnaire de la Noblesse*. — Dom VILLEVIEILLE, *Trésor généalogique*. — *Preuves de l'histoire de la maison de Menou*, rapport par FAUCONNEAU-DUFRESNE, Paris, 1859. — Archives de l'Indre et du Cher. — DE VASSAL, *Table analytique des manuscrits d'Hubert*. — *Annuaire de la Noblesse*. — *Armorial de la Touraine*. — L'abbé CHAMBOIS et Paul DE FARCY, *Recherche de la Noblesse dans la généralité de Tours*. — *Armorial du Nivernais*. — *Les Recherches de Noblesse en Berry*. — *Armorial des principales familles du Berry*.

MENOUVRIER.

N. Menouvrier, lieutenant, imposé d'office à l'*Armorial de la généralité de Bourges*, élection de Saint-Amand, avec les armoiries ci-dessous.

Claude Menouvrier, sans doute le même, est qualifié contrôleur des actes en l'élection de Saint-Amand, 1669.

D'or, à un lion de gueules.

Archives du Cher.

MERCIER, seigneurs du Gué-aux-Dames (1591), la Vernusse, Puy-Ferrand, Saint-Antoine, Moullon, Soulangy, la Porte-les-Givardons, Poiriou, paroisse de Sainte-Solange.

Famille qui a produit trois célèbres jurisconsultes à la mémoire desquels la Thaumassière consacre un article élogieux dans son *Histoire de Berry*, des professeurs de droit et de médecine en l'Université de Bourges, deux maires de cette ville en 1589 et 1647, un conseiller et avocat ordinaire du prince de Condé, des conseillers au présidial de Bourges, etc...

Alliances : Guynet, Gibieuf, d'Orléans, Ragueau, Bruères, Boisseau, Riglet, Gay, Baraton de Dames, Lelarge, de Marcillac.

D'azur, au chevron d'or, accompagné de trois roses d'argent, tigées et feuillées de sinople, deux en chef et une en pointe.

LA THAUMASSIÈRE. — P. LABBE. — *Armorial de la généralité de Bourges*. — *Noms féodaux*. — Archives du Cher. — *Statisitque monumentale du Cher*. — *Armorial des principales familles du Berry*.

MERCIER, seigneurs de la Charnaie, paroisse du Châtelet (1733).

Famille établie au XVIIe siècle dans la justice de Lignière dont François Mercier remplit la fonction de greffier et Michel Mercier celle de lieutenant. En 1741, François Mercier, seigneur de la Charnaie est nommé conseiller du roi, prévôt de la prévôté royale du Châtelet ; le 29 juin 1777 est inhumé à Maisonnais Eustache Mercier de la Charnaye, ancien brigadier des gardes du corps du roi.

Alliances : Berthcrand, Prévost, Decerfs, Gérouilhe, Faucheron, Regnault, Martinet.

De pourpre, à une grenade d'or, tigée et feuillée de même et mouvante d'une mer ondée d'argent. Armes imposées d'office à Michel Mercier, lieutenant de la justice de Lignières.

Nous possédons une empreinte en cire du cachet du prévôt du Châtelet qui présente des armoiries toutes différentes : De..., à deux chevrons de..., accompagnés en chef de deux étoiles de... et d'une gerbe de... en pointe.

Armorial de la généralité de Bourges. — Archives du Cher. — Registres paroissiaux de Lignières et du Châtelet. — *Nos Archives*. — *Statistique monumentale du Cher*.

LE MERCIER.

François le Mercier, natif d'Arras, lieutenant particulier au bailliage de Berry, fut élu échevin de la ville de Bourges en 1590. Il avait épousé Marie Gassot, veuve de Claude du Vergier, seigneur de Luet, conseiller du roi, son procureur et avocat général en Berry.

D'azur, au chevron d'or, surmonté d'une étoile de même en chef et accosté de deux roses d'argent tigées et feuillées de sinople, au lion d'argent en pointe.

Privilèges de Bourges. — LA THAUMASSIÈRE. — Paulin RIFFÉ, *Généalogie Gassot*, Bourges, 1870.

MÉRIGOT, seigneurs de la Grande-Croix, le Breuil, les Gazons, la Rivière. Originaires de la Marche ? En Berry et en Nivernais.

Il y a tout lieu de croire que cette famille avait une origine commune avec les Mérigot, de la

Marche, dont l'auteur, Joachim Merigot, était marchand à Genouillat, en 1685 et dont les descendants ont été seigneurs de la Tour-Saint-Austrille et de Sainte-Feyre et sénéchaux de la Marche de père en fils jusqu'en 1789.

Nous trouvons en Berry au xviiie siècle Louis Mérigot, procureur à Lignières (1710) ; Jacques Mérigot, chanoine de Saint-Martin de Châteauroux ; et dans la Marche, à Clugnac, Louis Merigot, châtelain dudit Clugnac avant 1749 ; et Léonard Mérigot, notaire et procureur fiscal.

Alliances : De Biottières, le Bègue de Villemenard, Heurtault, Aujay, Aucapitaine, Soumard, Mosnier, Parnajon, Baucheron, Pelletier, Cormenier, Taboüet, Lecamus, Meillet, Moreau, Béguin, Estève, Delabardie.

D'azur, au chevron d'or, chargé de trois coquilles de sable, accompagné de trois étoiles d'argent

Alias : De gueules, au chevron d'or, accompagné de trois trèfles de même.

Alias : D'or, à un pont de trois arches de sable sur une rivière d'azur, le pont sommé d'un arbre de sinople.

Armorial de la généralité de Moulins. — *Armorial du Bourbonnais*, par le comte DE SOULTRAIT. — *Dictionnaire de la Haute-Marche*, par Ambroise TARDIEU. — LA THAUMASSIÈRE. — Registres paroissiaux de Lignières. — *Notes* communiquées, par M. Edmond TABOUET, de Saint-Désiré.

MÉRILLE, seigneurs de Chenevières et de Fochecour (xviie siècle).

Famille illustrée par le savant jurisconsulte, Edme Mérille.

Né à Troyes en 1579, après avoir étudié le droit à Cahors et à Toulouse, il professa à Cahors. Il vint ensuite à Bourges en 1612 où il occupa une chaire de droit à son Université et eut pour élève le grand Condé. Il mourut en 1647. La Thaumassière donne son éloge ainsi que le récit de sa vie.

Alliances : De Combarieu, Dabert, de Vienne de Fontette.

Archives du Cher. — *Statistique monumentale du Cher.*

MERY.

Ancienne famille établie à Vierzon, mais originaire de Vatan, qui remonte à Etienne Mery qui fait hommage à la Sainte-Chapelle de Bourges le 25 février 1545 du tiers de la seigneurie d'Aize qu'il avait acquise de Philippe et René de la Giraudière, écuyers.

Elle a produit deux hommes éminents : le premier, Jean Méry, né à Vatan en 1645, qui fut chirurgien de la reine Marie-Thérèse (1681), membre de l'Académie de Médecine (1684) et premier chirurgien de l'Hôtel-Dieu de Paris (1700). Il mourut à Paris le 3 décembre 1722. Son portrait est conservé à l'Hôtel-Dieu et a été reproduit en lithographie par la Société de Berry, XIe volume de ses publications. Le deuxième, François Méry, savant bénédictin « mort à la fleur de son âge le 18 octobre 1723 en l'abbaye de Saint-Martin de Massay où il était allé pour recueillir des mémoires qui puissent servir à sa bibliothèque des auteurs de la province de Berry qui était déjà fort avancée. » (*Dictionnaire de* MORERI).

Cette famille a encore donné des notaires royaux à Vierzon, un chanoine de l'église de Vatan (1689), René Mery, archiprêtre et curé du Châtelay et de la ville d'Hérisson et Pierre Mery, chanoine de Saint-Sauveur d'Hérisson, qui se font donation de tous leurs biens au profit du survivant (1746).

Alliances: Goumort, de la Cube, de la Sauve, Foussedoire, Saulceron, Rousseau, Girard, Boulay, Merceret, Baranger, Bertrand, Carrère, Moret, de Lavarenne, Asse, Thomas, de Larde, Mallier.

Généalogie manuscrite de la famille Mery dressée par M. TAUSSERAT, auteur d'une *Histoire de Vierzon et des Chroniques de la châtellenie de Lury*, dont nous devons la communication à l'obligeance de ses filles Mmes Lestourgie. — Archives du Cher et de l'Allier.

MERY, seigneurs de Jarrye, du Coudreau.

Famille établie à Châteaumeillant et que nous croyons avoir une communauté d'origine avec la précédente.

Elle a donné un notaire royal, un procureur fiscal de la justice de Châteaumeillant, un curé de cette ville, archiprêtre de la Châtre décédé en 1724.

Alliances : Tavarin, Pallienne, Amyot, Petitjean, Guillot, Mathivet, Pasquet du Mas-Sarrazin, de Chezelles, Dechampeaux, Berger, Pelletier, Bergeron, de Beauvoir, Meusnier.

Archives du Cher. — Registres paroissiaux de Châteaumeillant.

DE MESGRIGNY, seigneurs de Beaujeu, Neuilly, la Chapelotte, les Aix, Ennordres, etc... ; marquis de Mesgrigny. Champagne, Paris, Normandie, Poitou, Nivernais, Bourgogne, Berry.

Illustre maison de Champagne, encore représentée de nos jours. Elle a donné une abbesse de Charenton en Berry, XVIIe siècle.

Alliances : De Rochechouart, de Bouthilier de Chavigny, de Bueil, du Mesnil-Simon, le Prestre de Vauban, du Meun de la Ferté.

D'argent, au lion de sable.

D'HOZIER. — LA THAUMASSIÈRE. — VERTOT. — LA CHESNAYE-DES-BOIS. — *Noms féodaux*. — MORERI. — Archives du Cher. — Vicomte RÉVÉREND, *Armorial du premier empire*. — *Armorial du Nivernais*. — DE VASSAL, *Table analytique des manuscrits d'Hubert*. — *Statistique monumentale du Cher*.

DU MESNIL, seigneurs de la Tour de Rançay, paroisse de Niherne, Diors, la Fontaine, le Pain, Sainte-Fauste, la Beaupinière, Préblame.

Famille d'ancienne noblesse. Pierre du Mesnil, écuyer, vivait en 1431. Pierre-François du Mesnil, mestre de camp et gouverneur de Guise, fut maintenu à l'Intendance du Berry (1715).

Alliances : de Marolles, Scarron, d'Hémel, de Saint-Julien, de Rivaulde.

D'azur, au lion d'or, armé et lampassé de gueules.

La Thaumassière. — *Nobiliaire de la généralité de Bourges*, F. fr. 31791. — *Armorial de la généralité de Bourges.* — Archives de l'Indre. — *Les Recherches de Noblesse en Berry.* — *Armorial des principales familles du Berry.*

DU MESNIL-SIMON, seigneurs de Launay en l'Isle-de-France, Maupas, Morogues, Beaujeu, Neuilly, Sens, la Chapelotte, la Tour-de-Vesvres, les Quartiers-Rogers, Paracy, Neuvy-Deux-Clochers, la Bouloise, Regny, le Brouillet, Masnay, la Grange-Saint-Jean, etc... en Berry ; marquis de Beaujeu.

Maison des plus anciennes et des plus illustres du Berry, originaire de Normandie, où elle possédait la Terre du Mesnil, dès le XIIIe siècle. Le premier du nom qui s'établit en Berry paraît être Jean du Mesnil-Simon, bailli de Berry en 1451, chambellan de Louis XI et son ambassadeur près du roi de Castille. Ses descendants ont fourni un maître d'hôtel de Louis XII, un chambellan des rois Charles VIII et Louis XII, un gentilhomme de la chambre de Henri III, un lieutenant des chevau-légers du duc d'Enghien en 1622, des chevaliers de Malte et des Ordres du roi, un abbé de Bourras et de Varennes, doyen de l'Eglise de Bourges, chanoine de la Sainte-Chapelle, mort en1661 et dont la Thaumassière nous donne l'épitaphe.

Alliances : De Rochechouart, de Courtenay, d'Anlezy, de Roffignac, Bigot, de Mesgrigny, de Farou, de Biet, de la Grange-Montigny, d'Anglars, de Bar, de Boisvilliers, Pot de Rhodes, du Chièvre, de Contremoret, le Roy de Saint-Florent, de la Rochefoucauld, de Culan, de Crevant.

D'argent, à six mains de gueules, 3, 2, 1.

La Thaumassière*. — G. le Bouvier. — *Noms féodaux.* — La Chesnaye-des-Bois. — *Armorial de la généralité de Bourges.* — Vertot. — Archives du Cher.—Berry, *Maintenues de Noblesse*, manuscrit inédit provenant des Archives du Collège héraldique. — De Vassal, *Table analytique des manuscrits d'Hubert.* — *Les Recherches de Noblesse en Berry.* — *Armorial des principales familles du Berry.*

DE MESNY-PENY ou MENIPENY, seigneurs de Varennes, de Concressault, (XVe siècle) ; vicomtes d'Omoy. En Berry.

Maison originaire d'Ecosse. Alexandre de Menipeny, vicomte d'Omoy, archer de la garde du roi François Ier, fut naturalisé par lettres du mois de février 1542 Cette famille a produit un chambellan ordinaire du roi Louis XII, chevalier d'honneur de Marie d'Angleterre, reine de France, un capitaine de cent hommes d'armes écossais des anciennes ordonnances, un abbé de Saint-Satur (1512).

Alliances : Tizard, Compain, Bonin, de Fouchier, de Foucard, de Courtenay, Stuart, de la Roche-Chaudri.

Ecartelé : aux 1 et 4, de gueules, à trois croissants d'argent, surmontés chacun d'une croix recroisettée au pied fiché de même ; aux 2 et 3 d'or, à un dauphin d'azur.

LA THAUMASSIÈRE. — Le P. ANSELME, *Histoire généalogique des seigneurs de Courtenay.*— *Statistique monumentale du Cher.* — *Armorial des principales familles du Berry.*

DE LA MESSELIÈRE. V. FROTIER.

DE MESSEMÉ, seigneurs d'Artonge-Saint-Christophe, le Cormier, Talvois, le Mestray, Bellegarde en la paroisse de Faverolles, élection de Châteauroux.

Famille originaire du Poitou, qui a comparu à l'assemblée de la noblesse de cette province en 1789.

De gueules, à six feuilles de palmier d'or appointées en cœur.

Noms féodaux. — BERRY, *Maintenues de Noblesse.* — *Armorial de la Touraine.* — L'abbé CHAMBOIS et Paul DE FARCY, *Recherche de la Noblesse dans la généralité de Tours.* — *Les Recherches de Noblesse en Berry.*

MICHEL, seigneurs de Saint-Michel.

Maison originaire de Normandie où elle est encore représentée par les branches de Monthuchon et d'Annoville et qui remonte à Thomas Michel, écuyer, sieur de la Michelière, homme d'armes des ordonnances du roi, vivant en 1380. Jacques Michel, sieur de Saint-Michel, imposé d'office à l'*Armorial de la généralité de Bourges*, fut maintenu dans sa noblesse le 6 août 1708.

Cette famille a produit un chevalier de l'Ordre du roi, deux gouverneurs de Coutances, un page du roi, etc... Jean-Baptiste-Magloire Michel du Bouchet, député du Var au Corps législatif (1811-1815), fut créé baron de l'Empire par lettres-patentes du 12 avril 1810, confirmé par lettres royales du 12 décembre 1820. Sa postérité est éteinte.

D'azur, à une croix d'or, cantonnée de quatre coquilles de même.

D'HOZIER. — *Armorial de la généralité de Bourges.* — BERRY, *Maintenues de Noblesse.* — *Noms féodaux.* — LAINÉ, *Dictionnaire des Origines.*— *Armorial du Bourbonnais.*— BACHELIN-DEFLORENNE, *Etat présent de la Noblesse,*1873. — Vicomte RÉVÉREND, *Armorial du premier Empire.* — *Les Recherches de Noblesse en Berry.* — RIESTAP.

MICHEL, seigneurs de la Chapelutte, du Tremblay, paroisse de Soye (xviiie siècle).

Cette famille a fourni un échevin à la ville de Bourges en 1688, des professeurs à son Université, des officiers à son élection.

Alliances : Rouyer, Bachelier, Charlemagne, Blondeau, Maillet, Collet, Dubois, Terrasse.

De sinople, à trois poissons d'or, mis l'un sur l'autre ; au chef de gueules soutenu d'or et chargé de trois coquilles d'argent.

Armorial de la généralité de Bourges. — Noms féodaux. — Archives du Cher.

MIDOU, seigneurs de la Brosse, Lauroy, paroisse de Clémont, Champroux, Bribon Martinière, les Rajoux, Cormes, paroisse de Saint-Cyr-en-Val, Villiers (xviie siècle.) Berry et Orléanais.

Famille annoblie en novembre 1619 par Louis XIII pour services militaires. Elle a donné un gentilhomme ordinaire de la chambre du roi, des lieutenants des maréchaux de France à Orléans.

Alliances : Chabot, du Four, Buzy, Briçonnet, Durand de Villiers, d'Escures, d'Orléans, de Rère.

Coupé d'argent et de gueules, à la croix de huit pointes de l'un en l'autre.

Berry, *Maintenues de Noblesse. — Statistique monumentale du Cher. —* Archives du Cher. — *Mémorial de la commune et paroisse de Clémont et de la seigneurie de Lauroy,* par l'abbé Duplaix, Châteauroux, 1905.

MIGNON.

René Mignon, conseiller et secrétaire du roi, maison et couronne de France.

Alliances : Marpon, Bécuau.

D'or, à un buste de maure de sable posé de front et tortillé d'argent, au chef de gueules.

Armorial de la généralité de Bourges.

MIJONNET.

James Mijonnet, seigneur en partie d'Ivry et de Trouy, demeurant à Ivry, paroisse de Vasselay, vend à prudent homme, François Mijonnet, maître chirurgien, demeurant au bourg de Concressault, la part qui lui revient dans la succession de défunts ses père et mère (1612).

Jean Mijonnet, bailli de la justice de Vailly, est imposé d'office à l'*Armorial de la généralité de Bourges,* avec les armes ci-dessous :

D'argent à un chevron d'azur. chargé de trois étoiles d'or, et accompagné de trois melons de sinople, deux en chef et un en pointe.

Archives du Cher.

MILLET, seigneurs de Mesquillay, les Brosses, Gardefort, les Bauchetières.

Ancienne famille du Sancerrois, qui a donné un procureur du roi au bailliage de Concressault vers 1550, François Millet, sieur de Mesquillay qui eut neuf filles, dont une mariée à Satur Guichard engendra les Thaumas de la Thaumassière et une autre mariée à Guillaume Turpin, bailli d'Ivoy, dont les Turpin de l'Espinières; des baillis de Sancerre et d'Henrichemont, un lieutenant-général et des avocats au bailliage de Concressault.

Alliances : Loré, Guichard, Turpin, Dauvergne, Dabert, Vannier, Morin, Gressin.

Tranché d'or et d'azur, à une étoile de huit raies de l'un en l'autre.

Etienne Millet, conseiller au parlement l'an 1436, portait les mêmes armes.

LA THAUMASSIÈRE. — Archives du Cher. — *Note* communiquée par M. S. Buchet, du Noyer. — BLANCHARD, *Les Présidents à mortier.*

MILLET.

Macé Millet, seigneur de la Vernusse, échevin de Bourges en 1540, portait :

D'azur, à deux rainseaux de millet passés et revoltés en sautoir d'or, accostés de deux oiseaux affrontés d'argent, au chef d'argent chargé d'un léopard passant de sable soutenant une targette de gueules.

On trouve aussi à l'*Armorial de la généralité de Bourges*, des armes imposées d'office à Jacques Millet, procureur au siège présidial : D'azur, à une fasce d'or, accompagnée de trois plants de millet de même ; et à Hubert Millet, curé de Colméry, élection de la Charité : D'azur, à trois plantes de millet d'or. Armoiries de la famille Millet, du Nivernais.

CHAUMEAU, *Histoire de Berry*. — *Privilèges de Bourges*. — LA THAUMASSIÈRE.

MILLET, seigneurs du Chastelier, le Péron, Bonsjours, Berry-Bouy, le Mannay, le Nointeau, les Granges.

Famille établie à Bourges, qui a donné un maire de cette ville (1607-1609) et un échevin en 1672, des trésoriers de France, un secrétaire du roi, etc...

Alliances : Auclerc, Semelier, Mercier, Bruères, Heyrault de la Coudraye, Poupardin, Cougny, Fauvre, de Brisacier, d'Hérouard.

D'azur, à l'aigle d'or, au chef cousu de gueules, chargé de trois étoiles d'argent.

Privilèges de Bourges. — LA THAUMASSIÈRE. — *Armorial de la généralité de Bourges*. — *Noms féodaux*. — Archives du Cher. — *Statistique monumentale du Cher*. — *Armorial des principales familles du Berry*.

DE MILLY, seigneurs de la Charnaye-Milly (xve siècle).

Alliances : de Troussebois, Dureau.

D'argent, au chef de gueules émanché de trois pièces.

Ces armes se rencontrent en plusieurs endroits dans l'ancien château de Milly-Ragon et sur un portail de la localité de Nérondes.

Statistique monumentale du Cher. — Armorial du Nivernais. — Armorial de la Touraine.

MILON ou MILLON, seigneurs de la Borde, Rosne, Varennes. En Touraine et en Berry.

Cette famille descend directement de Jean Milon, prévôt de la ville de Paris, de 1330 à 1334.

Alexandre Milon, président trésorier général de France à Bourges, fit enregistrer ses armoiries : il avait marié sa fille à Claude de Biet, baron de Maubranches, lieutenant-général à Bourges, en 1664.

Nous trouvons en Berry les personnages suivants qui pourraient bien appartenir à cette famille.

Gabrielle Millon qui épouse Jean de Vaillant, sieur de Lislerette en 1612. Les héritiers de Pierre Milon, premier médecin du roi qui font l'aveu et dénombrement du fief des Pocquières ou de la Morinière (1640) et les héritiers de Jean Milon. écuyer, pour partie du fief de Lotier (1715) ; ces fiefs relevaient de la seigneurie du Blanc. Alexandre Milon, écuyer, seigneur des Fontaines, commis général des gabelles en Berry (1653).

De gueules, à une fasce d'or chargée d'une merlette de sable et accompagnée de trois croissants d'or.

Armorial de la généralité de Bourges. — La THAUMASSIÈRE. — Archives du Cher et de l'Indre. — *Armorial de la Touraine.*

MINARD, seigneurs du Chastellier, paroisse de Levet (1670), la Grange-Saint-Jean, paroisse de Trouy (1684).

François Minard, sieur du Chastellier, est qualifié conseiller du roi, maître des courriers de la province de Berry.

Nous croyons que cette famille n'a aucune communauté d'origine avec celle du marchand de Sancerre qui est inscrit d'office à l'*Armorial de la généralité de Bourges* et qu'elle serait plutôt originaire de Paris où une famille de ce nom portait : D'azur, à un volcan de gueules, accompagné en chef de deux étoiles d'argent.

RIESTAP. — *Noms féodaux.* — Archives du Cher. — *Statistique monumentale du Cher.*

MINARD.

Barthélémy Minard, marchand à Sancerre.

D'argent, à trois pattes de griffon de sable, 2 et 1.

Armorial de la généralité de Bourges. D'office. — Bibliothèque nationale. Pièces originales 1968.

DE MIRAY, seigneurs du Verger, paroisse de Nohant-en-Graçay, Villiers, la Lande, paroisse de Villantrois, la Fontville. Berry et Orléanais.

Le chanoine Hubert commence la filiation de cette famille à Germain de Miray, écuyer, sieur des Marets, en 1517. François de Miray, écuyer, sieur du Verger, était écuyer du prince de Conti en 1630. Charles de Miray et Claude de Miray, seigneur du Verger comparurent au ban de Berry de 1635.

Alliances : de Rabutin, de Couraut, Chevrier, de Patoufleau, de Sauzay, Gourdon, Rivière.

D'azur, à trois molettes d'or. *Alias* : d'argent, à trois étoiles de gueules posées en chef.

Berry, *Maintenues de Noblesse*. — De Vassal, *Table analytique des manuscrits d'Hubert*. — Archives du Cher et de l'Indre. — *Armorial de la généralité de Bourges.* — *Les Recherches de Noblesse en Berry*. — *Armorial des principales familles du Berry*. — *Statistique monumentale du Cher*.

MIREPIED.

Claude Mirepied, notaire à Châtillon-sur-Indre.

D'or, au chevron de sable.

Armorial de la généralité de Bourges. D'office.

MITTERANT.

Pierre Mitterant, marchand à Bourges, fut inscrit d'office à l'*Armorial de la généralité de Bourges,* avec les armes suivantes :

D'or, au sautoir de sable.

Ce Pierre Mitterand, lieutenant de la milice bourgeoise au quartier de Saint-Privé, fut élu consul en 1687 et 1693 et prévôt des marchands en 1697. Il avait épousé Jeanne Robertet.

D'après un manuscrit attribué au chevalier Gougnon, F. fr. 3295, ses armes auraient été :

D'azur, à la mer d'argent, surmontée d'une colombe portant un rameau d'or, à trois étoiles d'argent rangées en chef.

DE MOMINE, *alias* DE MOMINET, DE MONTMINET ou DE MONTMIRET.

La *Gallia Christiana* mentionne deux personnages de ce nom comme abbés de l'Abbaye des Pierres, paroisse de Sidiailles :

Jean VI de Mominet, docteur et vicaire général de l'Ordre des Cisterciens, 1590 et 1591, qui résigna son titre d'abbé à Annas, *alias* Annetus de Montminet ou de Montmiret (1610).

Leurs armoiries que nous donnons ci-dessous sont gravées sur une petite cloche de l'église de Saint-Saturnin sous l'inscription suivante :

> DE MOMINE JHS MAS *(sic)* BERNADAS *(sic)* FORATOR
> DE LA CHASTRE 106z *(sic)* lire 1602

Il y a sur la dite cloche deux petits écus semblables, sans doute celui de l'oncle et du neveu :

De ..., au chevron accompagné de trois étoiles, deux en chef et une en pointe ; l'écu surmonté d'une mitre et d'une crosse en pal.

DE MONCORPS et MONTCORPS, seigneurs de Beauvais, la Motte-Josserand, Chéry, Levey, etc... ; comtes de Moncorps. Bourgogne et Nivernais.

Léonard de Moncorps, seigneur de Beauvais, de Chéry, élection de Bourges, renvoyé au Conseil le 3 mars 1667, fut maintenu dans sa noblesse le 24 octobre 1668. En 1559, Edme de Moncorps fut taxé à un écu par quartier pour la 9e taille de la paroisse de ... (peut-être Valligny). (Extrait des Maintenues de noblesse, Berry).

La maison de Moncorps dont la Chesnaye-des-Bois donne la filiation depuis Henri de Moncorps, écuyer, seigneur de Beauvais, gouverneur de Saint-Malo (1402), a fourni des hommes d'armes des ordonnances du roi, des gouverneurs de places fortes, des gentilshommes de la maison du roi, des chevaliers de Saint-Louis. MM. Regnault de Savigny, du Nivernais, ont été autorisés en 1869 à ajouter à leur nom les nom et titre du comte de Moncorps, leur grand-père. Ils ont, en conséquence, écartelé leurs armes : D'azur, à la gerbe d'argent, de celles de la maison de Moncorps.

Alliances : De Montreuil, de la Bussière, de Courvol, Regnault de Savigny.

D'argent, à sept mouchetures d'hermines de sable, 3, 3 et 1.

Généalogie de Courvol. — Dictionnaire de la Noblesse. — Les Recherches de Noblesse en Berry. — Armorial du Nivernais. — Annuaire de la Noblesse, 1883.

MONDIN ou MONDAIN, seigneurs de la Béthaule, de Montoste, de la Maison-Rouge, de Savignac.

Famille originaire de la Marche où elle était connue dès le XVe siècle.

En 1559, François Mondin, greffier et valet de chambre de la duchesse de Berry acquiert à reméré du seigneur de Sainté-Sévère-en-Berry la seigneurie de Rongère.

François-Xavier Mondain de la Maison-Rouge, fut le dernier abbé de Grandmont (1789).

Alliances : De Chamborant, de Savignat, de Marans, Chaud.

D'argent, à la fasce de gueules, accompagnée de trois étoiles de même.

BERRY, *Maintenues de Noblesse*, manuscrit. — *Nobiliaire de la généralité de Bourges*, F. fr. 31791 et 32273. — *Noms féodaux*. — TARDIEU, *Dictionnaire de la Haute-Marche*. — *Les Recherches de Noblesse en Berry*. — Emile CHÉNON, *Histoire de Sainte-Sévère*.

DE MONESTAY, seigneurs des Forges, la Faye, la Grillière, le Coudray, les Gouttières, Forêt, paroisse de Commentry, Graveron, Bonnay, Chars, Chazeron, Chatel-Guyon, etc...; barons de Rollat; marquis de Chazeron. En Bourbonnais, en Berry et en Auvergne.

Famille d'ancienne chevalerie du Bourbonnais qui a produit un maître d'hôtel du roi Charles VIII, un échanson du roi François Ier, des gouverneurs de Brest, de Verdun (1755) etc..., des lieutenants-généraux des armées du roi, des chevaliers de l'Ordre, onze officiers supérieurs des gardes-du-corps.

Maison éteinte.

Alliances : de la Faye, de Châteaubodeau, du Fresneau, de Mauvoisin, de Rochefort, de Chazeron, de Villelume, de la Roche-Aymon, de Rivière de Riffardeau, de Bonnay, de Murat, de Cereste-Brancas.

Ecartelé : aux 1 et 4, d'argent, à la bande de sable, chargée de deux étoiles d'or et accostée de deux filets de sable, qui est de Monestay ; aux 2 et 3 d'or, au chef de gueules, émanché de trois pièces d'azur, qui est de Chazeron.

C'est en raison de l'alliance contractée en 1641 par Gilbert de Monestay, seigneur des Forges, avec Claudine de Chazeron, fille de Gilbert de Chazeron, sénéchal et gouverneur du Bourbonnais que sa postérité releva le nom et les armes de Chazeron. Selon la Thaumassière, la famille de Monestay aurait écartelé ses armes vers la fin du xve siècle de celles de « la Faye » qui sont :

De gueules, au lion d'argent, à cause du mariage de Henri de Monestay avec Jeanne de la Faye, dame des Forges.

LA THAUMASSIÈRE*. — *Noms féodaux*. — *Armorial de la généralité de Bourges*. — LAINÉ, *Dictionnaire des Origines*. — *Nobiliaire d'Auvergne*. — SEGOING. — CHEVILLARD, *Dictionnaire héraldique*. — *Armorial du Bourbonnais*. — Collection Clairambault. — *Armorial des principales familles du Berry*.

DE MONICAULT, seigneurs de la Chaussée, Pallueau, Villardeau, paroisse de Senneçay (1654), la Grange-Saint-Jean (1687).

Pierre Monicault, procureur et notaire à Dun-le-Roi, fait hommage de sa métairie du Petit-Vilaine, paroisse de Saint-Denis-de-Palin (1584).

Cette famille a donné deux échevins à la ville de Bourges en 1649 et en 1655, un président au grenier à sel et un lieutenant criminel en l'élection.

Alliances : Desgreniers, Colasson, Boucher (de la famille du « Maistre peintre Jehan Boucher »), Cretté, Tullier, Léveillé, Lelarge, de la Coste, Soumard, de Billon, Piat, Drouin.

D'argent, à deux palmes de sinople posées en sautoir, cantonnées de quatre têtes de léopard de gueules. Ces armes sont sculptées au-dessus de la porte d'entrée de la cour du petit château de Villardeau.

LA THAUMASSIÈRE. --- *Armorial de la généralité de Bourges.* — *Noms féodaux.* — Archives du Cher. — MOREAU, *Histoire de Dun-le-Roi.* — *Armorial des principales familles du Berry.* — *Statistique monumentale du Cher.*

DE MONNOT, seigneurs du Vieil-Mannay, l'Eschenau.

Famille noble du Nivernais.

Alliances : De Troussebois, de Chabannes, Chevalier d'Almont.

D'azur, au chevron d'or, accompagné en chef de deux étoiles d'argent et en pointe d'un croisant de même.

Inventaire des titres de Nevers. — *Armorial du Nivernais.* — *Statistique monumentale du Cher.*

DU MONT, *alias* DUMONT, seigneurs de Bothenet, le Breuil-Yvain, la Lande-Fonteny, Courtaillet, Orsennes, les Marches d'Orsennes, la Couture, l'Aumône, en Berry et dans la Marche ; Laige-Potheau, la Chasseigne, Varillère, etc...

Famille d'ancienne noblesse que la Thaumassière compte au nombre des bienfaiteurs de l'Abbaye des Pierres. En 1514, frère Louis Dumont était sous-prévôt et garde du sceau établi aux contrats de la cour séculière de Déols. Le pape Paul IV accorda des indulgences et plusieurs faveurs spirituelles à Ponthus Dumont, seigneur du Breuil-Yvain et à Marguerite Cohague, sa femme.

Honoré-François Dumont du Breuil-Yvain fut page de la duchesse du Maine ; il fit la campagne des Flandres comme officier d'artillerie et fut blessé. .

Charles du Mont, chevalier, marquis de la Lande-Fonteny, figure à l'*Armorial de la généralité de Bourges*, élection de la Châtre, avec des armes imposées d'office.

Alliances : De Coigne, Ajasson, du Verdier, Bertrand de Coudières, d'Areau, Bouchet, de la Roche-Aymon, de Razès, de Launay, d'Argier, Souffrain, Merigot.

D'or, ou d'argent, à la croix ancrée de sable, *alias* d'argent, à la croix de sable, ou encore, de sable, à la croix d'argent.

LA THAUMASSIÈRE. — *Noms féodaux.* — VERTOT. — NADAUD, *Nobiliaire du Limousin.* — *Les Recherches de Noblesse en Berry.* — Archives de l'Indre. — *Revue du Centre*, 13e année, p. 428. — *Armorial des principales familles du Berry.*

DE MONTAGU, seigneurs de Couches, en Bourgogne, la Brosse, les Granges, Bury, les Tarnaux, Galles, le Bouchet, Boinay, en Berry.

D'après une généalogie manuscrite dressée par M. Jean-Alexandre de Montagu, ancien garde du corps du roi, décédé en 1875 à l'âge de 91 ans et dont nous devons la communication à l'obligeance de son petit-fils, M. Louis de Marcillac, la famille de Montagu serait de très ancienne noblesse et originaire de Bourgogne. Elle remonterait à Girard de Montagu, notaire et secrétaire du roi à qui le roi Jean octroya des lettres de noblesse en 1363 et que le roi Charles V fit trésorier garde des chartes du roi. Jean de Montagu, seigneur de Couches, en Bourgogne, épousa Jeanne de Mello, dame de la Ferté-Chaudron, en Nivernais (1419). François de Montagu, fils de Jean de Montagu de Soubernon et de Marie de Beaujeu, resté enfant orphelin et sans fortune, fut élevé sous le patronage de Françoise d'Albret, duchesse de Brabant. qui l'amena en Berry où elle possédait les Aix, Montigny, la Chapelle, et où il se maria et se fixa.

La famille de Montagu a fourni un échevin à la ville de Bourges (1651-1652), François Montagu, seigneur de la Brosse, président au grenier à sel; un bailli des Aix en 1665, des officiers distingués dont plusieurs ont été chevaliers de Saint-Louis.

Alliances : Ramade, Vachon, Boisrot, Nicquet, Fouchier, Gay, Pinette, Turpin de Lépinière, Chenu de Mangou, Becuau, Corsan, Boursault, le Pain, Salmon, Douard des Gadeaux, Pivet, Bertrand, Tarboicher de Brézé, de la Buxière, Hodeau d'Astilly, Josset des Roziers, Guerre, Corbin de Grandchamp, Perrotin, Triboudet de Maimbray, de Marcillac.

D'azur, au cerf d'or passant sur une terrasse de sinople, *alias* d'or.

LA THAUMASSIÈRE. — *Nobiliaire du Berry*, F. fr. 31791. — Archives du Cher. — *Les Recherches de Noblesse en Berry*. — RIFFÉ, *Généalogie de la famille Hodeau, Mémoires de la Société des Antiquaires du Centre*, VIIIe vol. 1879. — *Famille Corbin*, par Paul MOREAU, Bourges, 1885. — *Armorial des principales familles du Berry*.

DE MONTAIGNAC ou MONTAGNAC, seigneurs de Montaignac, Chauvances, la Coustures, les Lignières, Estansannes, Bord, Aubières, Lavaud de Mène, Larfeuillères, Cluys en Berry ; barons de Larfeuillères ; comtes de Chauvances, Estansannes et Cluys ; marquis de Montaignac. Originaires du Limousin. Marche, Auvergne, Bourbonnais, Berry, etc...

Maison d'ancienne chevalerie, qui remonte à Guy de Montaignac, seigneur de Montaignac en bas Limousin et de Larfeuillère, paroisse de Chénerailles, dans la Marche, en 1450.

Elle s'est divisée en trois branches, dont deux, celle des Lignières et d'Estansannes sont éteintes; la seule subsistante directement est celle de Chauvance qui s'est divisée en deux rameaux.

La branche d'Estansannes s'éteignit à la fin du xvie siècle (1575) dans la famille Meuron, des seigneurs de Saint-Loup et de Bord qui releva le nom de Montaignac et dont la descendance est encore représentée de nos jours.

La maison de Montaignac a produit un capitaine de cent hommes d'armes au xvie siècle, un gouverneur de Milan, compagnon du connétable de Bourbon, un lieutenant-général au Berry (de la lignée des Meuron de Montaignac), de nombreux chevaliers de Malte, dont plusieurs commandeurs, un grand maître de l'Ordre en 1774, mais qui refusa cette dignité, etc... et de nos jours un vice-amiral, commandeur de la Légion d'honneur, ministre de la Marine.

Alliances : De Bar, de Beaucaire, de Chabannes, de Fougières, le Loup de Bellenave, Meuron de Bord, de Monestay-Chazeron, de Thianges, de la Roche-Aymon, Faure, de Gaucourt, Chaton des Morandais, de la Ferté-Meun.

De sable, au sautoir d'argent, cantonné de quatre molettes de même, *alias* d'or.

Noms féodaux. — VERTOT. — LA CHESNAYE-DES-BOIS. — *Nobiliaire d'Auvergne.* — *Armorial du Bourbonnais.* — TARDIEU, *Dictionnaire d'Auvergne et de la Haute-Marche.* — *Armorial des principales familles du Berry.* — Archives de la Creuse.

DE MONTBEL, seigneurs de Montbel, d'Entremonts, Champéron, la Tasche, Poiriers, Palluau, la Mesnardière, Martizay, les Couts, paroisse de Saint-Saturnin (1721), en Berry, etc... ; comtes de Montbel. Savoie, Limousin, Touraine, Poitou, Bourbonnais, **Berry.**

Maison d'ancienne chevalerie, originaire de Savoie, qui paraît avoir pour auteur Philippe, seigneur de Montbel, qui fit partie de la première croisade en 1090 et dont les armoiries figurent dans la salle des Croisés à Versailles. Elle s'est établie en France vers 1500, en la personne de François de Montbel. On voit un Jean de Montbel, religieux, procureur-syndic de l'abbaye de Déols (1605).

André de Montbel, chevalier, seigneur de la Tasche, qui épousa par contrat du 2 juin 1669, demoiselle Louise de la Châtre (cousine germaine de Marie-Casimire de la Grange, Reine de Pologne), fille de René de la Châtre, chevalier, seigneur de Breuillebault et de Briantes et de dame Silvaine de Longbost, fut maintenu le 18 juillet 1669, devant Mr Tubeuf, intendant de Bourges et de Moulins. Son fils Jean-Gabriel de Montbel fut également maintenu dans sa noblesse à l'Intendance du Berry en 1715.

Par lettres patentes d'avril 1770, la terre de Palluau, en Touraine, fut érigée en comté sous le nom de Montbel, en faveur de René-François de Montbel, chevalier, seigneur de Laugère, Poiriers, sous-gouverneur des enfants de France, chevalier de Saint-Louis, et maréchal des camps et armées du roi.

Alliances : De Savoie, de Joinville, de Batarnay, de Bridiers, Pot, de la Châtre, de Grasleul, de Gray, de l'Age, de Preaux, de Moussy.

D'or, au lion de sable, armé et lampassé de gueules, à la bande componée d'hermines et de gueules de six pièces, brochant sur le tout.

D'HOZIER. — *Nobiliaire de la généralité de Bourges*, F. fr. 31791 et 32273. — *Noms féodaux.* — *Annuaire de la Noblesse,* 1861. — Archives de l'Indre. — *Armorial de la Touraine.* — *Armorial du Bourbonnais.* — *Les Recherches de Noblesse en Berry.* — BERRY, *Maintenues de Noblesse,* manuscrit. — *Armorial des principales familles du Berry.*

DE MONTFAUCON, sires de Montfaucon, Sancergues, Charenton, Orval, Bruères, Epineuil.

Maison féodale connue depuis Thierry de Montfaucon, vivant l'an 1002. Elle s'est éteinte en la personne de Guillerme de Montfaucon, héritière de sa maison, mariée à Auseric de Tocy, seigneur de Bazerne et de Pierre-Pertuise ; elle était veuve en 1242.

Cette maison a donné un doyen de l'Eglise de Bourges (1591).

Alliances : de Sully, d'Herry, de Charenton, de Courtenay, de Tocy.

De..., à une aigle essorante.

Sceau de Renaud de Montfaucon, seigneur de Charenton,

Equestre : Type de chasse à gauche

✠ SIGILE RAINAVDI DNI CHARENSONII ET MONTISFALCONIS

Contre-sceau : Une aigle essorante

✠ RENAVT DE MVFAVCV

appendu à une charte ou Reginaudus de Montfalconis, dominus de Carentonii se porte pleige envers Philippe-Auguste pour Henry de Sully (mars 1217).

Archives de l'Empire, 1394, n° 56. — La Thaumassière. — *Armorial des principales familles du Berry*.

DE MONTFORT. Voir ARCHAMBAULT.

DE MONTHIEUX, seigneurs du Plaix, paroisse d'Ardenais (1457), les Feuillards, paroisse de Montlevic, Thary, paroisse de Néret, Gessay, Laage, Longchamps.

Ancienne famille qui a donné un gentilhomme de la chambre du roi en 1590. Elle a été maintenue dans sa noblesse à l'Intendance du Berry en 1667.

Alliances : De Laize, Libault de Sarzay, de Maulmont, de Bridiers, de la Brosse, Decoy de Lusignan.

D'azur, au chef d'or.

Archives du Cher, *Fonds de l'Abbaye des Pierres*. — Emile Chénon, *Histoire de Sainte-Sévère*. — Archives de l'Indre. — Registres paroissiaux de Châteaumeillant. — *Statistique monumentale du Cher*. — *Les Recherches de Noblesse en Berry*.

DU MONTIER.

Famille noble originaire du Maine.

Jean du Montier, sieur de la Maisonneuve, demeurant paroisse de Saint-Martin-de-Tournon, lors des recherches de noblesse du Berry, a déclaré maintenir la qualité d'écuyer, le 28 juin 1669.

D'argent, au chevron de gueules accompagné de trois annelets de même.

RIETSTAP. — *Les Recherches de Noblesse en Berry.*

DE MONTJOUAN, ou MONTJOHAN, seigneurs de Montjohan, en Marche, Mazières, Prungé, Tendu, Chabenet, Montusson, la Chaise, Limanges, la Moussetière. Dans la Marche et en Berry.

Maison d'origine chevaleresque connue dès le commencement du xve siècle. André de Montjohan, chevalier, seigneur de Mazières et Varennes, était maître d'hôtel du duc de Bourbon vers 1530.

Alliances : de Laigue, de la Roche-Aymon, de Montménard, Auclerc, de Lezay, de la Roche, de Mazières, de Pons, de Rochefort, du Rieux, Chauzeron, de Gaucourt, de la Châtre, d'Orléans de Rère.

De gueules, à un sixtefeuille d'or.

Archives de l'Indre. — HUBERT, *Le Bas-Berry*, canton d'Argenton. — LA THAUMASSIÈRE.

DE MONTLÉON, *alias* **DE MAULÉON,** seigneurs de Montléon, en Poitou (xiie et xiiie siècles), de Beaupré (1320), paroisse de Martizay, de Chanteloup, paroisse de Villiers-en-Brenne, de la Picarderie, de la Pignolière, de la Chaize, Durtal, la Brosse et l'Avy, paroisse de Martizay. Poitou, Berry, Touraine et Blésois.

Maison d'ancienne chevalerie, maintenue à l'Intendance du Berry en 1669 et 1716.

Alliances : de Rochechouart, Pot, de Naillac, de Beauvilliers, de Laigue, de la Châtre-Breuillebault, de Malesset, de Moussy, Vaillant d'Avignon, du Mesnil, d'Auvergne, de Saint-Simon de Courtaumer.

De gueules, au lion passant d'argent, armé et lampassé de gueules.

LA THAUMASSIÈRE. — *Armorial de la Touraine.* — *Nobiliaire de la généralité de Bourges,* F. fr. 31791, 32272 et 32273. — *La Branche de Berry de la maison de Mauléon,* par Henri DE MAZIÈRES, Châteauroux, 1901. — *Les Recherches de Noblesse en Berry.* — L'abbé CHAMBOIS et Paul DE FARCY, *Recherches de la Noblesse dans la généralité de Tours.*

DE MONTMINAMD, seigneurs de la Rocherolle, paroisse de Tendu (1482), les Chézeaux, le Tertre.

Alliances : de la Rivière, de Montjohan, Couraud, de la Ville, Guillemin, Tixier, Lorgand.

Archives de l'Indre. — HUBERT, *Le Bas-Berry*, canton d'Argenton.

DE MONTMORANT, seigneurs de la Rivière, la Guette, la Chaussée, Vièvre, Villegenon.

Jacques de Montmorant, écuyer, sieur de la Rivière, fut maintenu dans sa noblesse sur preuves remontant à Mahiet de Montmorant, écuyer, qui vivait à la fin du xve siècle (Carrés d'Hozier 450). Jean-Louis de Montmorant, seigneur de Villegenon, comparut à l'assemblée de la noblesse de Berry en 1789.

Alliances : de la Bussière, de Lucet, de Goulard.

D'azur, à trois chevrons d'argent, accompagnés en pointe d'une étoile de même.

Armorial de la généralité de Bourges. — BERRY, *Maintenues de Noblesse*, manuscrit. — *Les Recherches de Noblesse en Berry.* — *Statistique monumentale du Cher.*

DE MONTMORENCY, seigneurs de la Prugne-au-Pot, paroisse de Lourouer, (1484), la Ferté-Imbault, Châteaubrun (1577), Neuvy-Pailloux (1617).

Famille des plus illustres qui a donné six connétables, dix maréchaux et amiraux de France ; sa filiation remonte au xe siècle. Les Montmorency ont été élevé à la dignité de ducs et pairs dès 1551.

La branche berrichonne des seigneurs de Châteaubrun et de Neuvy-Pailloux était issue de François de Montmorency, deuxième fils d'Anne de Montmorency, baron de Fosseux, marquis de Thury, chevalier de l'Ordre du roi, premier chambellan du duc d'Anjou et d'Alençon, mort en 1592. En 1667, François de Montmorency, seigneur de Châteaubrun, était gouverneur de Châteauroux et son frère, Louis de Montmorency, chevalier, seigneur de Saint-Plantaire, était prieur commandataire de Saint-Génitour du Blanc. Cette branche s'est éteinte en la personne de Jean-Nicolas de Montmorency, maréchal-de-camp, appelé le marquis de Montmorency-Châteaubrun, décédé le 18 mai 1748.

Alliances : Le Bouteiller de Senlis, Pot, la Tremoille, de Caucourt, de Lévy de Ventadour, de Fosseux, d'Estampes, Turenne, Condé, d'Aumont, Turpin de Crissé, de Muzard, de Moras.

D'or, à la croix de gueules, cantonnée de seize alérions d'azur.

Histoire des grands officiers de la Couronne. — G. LE BOUVIER. — LA THAUMASSIÈRE. — LA CHESNAYE-DES-BOIS. — *Mémoires de Castelnau.* — Archives de l'Indre et du Cher. — *Annuaire de la Noblesse*, 1843. — *Armorial de la Touraine.* — *Les Recherches de Noblesse en Berry.*

DE MONTSAULNIN, seigneurs de Montsaulnin, Coulons, les Aubus, Montauche, le Donjon, Coucy, Marcy, Villars, Nérondes, Ignol, Tendron, etc... ; barons d'Hong, Courcelles, Saint-Brisson, Fontenay ; comtes et marquis de Montal ; comtes de Montsaulnin.

Cette maison, l'une des plus considérables du Nivernais et du Berry, est originaire de Bourgogne où elle siégeait aux Etats de cette province.

Sa filiation remonte au commencement du xive siècle. Charles de Montsaulnin, comte de Montal, lieutenant-général des armées du roi en 1688, fut fait chevalier du Saint-Esprit ; Charles-Louis de Montsaulnin, comte de Montal, fut également lieutenant-général en 1745 et chevalier du Saint-Esprit.

Cette maison a encore donné aux armées des brigadiers, des mestres de camp, des capitaines des armées du roi et, de nos jours, des députés et conseillers généraux du Cher.

Alliances : De Basso, de Buffevent, de Fontenay, de Charry, de Courvol, de Rivière de Riffardeau, Robin de Coulogne, Bertrand, Heurtault, Renaud d'Avesne des Méloizes, de Chassy, de la Venne, de la Rivière, Labbe de Champgrand, Gassot, de Maistre, du Breuil du Bost de Gargilesse, le Gras du Luart, de Gourcuff.

De gueules, à trois léopards d'or, couronnés, posés l'un sur l'autre.

LA THAUMASSIÈRE*. — LA CHESNAYE-DES-BOIS. — *Noms féodaux*. — DE MAROLLES, *Inventaire des Titres de Nevers*. — J. CHEVILLARD, *Dictionnaire héraldique*. — Archives du Cher. — *Dictionnaire de la Noblesse*. — *Armorial du Nivernais*. — *Armorial des principales familles du Berry*.

DE MORAS, seigneurs de Chamborant (1566). En Limousin.

Nobles hommes César et Fabien de Moras, frères, gentilshommes napolitains, furent naturalisés français par le roi Charles IX en 1563. Léonard de Moras, seigneur de Chamborant, ressort de Montmorillon, en Poitou, fut maintenu à l'Intendance du Berry, le 11 août 1716.

Alliances : Faucon, de Chauvet, du Chasteau, du Bost du Breuil de Gargilesse, de Montmorency de Châteaubrun, de Sornin, Bouchard, Père, de Villelume, de Marcope, du Pin.

De gueules, à deux épées d'argent, garnies d'or, passées en sautoir, la pointe en bas, accompagnées de quatre molettes d'or.

Supports : deux lions.

D'HOZIER, *Généalogie de Chamborant*. — *Nobiliaire du Berry*, F. fr. 31791 et 32272. — BERRY, *Maintenues de Noblesse*, manuscrit. — *Les Recherches de Noblesse en Berry*. — RIESTAP.

MOREAU DE CHASSY, seigneurs de Chassy, Villers, la Grande-Faye, la Grange, la Vesvre, Souesmes, Coeilly, etc... ; vicomtes de Soulangis.

Cette famille a fourni un échevin à la ville de Bourges (1651), un trésorier de France au bureau de cette généralité, un chanoine du Château-les-Bourges (1683), un major commandant les milices de Cayenne, chevalier de Saint-Louis, des capitaines, etc...

Alliances : Thevenet, Bengy, Gobilot, de François, d'Argent, Gassot, Musnier, de Tristan, Thévenin, **Phelippes de Billy**.

D'azur, au dauphin d'argent, allumé et lorré de gueules, cantonné aux premier et quatrième d'une rose d'argent, et aux deuxième et troisième d'une étoile de même.

La Thaumassière. — *Armorial de la généralité de Bourges.* — *Noms féodaux.* — (Cachet de cire scellant le testament de demoiselle Catherine Thévenat, veuve de Laurent Moreau, écuyer, seigneur de Villiers et Chassy (1684). Archives du Cher, L. B., 425. — *Statistique monumentale du Cher.* — *Armorial des principales familles du Berry.*

MOREAU DES BREUX, seigneurs des Breux, Beaulieu, Chamousseau, Saint-Aigny.

Famille originaire du Berri qui a donné au XVIIIe siècle un conseiller du roi, lieutenant en la maréchaussée du Blanc, président-trésorier de France au bureau des finances de Poitiers, sénéchal d'Angle.

En 1789, N... Moreau des Breux était président-trésorier de France à Buzançais.

Cette famille a donné un chevalier de Saint-Louis, en la personne de Jacques-Christophe Moreau de Chamousseau, capitaine au régiment de Bresse-Infanterie (1750).

Alliances : Collin de la Minière, Bonneau des Vigneaux, Potelon, Huart, Charcelay, Delagoutte, Delacoux de Marivault, Soumart de Villeneuve, Royon, Varennes.

D'argent, au chevron d'azur, accompagné de trois têtes de maure 2 et 1.

Carré de Busserolle, *Supplément à l'Armorial de la Touraine*, 1884. — Hubert, *Le Bas-Berry*, canton de Buzançais, p. 430. — *Armorial des principales familles du Berry.*

MOREAU.

Etienne Moreau, marchand.

D'or, à trois têtes de maure de sable mal ordonnées et trois mouches d'azur posées 2 et 1.

Armorial de la généralité de Bourges. D'office.

MOREAU.

Charles Moreau, prêtre, curé de Baugy.

D'or, à un chevron d'azur, accompagné de trois têtes de maure de sable.

Armorial de la généralité de Bourges. D'office.

MOREAU.

Charles Moreau, marchand au bourg d'Argy.

D'or, à une tête de maure de sable, tortillée d'argent.

Armorial de la généralité de Bourges, élection de Châteauroux. D'office.

MOREL.

Jean Morel, procureur au siège présidial de Bourges.

D'or, à trois têtes de maure de sable, 2 et 1.

Robert Morel, avocat, procureur fabricien de Saint-Pierre-le-Marché de Bourges, en 1747, pouvait être de cette famille.

Armorial de la généralité de Bourges. D'office.

MORIN.

Louis Morin, sieur de la Chancelée :
Le lieu de la Chancelée devait se trouver dans la commune de Migné, arrondissement du Blanc.

D'argent, à la fasce d'azur, accompagnée de trois têtes de maure de sable.

Jean Morin, conseiller du roi au présidial de Châtillon-sur-Indre.

D'argent, au chevron d'azur accompagné en pointe d'une tête de maure.

A cette dernière famille devait appartenir Silvain Morin, sieur de Beauretour, avocat au siège présidial de Châtillon, y demeurant, qui fit hommage du fief de la Plante, au faubourg Saint-Antoine de Châtillon (1661).

Armorial de la généralité de Bourges. D'office. Archives de l'Indre.

DE MORLAC, seigneurs de Morlac, d'Aigues-Mortes.

Famille de chevalerie xiiie et xive siècles. Philippe de Morlac fait foi et hommage au seigneur de Châteauneuf le 27 janvier 1398.

Alliance : de Bigny.

La Thaumassière. — *Statistique monumentale du Cher.*

DE MOROGUES, seigneurs des Landes (1488), le Sauvage, Fontfaix, Toury, Ouvrault, Leufroy, la Celle, Guichy, etc... Originaires du Berry. En Nivernais.

Cette famille a produit un secrétaire du roi, intendant de la maison de Nevers, un gouverneur de la Charité, gentilhomme ordinaire de la Chambre du roi, deux chevaliers de l'Ordre. un brigadier des armées du roi sous Louis XV.

Alliances : Perreau, Bochetel, de Roffignac, de Neuchèses, de Morogues, de Jaucourt.

D'azur, au chevron d'or, accompagné en pointe d'une étoile de même, au chef cousu de gueules, chargé de trois étoiles d'or ; *Alias* : d'azur, au chevron d'or, accompagné de trois étoiles de même rangées en chef et d'une étoile aussi d'or en pointe.

Armorial de la généralité de Bourges. — Mémoires de Castelnau. — Nobiliaire de la généralité de Bourges, F. fr. 31791 et 32273. — Berry, *Maintenues de Noblesse*, manuscrit. — La Chesnaye-des-Bois. — *Armorial du Nivernais.* — De Vassal, *Table analytique des manuscrits d'Hubert*, Orléanais. — *Les Recherches de Noblesse en Berry.*

DU MOTET. Bourgogne, Dauphiné.

Joseph du Motet, écuyer, sieur de Predessy, fit enregistrer ses armoiries à l'*Armorial de la généralité de Bourges*.

D'azur, à une tour d'argent sur une motte d'or, accompagnée en chef de deux étoiles de même.

Rietstap.

DE LA MOTHE D'HOUET, seigneurs d'Houet et de Selennes, paroisse de Subtrait, Allogny, Sourbiers, Boisgarnier, Persillère, paroisse de Sainte-Gemme.

Famille noble du Berry remontant à Geoffroy de la Mothe, damoiseau, qui vivait en 1343.

Alliances : De Salvert, Doré, de Séris, de la Grange, du Pont, de Macé, le Gras, de Bernot, de Saint-Julien, Chauveron.

D'azur, à trois merlettes d'or, 2 et 1 ; au chef cousu de gueules.

La Thaumassière*. — *Armorial de la généralité de Bourges.* — Archives de l'Indre. — *Nobiliaire de la généralité de Bourges*, F. fr. 31791. — *Les Recherches de Noblesse en Berry.* — *Armorial de la Touraine.* — *Armorial des principales familles du Berry.*

DE LA MOTTE-TILLOUX, seigneurs de Tilloux, la Berthollière, Maisonneuve, la Refferie, la Bessandière, le Cormier, la Coifferic, la Chapelle-Genevrot, paroisse de Saint-Lactensin. Berry et Touraine.

Alliances : De Jeufosse, de Douhault, Gervais, de Mathefelon, le Boucher, Estevard, d'Aloigny.

D'argent, au chevron de gueules, accompagné de trois hures de sanglier de sable, 2 et 1.

Nobiliaire de la généralité de Bourges, F. fr. 31791 et 32273. — *Noms féodaux.* — *Armorial de la Touraine.* — *Catalogue des Gentilshommes du Berry*, par de la Rocque et de Barthélemy. — *Les Recherches de Noblesse en Berry.* — *Armorial des principales familles du Berry.*

DU MOULIN ou DUMOULIN, seigneurs de la Pérouille, Bellefolle, Beauregard. En Bas-Berry.

En 1528, Philippe Dumoulin, écuyer, fait foi et hommage au seigneur de Châteauroux, à cause de Madeleine de la Fa, sa femme, du fief et seigneurie de Sarrequeux.

Alliances : De la Fa, du Puy.

Archives de l'Indre.

DU MOULIN ou DUMOULIN.

Aimery du Moulin, échevin de la ville de Bourges en 1492 et 1493, portait : D'azur, au fer de moulin d'argent en abîme, cantonné de quatre croisettes pleines et alaisées de même. *Alias* : d'argent au fer de moulin de sable.

Nous trouvons postérieurement de ce nom :

Henri du Moulin, seigneur de Boisvert, conseiller du roi au siège présidial de Bourges (1604), mari de dame Jeanne Hémeré, dont la fille Gabrielle du Moulin épousa (1618) Jean Cosson, bourgeois, demeurant à Paris, fils de feu Pierre Cosson, marchand à Sagonne en Bourbonnais.

Jacqueline Dumoulin, veuve de Guichard de Thou, 1553 et Madeleine Dumoulin, femme de Jean Communy en 1633.

LA THAUMASSIÈRE. — Archives du Cher. — *Statistique monumentale du Cher.*

MOURON.

Aimé Mouron, marchand, et N... de Mouron d'Escourt.

D'or, à trois têtes de maure de sable bandées d'argent, 2 et 1.

Armorial de la généralité de Bourges, élection de Saint-Amand. D'office.

DE MOUSSEAUX, seigneurs de Greuille, de Villemorin (xvie siècle). Bas-Berry.

Alliances : De Voisine, de Laigue.

Il existait une famille noble de ce nom, originaire de Picardie et établie en Touraine au milieu du xvie siècle, qui portait : D'azur, au chevron d'argent, accompagné de trois roses d'or en chef et d'un lion de même en pointe.

CARRÉ DE BUSSEROLLE, *Armorial de la Touraine.* — Archives de l'Indre. — HUBERT, *Le Bas-Berry*, canton d'Ardentes, p. 102.

DE MOUSSY, seigneurs de la Lande-Chevrier (1396), la Mothe-Fleury, ou la Mothe-Marçais (1522), Boisbuard, Molay, Villemont, le Grand-Sizière, la Grange, Saint-Georges-sous-Montrond, Puybouillard, la Grenouillère, Villemort, le Clou, en Berry ; la Contour, Boismorand, Saint-Martin-Lacs, en Poitou ; Granges, en Touraine ; Pouligny, en Bourbonnais ; marquis et comtes de Moussy.

Maison d'ancienne chevalerie qui semble bien être sortie du Beauvoisis et de la même famille que les comtes de Moussy, autrefois seigneurs de Moussy-le-Vieil, Moussy-le-Neuf et Moussy-le-Châtel, connus dans cette province dès le xiie siècle. Quoiqu'il en soit, la maison de Moussy, en Berry, établit sa filiation depuis Jean de Moussy, chevalier, qui fut arbitre en 1264 avec Hugues de Boisbuard, chevalier, d'un différent mû entre Louis, comte de Sancerre et Henri, seigneur de Sully.

Cette famille a donné une foule d'hommes d'armes, des capitaines et des lieutenants des compagnies des ordonnances, des chambellans du roi, un maître d'hôtel de la reine de Navarre, gouverneur de la ville d'Issoudun, un gouverneur de Metz et du pays messin, des lieutenants généraux des armées du roi, de nombreux chevaliers de Malte, deux abbesses de Bussières, en Bourbonnais, etc...

Alliances : De Saint-Avit, de la Chastre, de Graçay, de Chaussecourte, de Vignolles, de Chassy, de la Touche, de Rochechouart, de Bressoles, de Flory ou Fleury, de Boislinard, de Gray, de Cluis, du Cher, de Montléon, de Poix, de Boüex, de Lezay-Lusignan, Bichier des Fosses, Bertrand de Coudières, de Vérisne, Peyrot, de Vaillant d'Avignon.

D'or, au chef de gueules, chargé d'un lion léopardé d'argent. Supports : Deux anges.

LA THAUMASSIÈRE*. — PALLET, *Nouvelle histoire du Berry*. — VERTOT. — LA CHESNAYE-DES-BOIS. — LAINÉ, *Dictionnaire des Origines*. — *Armorial manuscrit de la généralité de Poitou*. — BERRY, *Maintenues de Noblesse*, manuscrit [1]. — *Noms féodaux*. — Archives de l'Indre. — *Armorial de la Touraine*. — *Dictionnaire généalogique de l'ancien Poitou*. — *Les Recherches de Noblesse en Berry*. — *Statistique monumentale du Cher*. — *Armorial des principales familles du Berry*.

MOUTONNET, seigneurs des Gouttes.

Claude Moutonnet était procureur du roi en l'élection de Saint-Amand en 1685.
Gilbert Moutonnet, avocat en parlement, reçut d'office les armes ci-dessous.

Alliances : De Beaufort, Colladon de Drulon.

D'azur, à cinq moutons passants d'argent, posés deux en chef, un en fasce et deux en pointe.

Armorial de la généralité de Bourges, élection de Saint-Amand. — Archives de l'Allier.

---

1. Ce manuscrit attribue les armes ci-dessus avec cette mention : (« De Moussy, sieur de la Mothe-Marçay, élection de Saint-Amand, condamné contradictoirement en 1667. Il n'est pas compris dans les exempts de tailles. Il n'y en a plus et la terre a été vendue par Décret. ») Le fief de la Mothe et Molais, saisi sur la succession vacante de Jean de Moussy, fut adjugé en 1688 à Jacques Regnault, sieur de Bonnefond, directeur des Aydes à Issoudun.

DE MOYREAU, *alias* **DE MOIREAU**, seigneurs d'Orville, paroisse de Villantrois, élection de Châteauroux.

L'inventaire de titres produits devant Me Tubeuf, commissaire en la généralité de Bourges, par Dominique de Moireau, écuyer, sieur d'Orville, fait remonter la filiation à Charles Moyreau, père de Charles Moyreau, marié le 3 mai 1548 à Marie de Carsy.

Alliances : Lelièvre, de Carsy, de Musset, de Cosne, Lucas.

Ecartelé : au 1, d'azur, à une épée d'argent la garde d'or la pointe en bas ; au 2, d'argent, au lion de gueules à la fasce d'or chargée de trois étoiles de sable brochant ; au 3, d'argent, au lion de gueules ; au 4, échequeté d'or et de gueules, à la fasce d'azur chargée de trois étoiles d'argent.

Alias : De sinople, à la fasce ondée d'argent, au chef d'or chargé d'une tête de more au naturel tortillée d'argent.

Les Recherches de Noblesse en Berry. — Bibliothèque nationale, pièces originales, 1978, dossier 45.545.

DE MURAT, *alias* **MEURAT**, seigneurs de la Ruinière, paroisse d'Epineuil, élection de Saint-Amand.

Maison noble du Bourbonnais qui semble avoir une origine commune avec celle de Murat-le-Quaire, d'Auvergne, qui blasonnait : losangé d'or et d'azur.

D'argent, à quatre fasces d'or, au franc-quartier échiqueté d'argent et de gueules.

Berry, *Maintenues de Noblesse*, manuscrit. — *Noms féodaux.* — *Nobiliaire d'Auvergne.* — *Armorial du Bourbonnais.* — *Les Recherches de Noblesse en Berry.*

DE MUSART, seigneurs de la Tuillerie, paroisse de Villentrois.

François de Musard, seigneur de la Thuillerie, élection de Châteauroux, lors des Recherches de noblesse, fut condamné contradictoirement le 24 juin 1669.

D'après un inventaire de titres, cette famille remonterait à Philippe Musard qui épousa Simone Jarnage par contrat du 16 août 1545. Pièces originales 2.083, dossier 47.413.

Alliances : Jarnage, Martin, d'Aulx, Marin, Baron du Pally.

D'argent, à trois chevrons d'azur.

Berry, *Maintenues de Noblesse*, manuscrit. — *Les Recherches de Noblesse en Berry.*

DE MUZARD, *alias* **DE MUSARD**, seigneurs de Prensept (1540), la Motte, paroisse de Dampierre (1569), Faix (1572), près de Gargilesse, Sauzelles, Forges et Issoudun-sur-Creuse (1669), Chaulebon, la Chinault, près de Montmorillon.

La généalogie de cette famille commence à Guillaume de Muzard, écuyer, seigneur de Prinçay, qui épousa demoiselle Marie de Savary. (Dossiers bleus 478).

En 1463, Thomas Musart, prêtre, était garde-scel en la ville et châtellenie de Gargilesse. F. Mathurin Musard était religieux de Saint-Gildas et prieur de Saint-Sébastien-de-Montréols, en la paroisse de Saint-Germain de Déols en 1578. Jacques Muzard, seigneur et prieur de Saint-Gaultier (1667), était fils de Claude Muzard, seigneur de Sauzelle et beau-frère de Charles de Montmorency, chevalier, seigneur de Neuvy-Pailloux.

Alliances : Goujon, de Sainte-Maure, de Bouex, de Chassaigne, de Montmorency, de Poix, de Mesnard de Ventiniac, de François.

D'azur, au lion d'or, accompagné de deux étoiles de même en chef.

Archives de l'Indre. — *Armorial de la généralité de Bourges.* — Archives du Cher. — *Noms féodaux.* — BERRY, *Maintenues de Noblesse*, manuscrit. — *Les Recherches de Noblesse en Berry.*

NADAUD ou **NADOT DE VALETTE**, seigneurs de Valette, Nouzerolles, la Villetelle, le Treil, les Ecures, Péra, dans la Marche ; de Fougères, paroisse d'Etrechet, en Berry.

Ancienne famille, à Limoges en 1296. Etablie dans la Marche, elle a fourni plusieurs branches entre autres celle des Nadaut de Valette, connue en Berry au xviie siècle. Pierre Nadot de Valette, fermier de Sainte-Lizaigne, fut imposé d'office à l'*Armorial de la généralité de Bourges.* Pierre Nadaut du Peyrat, seigneur de Fougères, était capitaine des gardes du gouverneur de Berry en 1723. Claude-François René Nadaut de Valette, était docteur en la faculté de médecine de Montpellier en 1790.

Une branche de cette famille a été substituée aux nom, titres et armes des Leclerc, comtes de Buffon.

Alliances : Gérouilhe, de Pruchon, Barathon, de la Chatre, Cuisinier, Augier, d'Herbault de Beaufort.

De sinople, à un écusson d'argent, à la fasce de gueules brochant sur le tout, chargée d'une vivre d'argent.

La branche des Ecures (éteinte) portait : D'azur, à une fasce d'or, chargée d'une flèche couchée de sable, accompagnée en chef d'un croissant d'or et en pointe d'un demi-lion coupé d'or.

La branche du Treil blasonnait : De gueules, au sautoir d'argent, cantonné de quatre étoiles d'or.

Armorial de la généralité de Bourges. D'office. — *Noms féodaux.* — Archives de la Creuse, de l'Indre et du Cher. — TARDIEU, *Dictionnaire de la Haute-Marche.* — *Armorial des principales familles du Berry.*

DE NAILLAC, seigneurs de Naillac, le Blanc, Gargilesse, le Pin, Châteaubrun, Montipouret, Vaux, Ardentes, le Bouchet, Sassiergues, etc..., en Berry ; Onzain, Ris, les Roches, etc..., en Touraine ; vicomtes de Bridiers, dans la Marche.

Cette maison, l'une des plus nobles et des plus puissantes du Berry, remonte au temps de Philippe-Auguste. Elle a produit de preux chevaliers, des chambellans du roi, un grand pannetier de France, un grand maître de l'Ordre de Saint-Jean-de-Jérusalem mort en 1421.

La branche des vicomtes de Bridiers, seigneurs de Châteaubrun, etc... finit en la personne de Jean de Naillac, grand pannetier de France, sénéchal de la Marche, tué à la bataille de Puisaie en 1428, ne laissant que des filles. Le dernier mâle de cette illustre maison fut Marc de Naillac, seigneur de Ris et de la Coste-au-Chapt, sénéchal de la Marche en 1558 qui ne laissa qu'une fille, mariée en 1589 à François de Lezay.

Alliances : De Grulhe (?), d'Amboise, de Saint-Verain, Turpin, de Preuilly, de Giac, de Brosse, de Gaucourt, de Salagnac, du Cher, de Lezay.

D'azur, à deux lions léopardés d'or, l'un sur l'autre.

La Thaumassière*. — *Histoire des Grands Officiers de la Couronne*. — La Chesnaye-des-Bois. — Archives de l'Indre. — *Nobiliaire d'Auvergne*. — Collection Clairambault. — *Armorial des principales familles du Berry*.

NEIRET ou NEYRET, seigneurs de la Ravoye, la Brande.

Famille qui a donné au xviie siècle des officiers au grenier à sel et à l'élection de Saint-Amand, un bailli et un vice-sénéchal de cette ville en 1683, un trésorier de France à Bourges qui a fait enregistrer ses armoiries. En 1784. Jean-Baptiste Neiret était receveur au bureau des aides de Châteauneuf.

On trouve aux Archives de la Creuse des quittances données (1632-1677) à Isaac Chorlon, greffier en chef de l'élection de la Marche par Pierre Neret, sieur de Clermat, gentilhomme ordinaire de la chambre du roi, Jean Néret, prévôt général du Berry, Denis Neret, maître d'hôtel du roi, Aristarque de Tardieu, sieur des Clavelles, veuf de Marie Neret et Catherine Lamyrault, veuve de François Neret, sieur de Reuilly, gentilhomme de la maison du roi, des droits qui leur avaient été attribués par le roi sur le greffe alternatif de Guéret.

Alliances : Le Noble, des Roches, de la Tripière, Chabert, Yel, Souchois, Séjournet.

D'azur, à une fasce d'or, accompagnée en chef de trois étoiles de même et en pointe d'un croissant d'or.

Chevillard, *Dictionnaire héraldique*. — *Armorial de la généralité de Bourges*. — Mallard, *Histoire de Saint-Amand*. — Archives du Cher. — *Armorial de la Touraine*. — Rietstap.

NÉRAUD, seigneurs de Villegondoux, Vasvres, Pauderon, Ville, le Theil.

Famille établie à la Châtre au xviie siècle. Pierre Néraud était chanoine de la Cathédrale de Bourges en 1682. Pierre Néraud, de Vasvre, était lieutenant de la prévôté de la Châtre en 1771.

Alliances : De Lavau, Pataud, Tullier, Barbadeau, Vivier, d'Aubourg, Bonnin, Selleron, Blanchard, Baucheron, Pouradier de la Cour, Le Tellier, Périgois, Tayon, Cinet, Dorguin de Laveau, Tournier.

D'or, à un aigle de sable.

D'argent, à un chien accolé d'or passant sur une terrasse de sinople, au chef de gueules chargé de trois étoiles à six raies d'argent (Armes imposées d'office au chanoine de la Cathédrale de Bourges).

Armorial de la généralité de Bourges. D'office. — Archives de l'Indre. — *Histoire de La Châtre*, par DUGUET.

DE NEUFVILLE, ducs de Villeroy, seigneurs de la Forest-Thaumiers et de la Tour de Vesvre, en Berry.

Illustre maison qui a produit deux maréchaux de France, deux ministres d'Etat, des chevaliers du Saint-Esprit, deux archevêques de Lyon, un évêque de Chartres, etc .. Sa filiation commence à Nicolas de Neufville, seigneur de l'Equipé, près Beauvais, et de Villeroy, par sa femme Geneviève Legendre, dame de Villeroy. Il était notaire et secrétaire du roi en 1511.

Nicolas de Neufville, seigneur de Villeroy et de Halincourt, secrétaire d'Etat sous les rois Charles IX, Henri III, Henri IV et Louis XIII auxquels il rendit de signalés services, se rattache au Berry par son alliance avec Madeleine de l'Aubespine, fille de Claude de l'Aubespine, chevalier, seigneur d'Hauterive, Rousson, la Forest-Thaumiers, baron de Châteauneuf, secrétaire d'Etat, et de Jeanne Bochetel.

On a de lui des mémoires sur les évènements politiques et militaires de 1567 à 1594 publiés en 1645. Il est mort à Rouen en 1617.

Nous avons découvert dernièrement dans nos archives de famille une lettre autographe de la Reine Elisabeth d'Angleterre à « notre très amée et très chère cousine (Catherine de Médiccis) confiée aux bons soins du sieur de Villeroy, chargé de rapporter à celle-ci ce que la Reine Elisabeth lui avait communiqué ». Cette lettre est datée « de notre Pallais de Richmond, le IIIe jour de juillet 1567 et de notre règne le neufvième ».

D'azur, au chevron d'or, accompagné de trois croisettes ancrées de même.

LA THAUMASSIÈRE*. — *Histoire des Grands Officiers de la Couronne*. — *Mémoires de Castelnau*. — *Dictionnaire de Moreri*. — LAINÉ, *Dictionnaire des Origines*. — *Armorial de la Touraine*. — *Statistique Monumentale du Cher*.

NEVEUX.

N... Neveux, avocat, a été imposé d'office à l'*Armorial de la généralité de Bourges* avec les armes ci-dessous.

On trouve de ce nom :

François Neveu, sergent royal en Touraine, demeurant à Saint-Genoux, qui acquiert la terre et seigneurie de la Pourte (la Porte), paroisses d'Estrée et de Saint-Etienne de Buzançais, à la charge de payer par an à l'abbaye de Déols 6 livres, 15 sous, 4 deniers tournois (1587).

Pierre Neveu, curé de Mehun (dans l'Indre), transige avec Louis de Leffé (1479).

De sinople, à un cœur d'argent, au sautoir de gueules brochant sur le tout.

Archives de l'Indre.

NIBELLE.

Marie Nibelle, fille de Jean Nibelle, sieur de Feularde, avait épousé (1686) Nicolas Thaumas de la Thaumassière, fils du célèbre historien du Berry.

Cette famille a donné un procureur (1670) et un conseiller du roi (1710) au bailliage de Bourges.

Alliances : De Fleury, Thomas des Colombiers.

De gueules, à trois colombes d'argent, 2 et 1.

Armorial de la généralité de Bourges. D'office. — Archives du Cher.

NICQUET, seigneurs de Terrefranche, Vaubu, Lissay, Fenestrelay, paroisse de Saint-Germain-du-Puits, le Chastellier, paroisse de Levet.

Cette famille a donné quatre échevins à la ville de Bourges de 1493 à 1659, un abbé de Saint-Gildas qui a fondé en partie le collège de Sainte-Marie des Jésuites de Bourges en 1572 et dont la Thaumassière a fait l'éloge. Honorat Nicquet en était le recteur en 1622.

Nous trouvons encore Guillaume Niquet, avocat au présidial, procureur de la confrérie de Madame Sainte-Anne en l'église Notre-Dame des Carmes de Bourges (1628) et Jean Niquet, écuyer, seigneur du Chastelier, ingénieur ordinaire du roi (1701).

Alliances : Pinsson, Doulé, Girard, de Pigny, le Clerc, Chambellan, Maréchal, Carré, Durant, Poirier, Montagu, Léveillé, Baucheron.

D'azur, au chevron d'argent, accompagné de trois colombes d'or nichées dans des nids de sable, deux en chef et une en pointe, celles du chef affrontées ; au chef cousu de gueules, chargé d'un croissant d'argent, accosté de deux étoiles d'or

LA THAUMASSIÈRE*. — *Privilèges de Bourges*. — *Armorial de la généralité de Bourges*. — *Noms féodaux*. — Archives du Cher. — *Gallia Christiana*. — *Armorial des principales familles du Berry*.

DE NICOLAY, marquis de Goussainville, seigneurs de Saint-Chartier-en-Berry.

Maison d'ancienne noblesse, originaire du Vivarais. Elle a fourni un chancelier du royaume de Naples en 1502, un maréchal de France, des premiers présidents de la chambre des Comptes, des évêques, plusieurs colonels du régiment de Dragons-Nicolay, des chevaliers de Malte, des chevaliers de Saint-Louis.

Renée Nicolay, dame de Saint-Chartier, mariée en 1660 à Gilles Lucas, chevalier des Ordres du roi, marquis de Saint-Marc, capitaine-lieutenant au régiment des gardes du roi, était fille de Aymar Nicolay, chevalier, seigneur de Bernay, Radray, Chauvigny, les Glorières, lieutenant général de l'artillerie de France et de Diane de Maillé, et petite-fille de Jean Nicolay, conseiller du roi en ses conseils, premier président en la chambre des comptes, seigneur de Gouffeinville, Presle, Ivoy, Bernay et Silly et de dame Marie de Billy.

Alliances : de Maillé de la Tour-Landry, Lucas, Molé, de Rochechouart, de la Châtre de Nançay, de Lamoignon, de Lévis, de Bonneval, de Vogüé.

D'azur, au lévrier courant d'argent, accolé de gueules, bouclé d'or.

D'Hozier. — Blanchard, *Les Présidents à mortier.* — La Thaumassière. — *Annuaire de la Noblesse.* — *Noms féodaux.* — *Armorial de la Touraine.*

DE NIEUL, seigneurs de Nieul, Notz (1476), la Touche, Bonneau, Bordebure.

Raoul de Nieul vivait en 1292, d'après une copie d'aveux et dénombrements rendus au seigneur de Châteauroux. Mais la Thaumassière ne commence la filiation de cette famille que depuis Guillaume de Nieul, qui épousa Madeleine Gastineau en 1488. Elle a fourni un religieux à l'abbaye de Déols en 1495 et plusieurs officiers aux armées du roi.

Alliances : De Saint-Mor, Gastineau, de Béthoulat, de Fougères, Baudichon, Mille, de Vaux, de Thaye, de Mauvise, de Launay.

D'azur, au chevron d'or, accompagné de six coquilles d'argent, rangées quatre en chef et deux en pointe.

La Thaumassière[1]. — *Armorial de la généralité de Bourges.* Noms féodaux. — *Nobiliaire de la généralité de Bourges*, F. fr. 31791. — Archives de l'Indre. — *Armorial de la Touraine.* — *Les Recherches de Noblesse du Berry.* — *Armorial des principales familles du Berry.*

NIZON, seigneurs de Boisgisson (1715).

Famille qui a donné un notaire au bailliage d'Auxerre en 1630, un bailli de Sancerre qui a fait enregistrer ses armoiries, un lieutenant-général de police au siège royal de Vierzon, 1751-1789.

Alliances : Rossignol de la Ronde, du Péron.

D'azur, au chevron d'or, accompagné de trois roses de même. *Alias* : D'argent, au chevron, accompagné de trois roses, le tout de gueules. Armes de François Nizon, prêtre, prieur-curé de Jumelles.

Armorial de la généralité de Bourges. — Archives du Cher. — *Armorial de la généralité de Tours.* — Tausserat, *Chroniques de la châtellenie de Lury.*

DE NOBLET, seigneurs de Villermont, en Beauce ; Saint-Paul, Malleville, le Chaffault, dans la Marche ; le Puy, Montaram, Tercillat, Bellefond, la Celette, en Berry ; de la baronnie de Feydit, en Auvergne. En Berry et dans la Marche.

Famille noble remontant à Nicolas de Noblet (1550). Son fils, Fabien de Noblet, seigneur de Villermont en Beauce, épousa Marguerite des Moulins, qui lui apporta la seigneurie de Tercillat en Berry.

Cette famille a fourni un homme d'armes des ordonnances en 1575, un page du roi dans la grande écurie, un chevalier de l'Ordre de Malte.

Alliances : De la Porte, des Moulins, Bertrand du Chassin et de Beuvron, de Passac, de la Volpillère, de Feydit, de la Celle, de Mornay, de Bridiers, de Durat, de la Garde, de Fricon.

De gueules, au chevron d'or, accompagné d'une gerbe de blé de même en pointe.

Nobiliaire de la généralité de Bourges, F. fr. 31791 et 32272. — D'Hozier. — Vertot. — Lainé, *Dictionnaire des Origines des maisons nobles de France*. — *Histoire de Sainte-Sévère*, par Emile Chénon. — Archives de la Creuse et de l'Indre. — Tardieu, *Dictionnaire de la Haute-Marche*. — *Armorial des principales familles du Berry*.

DE NOBLET, seigneurs de la Chesnaye, du Magny.

Famille noble que M. le comte de Toulgoët-Tréanna, dans les recherches de noblesse en Berry, semble avoir confondue avec la précédente.

Alliances : de la Cube, de Malleret, Bonnet de Thou.

D'azur, à deux chevrons d'or, accompagnés de six étoiles d'argent, posées 2 et 1, 2 et 1, soit deux en chef, trois entre les deux chevrons et une en pointe.

Nobiliaire de la généralité de Bourges, F. fr. 31791 et 32272. — *Armorial de la généralité de Bourges*. — *Noms féodaux*. — Archives du Cher. — *Armorial des principales familles du Berry*. — *Les Recherches de Noblesse en Berry*.

LE NORMANT, seigneurs de Villabon, la Forest, le Mesnil, Mezy, Fresnes, Moncy, Benon, les Fourneaux, le Fort, Randon, Montigny, Thenay, Tournehem, Etioles, Saint-Aubin, Bourbon-le-Château, les Varannes, Grandcour, le Coudray, Bussy, Kergré, etc..., Herry en Berry. Berry, Orléanais, Blésois, Ile-de-France, Bretagne.

Famille considérable tant par son ancienneté que par les emplois qu'elle a tenus et les services militaires qu'elle a rendus à nos rois. De 1300 à 1866, elle a formé 27 branches presque toutes éteintes maintenant. En Berry, elle a possédé l'importante seigneurie d'Herry au xviie siècle.

Michel le Normant, seigneur du Mesnil, de la Forest, servit sous le duc de Berry (1381). Son fils Renaudin le Normand, seigneur des dits lieux, gouverneur des ville et château de Moulins-sur-Yèvre, reçut du roi Charles VII en récompense de son courage et de ses bons services l'octroi du port de la fleur de lys dans ses armoiries. L'un des membres de cette famille, dans la branche de

Tourneliem, Guillaume Le Normand, seigneur d'Etioles, chevalier d'honneur au présidial de Blois, épousa en 1741 Jeanne-Antoinette Poisson, dont il fut ensuite séparé de corps et biens, lorsqu'elle devint la maîtresse de Louis XV sous le nom de marquise de Pompadour.

Alliances : Gouge de Charpeignes, de Barville, du Buat, de Bar, de Courvol, de Loynes, le Semelier, Noël, de Bongars, Caillard.

Ecartelé : D'or et de gueules, à quatre rocs d'échiquier de l'un en l'autre, et en abîme un tourteau d'azur chargé d'une fleur de lys d'or.

D'après la Thaumassière : D'azur, au chevron d'or, chargé de deux lionceaux de sable, accompagnés de trois rocs d'échiquier, deux en chef et un en pointe.

Charles le Normand du Coudray, né le 25 novembre 1712, conseiller et procureur du roi de la garde du Milieu (forêt d'Orléans) est connu comme bibliophile à Orléans et cité par Polluche dans ses *Essais historiques sur Orléans* comme lui ayant fourni une grande partie des renseignements d'après lesquels il a composé cet ouvrage. Il portait pour armes, d'après plusieurs bustes et portraits en la possession aujourd'hui de M. Georges le Normand du Coudray, demeurant à Pressigny, près Nérondes : Ecartelé : aux 1 et 4, d'azur, à trois coqs d'or ; aux 2 et 3, de gueules, à deux levrettes passant d'argent, surmontées de trois étoiles d'or rangées en chef.

LA THAUMASSIÈRE. — PALLET, *Nouvelle histoire de Berry.* — D'HOZIER. — *Manuscrit du chanoine Hubert*, à la Bibliothèque d'Orléans. — *Armorial de la généralité de Bourges.* — LA CHESNAYE-DES-BOIS. — DUBUISSON. — J. CHEVILLARD. — *Armorial des évêques d'Evreux.* — *Armorial des maires d'Orléans.* — LAINÉ; *Dictionnaire des Origines.* — *Généalogie de la famille le Normand*, par LE NORMANT DES VARANNES, 1853 et supplément, 1885. — *Annuaire de la Noblesse*, 1855. — *Armorial des principales familles du Berry.*

NOTTIN.

N... Nottin, conseiller du roi au présidial de Bourges.
N... Nottin de la Haye, conseiller au présidial (1701-1710), sans doute le même.

Fascé d'argent et d'azur de quatre pièces à un sautoir de l'un en l'autre.

Armorial de la généralité de Bourges. D'office. — Archives du Cher.

DE NEUCHÈZES ou **NUCHÈZES**, seigneurs de Neuchèzes, Saint-Aubin, la Ménardière, Baudiment, etc... ; de Villegongis, Chezelles et Vineuil en Berry ; barons des Francs et de Bussy ; comtes de Neuchèzes. Originaires du Poitou, dans la Marche, en Angoumois, en Bourgogne, en Anjou, au Maine, en Bourbonnais, en Berry et en Nivernais.

Maison d'ancienne chevalerie, originaire du Poitou, où elle est connue dès le commencement du XIVe siècle. Parmi les nombreux personnages marquants qu'elle a fournis, nous citerons un premier écuyer du roi Charles IX, un évêque comte de Châlons-sur-Saône qui, auparavant, avait été chancelier et chanoine de l'église cathédrale de Bourges, un vice-amiral, intendant général de la Marine de France, des chevaliers de l'Ordre du roi, des gouverneurs de places, un grand prieur d'Aquitaine, des commandeurs de Ballan et d'Amboise en Touraine.

Jean-Jacques de Neuchèze, baron de Bussy, chevalier de l'Ordre du roi, capitaine d'une compagnie d'hommes d'armes, épousa Marguerite Fremiot, sœur d'André Fremiot, archevêque de Bourges.

Alliances : De Chasteigner, de Brisay, de Launay, Courauld de la Roche-Chevreux, de Beaumanoir-Lavardin, de Barbançois, Turpin de Crissé, Frémiot, d'Aigurandes, Barthon de Montbas, de Chabannes, de Saulx-Tavannes, d'Estutt, de Beaucaire, de Ponton d'Amécourt.

De gueules, à neuf molettes de cinq pointes d'argent, trois, trois et trois, l'écu posé en bannière. D'après les sceaux de Pierre de Nuchèze, écuyer et de Louis de Neuchèze, les neuf molettes sont disposées, trois, trois, deux et une. Collection Clérembault.

La Thaumassière*. — *Noms féodaux*. — Vertot. — Beauchet-Filleau. — *Armorial du Bourbonnais*. — De Magny, *Nobiliaire universel*. — Archives de l'Indre. — *Gallia Christiana*. — *Armorial de la Touraine*.

D'OIRON ou **D'OYRON**, seigneurs de la Durandière, Verneuil près Loches, Beaugé-Menuau, Lorillonière, Ajain, la Brosse, Signières, Luzignan, le Verger, la Journalière, Chirignac, la Barre ; barons de Gouzon. Haute-Marche, Touraine, Berry, Bourbonnais.

Famille d'ancienne noblesse connue dès le xve siècle. Elle a été maintenue par l'intendant de Moulins et par celui de Bourges en 1666. Elle a donné un chevalier de Saint-Louis.

Alliances : de la Rivière, d'Aubusson, de Brachet, de Salignac, de Vélard, de Ligondès, Savary de Lancosme, de Malleret, des Marquets, Babin de Lignac, de Cluis, de Châteaubodeau, de Nuchèze.

D'argent, à trois roses de gueules, tigées et feuillées de sinople, 2 et 1.

La Thaumassière*. — *Noms féodaux*. — *Nobiliaire de la généralité de Bourges*, F. fr. 32272. — *Armorial de la généralité de Moulins*. — *Armorial du Bourbonnais*. — *Armorial de la généralité de Bourges*. — Tardieu, *Dictionnaire de la Haute-Marche*. — *Armorial de la Touraine*. — *Les Recherches de Noblesse en Berry*. — *Armorial des principales familles du Berry*.

D'ORADOUR. Voir DORADOUR.

D'ORLÉANS DE RÈRE, seigneurs de Charsonville, la Cour-de-Ligny, Rère, la Bourdelle, Aubefons, Bastardes, la Grange-de-Rère, la Mouchetière, le Plessis-de-Rère, Tracy, Villechauve ; Cerbois, Charnay, paroisse de Méry-sur-Cher, la Tour-du-Breuil et Puymoreau, en Berry. Originaires de l'Orléanais. En Berry.

Maison d'ancienne chevalerie connue depuis la fin du xie siècle. Sa filiation suivie commence à Godefroy d'Orléans, écuyer, seigneur de Rère, vivant en 1366. Elle a fourni des chevaliers bannerets, un gouverneur de Sicile en 1282, cinq chevaliers de l'Ordre du roi, trois gentilshommes ordinaires de la chambre, un capitaine de cent chevau-légers, un premier écuyer de l'écurie du roi, un capitaine de cinquante hommes d'armes des ordonnances, un chambellan du roi, deux gouverneurs et capitaines de la ville de Romorantin en 1574 et 1588, un chevalier de Malte, des chevaliers de Saint-Louis, un célèbre jésuite, le P. d'Orléans, natif de Bourges, auteur de l'*Histoire des révolutions d'Angleterre*, publiée à Paris en 1694. Il est mort en 1698.

Alliances : de Prunelé, d'Autry, de Tranchelion, Asse, de Mathefelon, de la Châtre de Paray, de la Marche, de Pric, de Courtenay, des Roches-Herpin, de Montjouhan, Alamant, le Fuzelier de Bonnafau, Carré, de Rivaudes, de Vélard, le Chat, d'Estampes, David de Conflans, Midou de la Chapelle-Launay, de Farou, le Normand, Gudin, de Tristan.

D'argent, à trois fasces de sinople, accompagnées de sept tourteaux de gueules, trois et trois entre les fasces et un en pointe.

La Thaumassière*. — D'Hozier. — Chanoine Hubert. — *Noms féodaux.* — Lainé, *Dictionnaire des Origines.* — La Chesnaye-des-Bois. — Archives de l'Indre. — *Bulletin héraldique*, XIe vol. 1892. — *Les Recherches de Noblesse en Berry.* — *Armorial de la Touraine.* — Moreri. — *Armorial des principales familles du Berry.*

D'ORLÉANS DE CRÉCY, seigneurs de la Véserie, Crécy, la Billotière, le Mesnil, Clavières, le Portal, Pierrefitte-es-Bois, la Croix-de-Marnay, Viefvre, le Tremblay.

C'est une tradition constante que cette famille est une branche de la maison d'Orléans de Rère, bien qu'il n'ait pas été possible jusqu'à présent de découvrir la source commune de leur origine. Quoiqu'il en soit, elle remonte par preuves jusqu'à Milès d'Orléans, qualifié noble homme, écuyer. seigneur de la Véserie en 1539. Henri d'Orléans, seigneur de Vièvre, fut élu député de la noblesse au bailliage de Concressault le 24 juillet 1614. Cette famille a également donné un chevalier de Malte.

Alliances : De la Motte, d'Estutt d'Assay, d'Anglars, le Fort, de la Bussière, de Peytavi, du Houssay, de Bonnestat, de Boyau, d'Alligret, du Faur, de Barbarin.

D'argent, à trois fasces de sinople, accompagnées en chef de trois tourteaux de gueules.

La Thaumassière*. — D'Hozier. — Lainé, *Dictionnaire des Origines.* — Berry, *Maintenus de Noblesse*, manuscrit. — *Bulletin héraldique*, XIe vol. 1892. — *Les Recherches de Noblesse en Berry.*— *Armorial des principales familles du Berry.*

D'ORLÉANS ou DORLÉANS. Famille d'Issoudun.

Macé d'Orléans était lieutenant en la prévôté d'Issoudun en 1461. Il était seigneur d'Arnaize en 1462.

Pierre d'Orléans, licencié-es-lois, était lieutenant de messeigneurs les élus en Berry pour le roi au siège et ressort d'Issoudun. Il était mort en 1519 quand sa fille, Jeanne d'Orléans, épousa Claude de Préville, écuyer, seigneur de Châteaulandon.

Cette famille aurait porté :
D'azur, à un chevron losangé d'argent et de gueules de deux traits, accompagné de trois trèfles d'or, le chevron chargé d'un besan d'or, suivant un mémoire sur cette famille, écrit de la main du feu chevalier Gougnon, qui a dressé plusieurs généalogies des familles du Berry.

Armorial de D'Hozier, *Généalogie d'Orléans*, 3e Registre, p. 822.

D'ORSANNE ou DORSANNE, seigneurs de Vorlay, le Souchet, Chaugy, Angeray, Thizay, Janvarennes, Varennes-le-Maréchal, paroisse de Lourouer, Mérolle, Coulon, Sarragosse, paroisse de Limeux, la Gravolle, paroisse de Brives, le Château-Herpin, paroisse de Méreau, Mailly, paroisse de Lazenay, le Lys-Saint-Georges, Villepeuple, la Coste-Perdrix ; marquis de Douhauld ; vicomtes de Montlevic.

Ancienne maison originaire des confins de la Marche et du Berry, connue dès 1189, année où Gilbert d'Orsanne, de Orsanna, figure comme témoin dans une charte de donation de Hugues de Naillac, passée par devant Henry de Seuly, archevêque de Bourges, publiée par Catherinot dans « son tombeau de famille. » René d'Orsanne, seigneur des Marches d'Orsenne, de Thizay, homme d'armes du roi de France, fut fait prisonnier à la bataille de Poitiers, en 1356, et resta trois ans captif en Angleterre. D'après la tradition, Jean le Bon lui donna pour devise ces trois mots : « *Spes captivos alit* », que ses descendants conservent encore, dit Catherinot.

Cette famille qui commence sa filiation suivie à Pierre d'Orsanne, écuyer, seigneur de Thizay, en 1360, a produit plusieurs personnages qui ont joué un rôle important en Berry et principalement dans la ville d'Issoudun où ils remplirent aux xvie et xviie siècles les fonctions de procureurs du roi et de lieutenants-généraux. L'un d'eux fut échevin de la ville de Bourges (1664 et 1665).

Cette famille a encore donné un chanoine de la Sainte-Chapelle de Bourges, prieur de Saint-Cyr d'Issoudun (1470), l'abbé N. Dorsanne, docteur en Sorbonne, grand-vicaire de Paris, auteur d'un journal sur le Jansénisme, mort à Paris en 1728, un député de la noblesse à l'assemblée provinciale du Berry, un grand nombre d'officiers distingués et des chevaliers de Saint-Louis.

Un jugement du tribunal civil de Bourges, du 17 juin 1859, a ordonné la rectification dans les actes de l'état-civil du nom Dorsanne qui doit être écrit d'Orsanne.

Alliances : Baston, Daudu, Audet, de la Rivière, Gougnon, Ragot, Jacob, Labbé de Montvéron, de Valenciennes, Bouffet, Carcat, Barjon, d'Ivoy, Riglet, Catherinot, Heurtault, Selleron, Dorguin, Aucapitaine, de Gamaches, de l'Hospital, de Chamborant, de Ligondès, Robin de Varennes, du Breuil du Bost de Gargilesse, Thabault de la Terrée, de Maussabré.

D'argent, au chevron de gueules, au chef d'azur chargé de trois macles d'or.

La Thaumassière*. — *Noms féodaux.* — *Nobiliaire de la généralité de Bourges*, F. fr. 31791 et 32272. — Catherinot, *Tombeaux domestiques.* — *Armorial de la généralité de Bourges.* — Archives de l'Indre et du Cher. — De Raynal, *Histoire du Berry.* — *Annuaire de la Noblesse.* — Tausserat, *Chroniques de la châtellenie de Lury.* — *Les Recherches de Noblesse en Berry.* — Catherinot, *Généalogie de Messieurs Dorsanne.* — *Armorial des principales familles du Berry.*

PABOT.

François Pabot, bourgeois et marchand fut élu échevin de Bourges en 1567. Il avait été procureur de la fabrique de la paroisse de Saint-Médard et il était l'un des gouverneurs de l'Hôtel-Dieu en cette année 1567.

Parti : au 1, d'argent, à cinq flammes de gueules ; au 2, de gueules, à cinq besans d'argent mis en sautoir.

La Thaumassière. — Archives du Cher.

DE PAGANY, seigneurs de Narcy, Montbaron, la Chaise. En Nivernais.

Famille noble originaire de la Romagne établie en France en 1579 qui a été maintenue dans sa noblesse en 1715 devant l'intendant de la généralité de Bourges.

Alliances : Salomon, Bargedé, Rolland, Bernot.

D'argent, à deux lions affrontés d'azur, soutenant de leurs pattes de devant un casque d'acier, surmonté d'une fleur de lys de gueules.

Cette famille a écartelé ses armes d'un bandé d'azur et d'or, au chef d'hermine chargé d'un lambel de sable.

Armorial de la généralité de Moulins. — *Nobiliaire de la généralité de Bourges*, F. fr. 31791. — *Armorial du Bourbonnais.* — *Les Recherches de Noblesse en Berry.* — Rietstap.

PAGE DE MAISONFORT, seigneurs de la Maisonfort et de Véreaux.

Guillaume Page acquiert en 1774 du marquis d'Ourouër la terre de Maisonfort, paroisse de Veraux dont il prit le nom et dont il fit foi et hommage le 9 septembre 1785 entre les mains de Louis Bourdaloue, procureur fiscal des seigneuries d'Ourouër et d'Hérigny, représentant le seigneur.

N..., veuve de Christophe Page, bourgeois de la ville de Sancerre, reçut des armoiries imposées d'office à l'*Armorial de la généralité de Bourges·*

Alliances : Devoucoux, Dozon, Cosson de Lalande.

D'azur, au chevron d'or, accompagné en chef de deux roses de... tigées et feuillées de..., et en pointe d'une colombe de... tenant un rameau d'or, surmonté d'une étoile de...

Couronne de baron Supports : deux lions.

Ancien cachet communiqué par M. Page de Maisonfort. — *Statistique monumentale du Cher.*

PAILLASSON, seigneurs de Thery, paroisse de Saint-Doulchard.

Jean Paillasson était greffier de la Conservation des privilèges royaux de l'Université de Bourges ; il était mort en 1589. Autre Jean Paillasson, seigneur de Thery, était commissaire examinateur et enquêteur en la prévôté de Bourges (1609).

Alliances : Decamp, Saultereau, Bengy, Bruère, Beschereau.

De..., à trois épis de blé tigés et feuillés de..., celui du milieu surmonté d'un croissant de..., au chef de... chargé de trois étoiles de...

Archives du Cher, testament de Claude Paillasson, seigneur de Thery.

PAIN, *alias* LE PAIN, seigneurs de Beaurepaire, la Verrerie, Charly, Soultrait. Originaires de Berry. En Nivernais.

Ancienne famille de Bourges qui a donné plusieurs échevins et un maire de cette ville en 1502 ; l'un d'eux, Etienne Pain, avocat, fut l'un des sept conseillers nommés par Marguerite de Navarre, duchesse de Berry, pour tenir ses grands jours à Bourges. Elle a aussi donné un procureur du roi (1482), un lieutenant en la prévôté (1544) et plusieurs grenetiers au grenier à sel du nom de Lepain au xviie siècle.

Du nom de Pain, nous trouvons Nicolas Pain, écuyer, gentilhomme ordinaire de la maison du roi et capitaine au régiment de Perrault *(sic)* en 1655, fils de Charles Pain, seigneur de Hauteroche, receveur général des finances à Bourges.

Alliances : De Sauzay, Galoppe, Maréchal, Mercier, Galand, Esterlin, de la Chastre, le Tellier, de Rivière de Riffardeau.

De gueules, à une tête de taureau d'or, accornée d'argent.

Privilèges de Bourges. — La Thaumassière. — *Armorial de la généralité de Bourges.* — Archives du Cher. — *Dictionnaire héraldique* de Grandmaison. — *Armorial du Nivernais.* — *Statistique monumentale du Cher.* — *Armorial des principales familles du Berry.* — Rietstap.

PALATIN DE DIO, comtes de Bresse, de Montmort, de Montpéroux. En Bourgogne.

Famille d'ancienne chevalerie connue depuis l'an 1313.

Henri Palatin de Dio, comte de Bresse et sa femme sont imposés d'office à l'*Armorial de la généralité de Bourges* avec les armes suivantes pour lui : Fascé d'or et de gueules de six pièces, et pour sa femme, une demoiselle de Damas : D'or, à la croix ancrée de gueules.

Fascé d'or et d'azur de six pièces, à la bordure de gueules.

Armorial manuscrit de la généralité de Bourgogne. — Grandmaison, *Dictionnaire héraldique.* — Lainé, *Dictionnaire des Origines.* — Rietstap.

PALLIENNE, seigneurs de Faverolles, la Prahas, Channet, la Sabardinerie, la Fonfroide, les Pijats.

Ancienne famille qui a donné un prieur du chapitre de la Châtre en 1610, des notaires, un procureur fiscal du Châtelet (1628), un maire de Saint-Amand, 1730-1732.

Alliances : Ragon, Béguin, de Bonnefame, Méry, Robin, Augier de la Chouardière, Auclerc, Grangeron, Moreau, Perault, Gay, Selleron, Sartin, du Carteron, Ragot, Colladon, de Brugerac, Millet, Rougier, de Lavau, Demenitroux, Libault, Bonnet de Sarzay, des Fougères, du Péron, Dantigny, Petitjean de Maransange, de la Varenne, Pasquet, Pommier, Vidalin, Tailhandier du Plaix.

D'azur, à une fasce d'or, accompagnée d'une gerbe de même en pointe.

Empreinte en cire d'un cachet du xviiie siècle. — *Armorial de la généralité de Bourges.* — *Noms féodaux.* — Registre paroissiaux du Châtelet et de Châteaumeillant. — *La Châtre avant la Révolution*, par Claude-Charles DUGUET, 1896. — *Armorial des principales familles du Berry.*

DE PANNEVERC, seigneurs de Villebussières, en **Berry** (1440).

Famille d'origine chevaleresque orginaire de la Marche et établie en Poitou, en Berry et en Auvergne.

Alliances : De Brizay, de la Cour, de la Tremoille, de Poyenne, du Peyroux, de Fontanges, de Ligondès.

D'or, au lion d'azur, armé, lampassé et couronné de gueules, *alias* : d'azur, à la bande d'or.

Selon la Thaumassière : d'or, à la croix ancrée d'azur.

Noms féodaux. — LA THAUMASSIÈRE. — LA CHESNAYE-DES-BOIS. — *Nobiliaire d'Auvergne.* — TARDIEU, *Dictionnaire d'Auvergne et de la Haute-Marche.* — RIESTAP.

DE PANEVINON, seigneurs de Réville, Rougonnet, la Maisonneuve, Marsat, les Borderies, la Souvelle, le Genest ; du Plaix, la Motte, la Verrie, paroisse d'Ardenais en **Berry**.

Famille originaire de la Haute-Marche, qui établit sa filiation depuis François de Panevinon, écuyer, seigneur de Réville (1550). Gilles Panevinon, licencié-es-lois, était châtelain d'Ahun en 1521.

Alliances : Neyret, de Chassignole, du Marc, de Laize, Bourgeois, de Loüan, Cluzel de Sauget, de Magnac, de Cousin de la Tour-Fondue, de la Celle, de Bosredont, de Loubens de Verdalle.

D'argent, au lion de sable, armé et lampassé de gueules, à une fasce du même brochant sur le tout.

Nobiliaire de la généralité de Bourges, F. fr. 31791 et 32272. — Archives de la Creuse. — TARDIEU, Dictionnaire de la Haute-Marche. — DE MAGNY, Armorial général. — Les Recherches de Noblesse en Berry. — Armorial des principales familles du Berry.

DE PARDIEU ou DEPARDIEU.

Cette famille a donné des notaires royaux, des greffiers de l'Hôtel-de-Ville de Bourges dont l'un Simon de Pardieu, conseiller au présidial de Bourges, fut élu échevin de cette ville en 1643, un trésorier de France (1687).

Alliances : Gougnon, Alabat, Maréchal, Leconte, Raffaitin.

D'azur, au chevron d'or, accompagné de deux roses d'argent en chef et d'une hure de sanglier dentée et allumée de gueules en pointe. L'échevin de Bourges brisait d'un lambel d'or de trois pendants en chef.

CHAUMEAU. — LA THAUMASSIÈRE. — Privilèges de Bourges. — Noms féodaux. — Archives du Cher. — Armorial des principales familles du Berry.

DE PARIS DE MONTMARTEL, comtes de Sampigny, de Châteaumeillant ; marquis de Brunoy. Originaires de Lorraine.

Jean de Paris de Montmartel, frère du fameux financier Paris-Duverney, acquit la terre de Châteaumeillant en 1757. De son union avec Mlle de Béthune, il laisse un fils, le trop célèbre marquis de Brunoy, qui ne laisse pas de postérité. Après sa mort la terre de Châteaumeillant fut démembrée.

D'or, à la fasce d'azur, chargée d'une pomme d'or, tigée et feuillée de sinople, la queue en haut.

CHÉNON, Histoire de Châteaumeillant. — GUIGARD, Nouvel Armorial du bibliophile. — RIETSTAP.

PARNAJON, seigneurs des Preugnes, Beauregard.

Famille qui a donné un notaire royal, procureur à Châteaumeillant (1604), un président de l'élection de la Châtre (1736), un prieur du chapitre de cette ville (1783).

Alliances : Barbat, Bourdin, de Leytrie, Selleron, Hérault, Trumeau, Rochoux, Pouradier, Mérigot, Sabardin.

D'azur, au chevron d'or, accompagné de trois besans d'argent.

Armorial de la généralité de Bourges. — Archives de la Creuse et de l'Allier. — DUGUÉ, Histoire de La Châtre. — Registres paroissiaux de Châteaumeillant. — Archives de l'Indre.

PARTHON, seigneurs des Moreaux, de Von.

Ancienne famille de Châteauroux qui a produit trois maires de cette ville, 1664, 1689 et 1717, un colonel de la milice bourgeoise et plusieurs avocats fiscaux au duché de Châteauroux.

Alliances : Sapiens, Guymon, Degalle, Morlot, Catherinot, Nabert, Bataille, Basset, Blanchard, Pelletier, Legrand.

Archives de l'Indre. — *Généalogie de la famille Parthon*, par BABOU, *Revue du Berry*, Châteauroux, janvier 1907.

PASQUET, seigneurs du Mas-Sarrazin, paroisse de Préveranges, le Sauzay, Lavau, Villeberteaux.

Ancienne famille qui a donné aux xviie et xviiie siècles des notaires, des procureurs fiscaux de Préveranges, un procureur du roi aux traites foraines de la Châtre et un administrateur de l'Hôtel-Dieu de cette ville en 1759.

Alliances : De Bize, Desjobert, Dantigny, Maugenest, Auclerc, Neyret, Duchier, Graillot, Bourdeau des Marets, Guillot, Mery, Challamel, Jabin, Bellaigue, Dorguin, Pataud du Mas.

D'azur, au chevron d'or, accompagné en pointe d'une brebis d'argent paissant sur une terrasse de sinople.

Armorial de la généralité de Bourges. — Registres paroissiaux de Préveranges et de Châteaumeillant. — DUGUÉ *Histoire de La Châtre. — Statistique monumentale du Cher.*

DE PASSAC ou **PASSAT**, seigneurs de Passat, châtellenie de Montluçon, Vieille-Vigne, paroisse de Saint-Saulvier, la Palice, Domérat, Besson, le Chêne, la Croisette en Berry. En Bourbonnais, en la Marche, en Combrailles, en Sologne et en Touraine.

Maison d'ancienne chevalerie, connue depuis 1089, année où, d'après la Thaumassière, l'archevêque de Bourges, Richard IIe du nom, retira des mains de Raoul de Passac l'église de Viplaix qu'il avait usurpée.

Gaucher de Passac, chevalier, seigneur de la Croisette, fut sénéchal du Limousin, conseiller du roi et du duc Jean de Berry, chambellan et capitaine des gardes du roi Charles VI. Il avait épousé Jeanne de Châtillon, dame de la Palice qui, devenue veuve, se remaria avec Louis de Culant, amiral de France. Gaucher de Passac mourut en 1409 et fut inhumé dans l'abbaye de la Prée où sa statue funéraire existe encore.

Cette antique maison, aujourd'hui éteinte, a fourni au chapitre de Brioude trois chanoines comtes de 1247 à 1692 et un chanoine comte de Lyon en 1544.

Alliances : De la Chastre, d'Estampes, de Châtillon, de Magnac, de Ligondès, de Potin, de la Roche-Aymon, de Villelume, de la Thuile, de Norry, de Noblet.

D'argent, à cinq, *alias* six burelles d'azur, et trois pals de gueules brochant sur le tout.

Alias : Echiqueté d'argent et d'azur, à trois pals de gueules brochant sur le tout.

Le sceau de Gaucher de Parsac, chevalier, sénéchal du Limousin, porte un écu burelé, à trois pals brochant, avec pour cimier une tête d'homme chevelu et barbu.

Guillaume REVEL. — LA THAUMASSIÈRE. — DE VASSAL, *Table analytique des manuscrits d'Hubert.* — *Noms féodaux.* — *Nobiliaire d'Auvergne.* — SAINT-ALLAIS, *Nobiliaire Universel.* — *Armorial du Bourbonnais.* — *Statistique monumentale du Cher.* — *Armorial de la Touraine.*

PASTOUREAU.

Famille consulaire de Bourges qui a fourni un maire de cette ville en 1550 et 1551. Elle a possédé le bel hôtel Salvi, depuis hôtel Cujas. Jean Pastoureau, dit Tailloche, capitaine gouverneur de Chinon, en 1413, portait les mêmes armes que le maire de Bourges.

Alliance : Girard de Villecomte.

D'azur, au chevron d'argent, accompagné de deux étoiles d'or en chef et d'une coquille de même en pointe.

Privilèges de Bourges. — LA THAUMASSIÈRE. — Archives du Cher. — *Mémoires de la Société des Antiquaires du Centre,* XXVIII⁰ vol., p. 29. — *Armorial des principales familles du Berry.*

PATAUD ou PATAULT, seigneurs des Chauvins, le Portail, le Mas, Lolières, la Couture, les Oranges.

Famille de la Châtre qui a donné des docteurs en médecine. Guillaume Pataud du Portail et du Mas fut durant près de trente ans au commencement du xviii⁰ siècle bailli et maire de la Châtre.

Alliances : Dudoussat, Peron d'Acre, Bourdeau de Fontenay, Thabaud, Jouslin de Noray, Pasquet de Villebertaux, Néraud, Laisnel de Marembert, Le Tellier, Pinon.

D'argent, à trois pigeons de sable, becqués et membrés de gueules, 2 et 1.

Armorial de la généralité de Bourges. — DUGUÉ, *Histoire de La Châtre.* — Archives de l'Indre.

DE PATOUFLEAU, seigneurs de Fetz ou Faix, Charnay, la Motte d'Hiors, Laverdin, la Chaumette, la Roche d'Anjoin.

Famille dont la filiation est établie depuis Jean Patofleau l'aîné, valet de chambre du duc

Jean de Berry en 1385. Autre Jean Patofleau, écuyer, était garde du scel du bailliage de Mehun-sur-Yèvre en 1425.

En 1567 Jean de Patoufleau, seigneur de Fetz, était maître des Eaux-et-Forêts de la terre et justice de Vierzon. Louis de Patoufleau, écuyer, seigneur de Lavardin et de la Motte d'Anjoin, est qualifié chevalier de l'Ordre du roi et gentilhomme de sa chambre en 1638.

Louis de Patoufleau de Laverdin figure à l'*Armorial de la généralité de Bourges* avec ces armes imposées d'office : « Bandé et contrebandé de vair et de sable de quatre pièces », que nous avons données à tort dans notre *Armorial des principales familles de Berry* comme étant les véritables armoiries de la famille de Patoufleau.

Alliances : De Sathenat, Charrier, de la Grange-Montigny, Menessier, du Lys, de la Thuile, de Wissel, de Bernot, Estevard, de Fougières, de Vouhet, de Menou, de Bonnafault, de la Chaise.

De gueules, à trois étoiles d'argent.

La Thaumassière*. — Tausserat, *Chroniques de la châtellenie de Lury.* — *Les Recherches de Noblesse en Berry.* — Archives du Cher. — *Armorial des principales familles du Berry.*

PATUREAU.

Famille de Châteauroux connue sous les noms de Patureau-Mirand, Patureau-Borde, Patureau-Baronnet.

Elle établit sa filiation depuis Jean Patureau, né vers 1675. Dans sa descendance, nous trouvons Michel Patureau, greffier en chef de l'élection de Châteauroux ; Jean-Baptiste Patureau du Broutet, maréchal des logis de la maison du comte d'Artois et qui, en cette qualité, jouissait des privilèges de la noblesse ; Michel Patureau de Leffe, seigneur d'Arthon en 1776.

La branche Patureau-Mirand est actuellement représentée par MM. Joseph et Anselme Patureau-Mirand, députés de l'Indre.

Alliances : Caillaut, Guerre, Cornuau, Malard, Royon, Rostain, Gaillard, Sallé, Bonneau, Gourdon, Clément, Dupertuis, Desjobert, Boursault du Tronçay, Desormeaux, Desjobert de Prahas, Delaporte, Busson-Lavallière, Baronnet, Duhail, Bouyonnet, Derouet.

Note communiquée. — Archives du Cher, C. 1155. — Hubert, *Le Bas-Berry*, canton d'Ardentes, p. 46.

PAULIN, seigneurs de Pigny, de la Chaize.

Ancienne famille de Bourges qui a produit plusieurs échevins de cette ville de 1534 à 1613, un administrateur de l'Hôtel-Dieu (1567), un receveur des deniers communs de la ville (1609).

Alliances : Gouault, de Saint-Père, Bigot de Terlan, Simon, Fradet, Blondeau.

D'or, à la bande de gueules, chargée de trois coquilles d'argent.

Chaumeau. — Le P. Labbe. — La Thaumassière. — *Privilèges de Bourges.* — Archives du Cher.

PAUMIER.

René Paumier, seigneur de Paumelet, receveur aux traites foraines de Châteauroux.

D'azur, à un palmier d'or.

Armorial de la généralité de Bourges. D'office.

PAUTRISEL ou PAUTRISSEL.

Etienne Pautrisel, employé dans les affaires du roi, directeur des forges de Clavières (Ardentes), fit hommage pour raison du fief de Chezal-Garnier, paroisse de Neuvy-Pailloux en 1723. En 1704, il était fermier général de la terre de Mareuil-sur-Arnon.

Alliance : Clou.

D'argent, au chevron de gueules, accompagné de trois massacres de cerf de même, deux en chef et un en pointe.

Armorial de la généralité de Bourges, élection de Châteauroux. — Archives de l'Indre.

PAYARD.

Pierre Payard, marchand, est inscrit d'office à l'*Armorial de la généralité de Bourges* avec les armes ci-dessous.

On trouve un Payard qui fut procureur de la communauté des maîtres-tondeurs de Bourges dont les fonctions, de la durée de deux ans, étaient expirées le 3 juillet 1676.

De gueules, à un pal patté d'argent, chargé d'un lézard de sinople et accosté de deux cygnes affrontés d'argent.

Archives du Cher.

PÉARRON, seigneurs de Serennes, paroisse de Diors, la Marzelle, Arnaize, paroisse Saint-Ambroise-sur-Arnon, Vaux, le Coudray, les Taupeaux, la Gravolle.

Famille d'Issoudun qui a fourni plusieurs conseillers du roi au bailliage de cette ville aux XVIIe et XVIIIe siècles.

Un Péarron était prieur du Chapitre de Saint-Germain de la Châtre en 1565.

François Péarron, sieur du Coudray, docteur en médecine et échevin de la Châtre obtint des lettres de grâce, en 1659, du maréchal de Clérambault, lieutenant du roi à Bourges, pour avoir tué un sergent.

Alliances : Girard, Heurtault, Baucheron, de la Chastre.

D'azur, au chevron d'argent, surmonté d'un croissant de même et accompagné de trois glands d'or, tigés et feuillés de même, deux en chef et un en pointe.

Armorial de la généralité de Bourges. — Noms féodaux. — Archives du Cher et de l'Indre. — Nos Archives. — Généalogie manuscrite de la famille Baucheron. — Armorial des principales familles du Berry.

PECQUOT, seigneurs de Soupize, en Berry, de Saint-Maurice.

Pierre Pecquot, seigneur de Soupize, conseiller du roi, receveur général des finances en Berry, fut nommé échevin de la ville de Bourges en 1666 et 1667. Il devint secrétaire du roi et mourut en 1697. Sa postérité a fourni des conseillers au parlement de Paris et un président en la chambre des comptes.

Ecartelé : aux 1 et 4, d'argent, à trois merlettes de sable ; aux 2 et 3, d'azur, à l'arbre arraché de trois racines d'or.

D'après la Chesnaye-des-Bois : Ecartelé : aux 1 et 4, d'or, à l'arbre de sinople ; aux 2 et 3, d'argent, à trois molettes de sable.

La Thaumassière. — Armorial de la généralité de Bourges. — Chevillard, Dictionnaire héraldique. — Armorial des principales familles du Berry.

PEIGNER.

Jean Peigner, chanoine de Levroux, est inscrit d'office à l'*Armorial de la généralité de Bourges*, avec les armoiries ci-dessous :

D'argent, à un peigne de gueules posé en fasce et accompagné de trois ancholies d'azur, deux en chef et une en pointe.

PELLET.

Claude Pellet, seigneur de Villement, prévôt provincial en la maréchaussée de Berry, fut élu échevin de Bourges en 1611. Il devint par la suite trésorier de France. Il épousa Marie de Biet, fille de Pierre de Biet, écuyer, seigneur de la Tremblaye, baron de Maubranche, lieutenant-général au bailliage de Berry, et de Catherine Doullé.

D'argent, à trois bandes de gueules, chargées d'un lion d'or.

Ces armoiries ont quelque analogie avec celles des Pelet de la Lozère.

Privilèges de Bourges. — La Thaumassière. — Archives du Cher.

PELLETIER, seigneurs de Rimoran.

Alliances : Thabaud, de Bethoulat, Rochoux.

D'or, à trois canettes de sable et d'azur à trois canettes d'argent.

Cabinet des Titres. — *Le Comte de la Vauguyon*, par A.-F. AUDE, Paris, Bernard Champion, 1921, *Généalogie de Bethoulat*, p. 25.

PELLETIER, seigneurs de la Couture, la Chagnade, les Métraux, Lalvade, les Bouchards.

Famille originaire d'Aigurandes où elle est connue depuis 1461, époque à laquelle « Jean Pelletier, bourgeois d'Aigurandes, cède à frère Jean, abbé d'Aubepierre, une terre et bois moyennant la somme de 25 louis d'or. »

Cette famille a donné des notaires à Aigurandes et un bailli de cette ville.

Alliances : De Gademont, Beschatrettes, Charpentier, Pouradier de la Motte, Moreau, Barluet, de Boulimbert, Tollaire des Gouttes, Ponroy, de Lage, Rigodin de Planet, Boutet, Roger.

Archives de la Creuse, S. H. 147, Registre 1127-1767. Cartulaire d'Aubepierre. — Note communiquée, par M. François ROGER, de Bourges.

PELLETIER.

Louis Pelletier, curé de Nérondes, est inscrit d'office à l'*Armorial de la généralité de Bourges* avec les armes suivantes :

D'argent, à trois cœurs de gueules, 2 et 1.

PELLISSON.

Pierre Pellisson, bourgeois et marchand, fut élu échevin de Bourges en 1598 et 1599.

D'azur, au chevron d'or, chargé au sommet d'un cœur de gueules et accompagné en chef d'une étoile de huit rais de... accostée de deux larmes d'argent et d'une rose d'argent en pointe.

P. LABBE. — LA THAUMASSIÈRE. — *Privilèges de Bourges*.

PELOURDE, PELLOURDE, PELORDE et PELLORDE, seigneurs de Coudron (1250), Cologne (1266), Villemenard en partie (1312), hôtel de la Monnaie, la Voute en Bourbonnais, Trouy, Tronçay, Ivry, Ourouer-le-Chambrier, Lantan, la Chaussée.

Très ancienne famille de Bourges qui a donné à cette ville un prévôt en 1282, un lieutenant-général du bailli de Berry (1315), un prudhomme élu au gouvernement de la cité (1402), un capitaine de la grosse Tour (1450), un maire (1526), des lieutenants conservateurs des privilèges royaux de l'Université.

Elle a encore fourni un sergent d'armes du roi en 1386, des échansons du roi, des capitaines de gens d'armes au xve siècle. Elle s'est éteinte au xvie siècle dans la maison de Gamaches.

Alliances : Pelourde, le Roy, Bastard, Fradet, de Barbançois, de Crosses, Grosyeux, Bouer, Fumée, Aubelin, Bochetel, Chambellan, Lallemant, d'Orléans de l'Espinière, de Fontenay, Chenu de Charentonnay, du Ban, Georges, Bonnefoy, Léveillé, de la Croix, Grivel de Grossouvre, de Corquilleray, de Gamaches.

De gueules, à l'aigle éployée d'or, accompagnée de quatre croix recroisettées de même au pied fiché, deux en chef et deux en pointe.

D'après Gilles le Bouvier, ceux de Pelourde portaient : de gueules, à un aigle d'or à l'orle de sept croix recroisettées de même posées 3, 2 et 2 ; et les Pelourdes de Cologne : d'or, à un aigle d'azur. Dans le blason de Jean Pellourde, seigneur de Trouy et de Coulogne, maire de Bourges en 1576, donné par Chaumeau, l'aigle est figuré à deux têtes. Alabat, dans son Armorial manuscrit des plus considérables familles du Berry, distingue ainsi : Pelourde aînés : de gueules, à l'aigle éployée d'or, accompagnée de croix recroisettées d'or. Pelourde cadets : d'or, à l'aigle éployée d'azur.

Enfin, dans les *Mémoires de Robert Hodeau*, maire de Bourges en 1642, publiés par la Société des Antiquaires du Centre, VIIIe volume, nous trouvons en écartelures du blason des Hodeau les armes de la maison de Pellorde ou Pelorde, qui sont figurées pour Pellorde : D'or, à l'aigle éployée de sable ; et pour Pelorde : De gueules, à l'aigle éployée d'or, à l'orle de six croix recroisettées de même.

G. LE BOUVIER. — LA THAUMASSIÈRE*. — *Privilèges de Bourges.* — CHAUMEAU. — P. LABBE, *Histoire du Berry,* 1647. — *Mémoires de Castelnau.* — *Dictionnaire héraldique de Grandmaison.* — *Armorial de la Touraine.* — MOREAU, *Histoire de Dun-le-Roi.* — DE RAYNAL, *Histoire du Berry.* — *Armorial des principales familles du Berry.* — RIETSTAP.

PENANCOËT DE KEROUALLE.

Louise-Renée de Penancoët de Keroualle, dame du palais de la reine d'Angleterre, maîtresse de Charles II d'Angleterre, fut créée par celui-ci duchesse de Portsmouth en 1672 et duchesse d'Aubigny par Louis XIV en 1684. Elle avait eu du roi d'Angleterre un fils naturel, Charles de Lenox, duc de Richmond, dont la postérité posséda Aubigny jusques après la Révolution.

La duchesse d'Aubigny appartenait à une famille noble de Bretagne.

Fascé de six pièces d'argent et d'azur. *Alias* : Fascé de six pièces d'argent et d'azur, à la bordure de gueules chargée de six annelets d'or en orle.

POTIER DE COURCY, *Nobiliaire de Bretagne.* — *Statistique monumentale du Cher.* — RIETSTAP.

PENIER, seigneurs de Ménas, la Rue, Fougères.

Famille du Bas-Berry qui a donné un grenetier au grenier à sel de Buzançais, imposé d'office à l'*Armorial de la généralité de Bourges,* élection de Châteauroux, et un procureur du roi au bailliage de cette ville en 1721.

Alliances : Jouslin, Couturier, Crublier de Chandaire.

De sable, à un croissant d'argent, accompagné de trois étoiles d'or.

Jacques Pénier, bourgeois de Châteauroux, fit inscrire à l'*Armorial* des armes absolument différentes : D'azur, à un chiffre d'or, composé d'un J et d'un P. entrelacés.

Armorial de la généralité de Bourges. — *Noms féodaux.* — Archives de l'Indre. — Hubert, *Le Bas-Berry,* T. I, canton d'Ardentes, p. 70.

PENIGAULT, seigneurs de Cigogne.

Ancienne famille que l'on trouve établie à Levroux où Louis Penigault était lieutenant de justice vers 1600. Peut-être était-ce le même personnage que Louis Penigault, sieur de Routigny, qui était lieutenant au comté de Selles en 1631.

Elle a donné un docteur en médecine, un chanoine de Levroux, un conseiller et un procureur du roi au présidial de Châtillon-sur-Indre.

Il a existé en Touraine une famille noble de ce nom, depuis longtemps éteinte, à laquelle appartenait Pierre Pénigault, maire de Tours en l'an 1467, officier au grenier à sel, chambellan de Louis XI, qui portait : D'or, au sautoir alaisé de gueules, cantonné de quatre merlettes de sable. Il peut se faire que ces deux familles aient une origine commune.

Alliances : Du Peschaudt, Guesnier, Rabier, Charrault, Guérard, Dupont, Cottéreau, Ray, Faguet, Herault, Bonneau d'Alençon, David, Rayet, de la Pinotière, de Chevalier, d'Almont, de Marcillac.

De sable, à un écusson d'argent, chargé d'un pin arraché de sinople, posé en bande.

Armorial de la généralité de Bourges. — *Noms féodaux.* — Bachelin-Deflorenne, *Etat présent de la Noblesse française,* 1873-74. — Archives du Cher. — *Armorial des principales familles du Berry.* — Rietstap.

PÉNIN, seigneurs des Brosses.

Famille qui a donné un maire de la ville de Bourges (1521 à 1523) après avoir été échevin en 1505, un chanoine de l'église Cathédrale (1559).

Alliances : De Sauzay, Labbé de Montvéron.

D'azur, à un épervier éployé d'or, grilleté d'argent.

Chaumeau. — Le P. Labbe. — La Thaumassière.

PÉNOT.

Charles Penot, avocat du roi en l'élection, fut élu échevin de la ville de Bourges en 1600.

Catherine Penot était veuve de François Broë, docteur régent en droit en l'Université de Bourges (1649).

D'or, au cœur de gueules, au chef d'azur, chargé de trois roses d'argent. *Alias* : d'or, au cœur de gueules lissant de trois roses d'argent, soutenues et feuillées de sinople.

Le P. LABBE. — *Privilèges de Bourges.* — LA THAUMASSIÈRE. — Archives du Cher.

PÉRAULT ou PERRAULT, seigneurs de Montgivray.

Ancienne famille de la Châtre qui a donné des notaires, un greffier de l'Hôtel-de-Ville, un lieutenant particulier de la prévôté, un gendarme de la garde du roi (1774), qui fut ensuite capitaine d'Infanterie, Enseigne des gardes de la Porte et chevalier de Saint-Louis.

Alliances : Pallienne, le Breton de la Vernelle.

De gueules, à une croix de patriarche d'or, parti d'argent.

Armorial de la généralité de Bourges. — DUGUÉ, *Histoire de La Châtre.* — HUBERT, *Dictionnaire de l'Indre.*

DE PERELLES, seigneurs de Coulons, le Platet.

Ancienne famille de Bourges qui possédait en l'église de Saint-Ursin une chapelle où se trouvaient un saint Jean et les portraits des sieurs de Perelles, peints par Jean Boucher.

Elle a donné un échevin (1515), un maire de Bourges (1548), un docteur doyen de l'Université de cette ville (1617), un chanoine de l'église de Saint-Ursin (1565).

Alliances : Guérin, Chambellan, Jaupitre, Roussard, Fouchier de Salles, Fradet, de l'Hôpital.

D'azur, au croissant d'argent, au chef d'or chargé de trois tourteaux de gueules.

CHAUMEAU. — *Privilèges de Bourges.* — LA THAUMASSIÈRE. — Archives du Cher. — *Armorial de la Touraine,* supplément. — *Armorial des principales familles du Berry.*

PÉRIGOIS, seigneurs de Condé, de la Barre.

Famille établie à la Châtre en Berry par suite du mariage en 1711 de Georges Périgois, qualifié dans son contrat « chargé des affaires du roi », fils de défunt Georges Périgois, bourgeois de Paris, avec la fille du docteur Sabardin, receveur des gabelles à la Châtre. Il était fils de Georges Périgois marchand joailler à Paris. Son petit-fils, Charles Périgois, fut député au Corps législatif sous le premier Empire.

Alliances : Sabardin, Audoux de Viljovet, Pajot, Selleron des Forges, Pouradier, Pallienne, Bardon d'Ars, Peron de la Forest, Thabaud, Papet, de Constantin, Néraud, Magnard, Boulade, Perrot.

De gueules, à la gerbe d'argent, nouée de sinople, au chef cousu d'azur, à trois étoiles d'argent rangées en fasce.

DUGUET, *Histoire de La Châtre.* — *Généalogie manuscrite de la famille Baucheron*, par M. BAUCHERON-BOISVIGNAULT. — Note communiquée par M. François ROGER, de Bourges.

PÉRISSE.

Elisabeth Périsse, fille majeure, bourgeoise d'Issoudun.

D'azur, à la bande d'or, chargée de trois roses de gueules.

Armorial de la généralité de Bourges. D'office.

DE PERNIÈRE.

Jean de Pernière, chanoine du chapitre de Saint-Ursin de Bourges.

D'or, à un palmier de sinople.

Armorial de la généralité de Bourges. D'office.

PÉRON ou **PERRON**, seigneurs de Beaumont, Chasnay, la Tuilerie, Neuville, Lozelière, la Forest, Acre, Charasse, la Grange, le Cloux, Longeville, Bellefond, la Périsse.

Ancienne famille qui a donné des notaires, des procureurs, des avocats, des docteurs en médecine, un receveur général des aides de Berry (1669), un lieutenant de la justice de Châteaumeillant (1675), des receveurs des tailles à la Châtre et à Issoudun, un maire perpétuel de cette ville en 1722.

Alliances : Manceau, Mirebeau, Grangeron, Dupuy, Piault de Villers, Berthault, Pinon, Thabaud de Chantosme, Laisnel, Baucheron, Le Tellier, Leclerc, Yel, Lavaudrier, Dorguin, de Bize, Piat, Pataud du Mas, Venat, Fauvre d'Acre, Béguin, Gaudeffroy.

D'azur, au chevron d'or, accompagné en pointe d'un lion passant d'argent, au chef d'or chargé de trois étoiles de gueules.

Ancien cachet. — *Armorial de la généralité de Bourges.* — *Noms féodaux.* — Archives du Cher. — Registres paroissiaux de Châteaumeillant. — *Les Recherches de Noblesse en Berry.* — Contrats de mariage de cette famille communiqués par M. Charles GAUDEFFROY, de la Chapelle-d'Angillon. — *Armorial des principales familles du Berry.*

PERREAU, seigneurs de Chambetin ou Champtin, la Forest, Rochebure.

François Perreau, sieur de Chambetin, fut élu échevin de Bourges en 1503. Il était secrétaire du roi et avait été reçu en 1489 chevalier de la Table-Ronde, ordre de chevalerie institué par les principaux habitants de la ville de Bourges.

En 1710, Guillaume Perreau, échevin de Bourges, acquiert la seigneurie d'Osmoy de Benjamin de Wissel, sieur de Beauregard.

Alliances : De Bize, de Boislinard.

D'or, au demi-rocher d'azur, parti d'azur au pal d'or.

Privilèges de Bourges. — LA THAUMASSIÈRE. — *Les Recherches de Noblesse en Berry.* — *Statistique monumentale du Cher.*

DE LA PERRIÈRE.

Antoine de la Perrière fut échevin de la ville de Bourges en 1537 et 1538.

Alliances : Riglet, Le Large.

De sable, au rocher d'argent, au chef d'or, chargé de trois étoiles d'azur.

Privilèges de Bourges. — LA THAUMASSIÈRE.

PERRINET, seigneurs de Vallières, le Pézeau, la Tour-de-Vesvre, Neuvy--Deux-Clochers, Reigny, la Bouloise, Vauvredon, le Briou, Buranlure, Jars, Boucard, Nancré, la Chaussée, Lassay, Longuefin, le Rezay, Courcou, le Crotet, les Aulnais, etc...

Famille originaire du Bourbonnais. Pendant 90 ans, elle exerça l'office de procureur général fiscal des ducs de Nevers (de la maison de Clèves-Gonzague), qui étaient seigneurs de la ville de Saint-Amand-Montrond. L'un de ses membres, David Perrinet, sieur de Beauregard, avocat en parlement, vint s'établir à Sancerre dont il fut lieutenant-général. C'est lui qui, en qualité d'échevin, signe au nom des habitants, avec le prince de Condé, la capitulation de cette ville en 1621. Le prince de Condé, en récompense de ses loyaux services, le nomma son conseiller ordinaire. Il mourut en 1640. Cette famille a produit entr'autres hommes marquants un capitoul de Toulouse, Perrinet d'Orval, né à Sancerre en 1707, auteur de plusieurs ouvrages sur les feux d'artifice et la poudre à canon, dont le fils était conseiller au grand conseil en 1777, un fermier général, gentilhomme du duc d'Orléans et un receveur général des finances qui furent l'un et l'autre secrétaires du roi, 1729 et 1732.

Alliances : Perrinet, Dagoret des Gravières, Andrault de Langeron.

D'azur, à la couleuvre d'argent en pal, surmontée d'une colombe de même.

Armorial de la Généralité de Bourges. — *Histoire de Sancerre*, par l'abbé POUPART. — *Archives du Cher.* — *Annuaire de la Noblesse*, 1908 et 1909. — CHEVILLARD, *Dictionnaire héraldique.* — *Statistique monumentale du Cher.* — *Armorial des principales familles du Berry.*

PERROT, seigneurs de Fontissan, paroisse de Saint-Aubin-les-Bois, Lazenay, l'Epinière, le Petit-Chezelet, paroisse de Lizeray, Puygiron.

Cette famille a donné au xviie siècle plusieurs chanoines à l'Église de Bourges ; l'un d'eux, Mathieu Perrot, a laissé un journal renfermant une foule de détails intéressants sur les faits religieux de cette Église de 1662 à 1703. Il fit enregistrer les armoiries de sa famille avec un parti : D'azur, à la bande d'argent bordée et engrêlée de gueules.

Il y a lieu de croire que Perrot, le premier maire élu d'Issoudun, dont parle la Thaumassière, appartenait à cette famille qui semble originaire de cette ville.

Alliances : Rondin, Guillot, de Lys, Heurtault, de Bize.

D'argent, à un perroquet de sinople, becqué et membré de gueules, perché sur un ballon tiercé en bande de gueules, d'argent et d'azur.

Noms féodaux. — Armorial de la généralité de Bourges. — Mémoires de la Société des Antiquaires du Centre, XXe vol. — Les Recherches de Noblesse en Berry. — Archives du Cher. — Armorial des principales familles du Berry.

PERROTIN DE BARMOND, seigneurs d'Attigny, Barmond, le Moutet, l'Espinière, le Coupoy, Jaquelin, Galifard, Beauregard.

Famille ancienne connue depuis Charles Perrotin, écuyer, seigneur d'Attigny, vivant en 1499. Elle a produit des lieutenants particuliers au bailliage d'Issoudun, des chanoines des églises de Bourges, un gentilhomme ordinaire de la chambre du roi (1658), des contrôleurs généraux de la marine, des secrétaires du roi, des trésoriers de France, des conseillers d'Etat, des chevaliers de l'Ordre du roi.

Alliances : Labbe, Gibieuf, Thévenin, Cœurdoulx, de Cougny, Riglet, de Valencienne, Girard, de Lestang, Gineste.

D'argent, à trois cœurs de gueules, posés 2 et 1.

D'Hozier. — La Thaumassière. — Noms féodaux. — Archives du Cher. — Armorial de la généralité de Bourges — Lainé, Dictionnaire des Origines. — Armorial des principales familles du Berry.

PERUSSAULT, seigneurs de Pertubraud, paroisse de la Pérouille, Foutroux, Plottes, Mersan, la Renaudière.

Ancienne famille de Saint-Gaultier qui a donné un notaire en 1522, un procureur fiscal de cette ville dont le fils, Sylvain Pérussault, de la Compagnie de Jésus, fut le confesseur du roi Louis XV.

Alliances : Lidon, Pérussault, Patry, de Boislinard (quatre alliances), de Vouhet, Porcheron, Mathéron, de la Grange, Blanchard.

D'argent, à un arbre de sinople.

Armorial de la généralité de Bourges. — Archives de l'Indre. — *Généalogie de la famille de Boislinard*, par M. Christian DE BOISMARMIN, *Mémoires des Antiquaires du Centre*, XVIIIe vol. — Registres paroissiaux de Saint-Gaultier.

DU PERTUIS ou DUPERTUIS.

Famille d'Argenton qui a donné un lieutenant de la maréchaussée en 1657, des baillis de Cluis.

Alliances : Chardon de Boussais, Delagrave, de Valenciennes, Duhail de Lalye, Dufour, Huard, Lasnier, Crochereau du Vivier.

De gueules, à une fasce d'argent, chargée de trois quintefeuilles de sable.

Armorial de la généralité de Bourges. D'office. — HUBERT, *Le Bas-Berry*, canton d'Argenton, p. 249.

DU PESCHIN, seigneurs du Peschin, Levroux (XIVe siècle). Originaires du Bourbonnais, en Auvergne et en Berry.

Alliances : Le Bouteiller de Senlis, de Sully, de la Tour d'Auvergne, de Giac, de Saint-Avit.

Ecartelé, *alias* coupé d'argent et d'azur, à la croix ancrée de gueules sur l'argent et d'argent sur l'azur.

Le sceau d'Imbaud du Peschin, écuyer, chambellan du duc de Berry, de 1370, porte un écu à une croix ancrée avec une tête de femme dans un vol pour cimier et un lion et un griffon pour supports.

LA THAUMASSIÈRE. — *Noms féodaux.* — *Nobiliaire d'Auvergne.* — *Armorial du Bourbonnais.* — HUBERT, *Dictionnaire de l'Indre.* — Collection CLAIRAMBAULT.

PETIT, seigneurs de Maupré.

Famille qui a donné des conseillers au présidial de Bourges et un maire de cette ville en 1662. Les descendants de ce dernier existaient encore en 1730 ainsi qu'il résulte d'une liste des anciens maires et échevins de Bourges dressée par la municipalité et annotée par l'intendant du Berry, M. Dodart. D'après l'annotation, les Petit « auraient été plus anciens gentilshommes » ce qui veut dire qu'ils étaient nobles avant d'avoir acquis la noblesse d'échevinage.

L'on trouve un Benjamin Petit, sieur de Boisgermain, conseiller au grenier à sel de Bourges en 1675.

Alliance : Chollet.

De gueules, au chevron alaisé d'or, accompagné en pointe d'une colombe essorant et la tête contournée d'argent, au chef d'or chargé de deux ombres de soleil de sable.

La Thaumassière. — *Armorial de la généralité de Bourges.* — Archives du Cher. — *Mémoires de la Société des Antiquaires du Centre,* XVIIIe vol., p. 312. — *Armorial des principales familles du Berry.*

PETITJEAN DE MARANSANGE, seigneurs de Maransange, le Cluzeau, le Moulin-Foulet, la Cour, le Carroy, la Chaize.

A cette famille aurait appartenu selon sa tradition Guillaume Petitjean, l'un des six élus au gouvernement de la ville de Bourges en 1402 ; probablement le même personnage que l'on voit figurer dans un fragment de comptes du duc Jean de Berry (1386), sous les nom et qualifications de « Petit-Jean, secrétaire de Monseigneur et clerc de la sénéchaussée de Berry ».

Quoi qu'il en soit, cette famille était établie au xvie siècle dans la seigneurie de Châteaumeillant et dans les paroisses avoisinantes ; en 1545, Jean Petitjean consent une reconnaissance au profit du seigneur de Châteaumeillant.

En 1666, Jean Petitjean acquiert de Louis de Longbost, seigneur de la Grange et de l'Estang, le fief et lieu noble de Maransange, sis paroisse de Saint-Saturnin, qui n'a cessé d'appartenir à ses descendants qui en ont pris le nom. Antoine Petitjean, seigneur de Maransange, rend en 1721 foi et hommage de son fief à haute et puissante dame Marie Fradet de Saint-Aoust, marquise de Nonant, comtesse de Châteaumeillant.

A la Révolution, cette famille était représentée par Philippe Petitjean de Maransange, avocat en parlement, conseiller du roi et de Mgr le comte d'Artois, prévôt, lieutenant-général de police en la prévôté du Châtelet. En 1790, il fut élu membre du Conseil du département, mais il donna sa démission en 1792. Trois de ses descendants ont fait partie du Conseil général du Cher.

Alliances : De Lavau, Desjobert, Auclerc, Alasseur, Laurenson, Ragon du Carroy, Mery du Coudreau, Maulmond, Villatte, Tixier, Chénon, Savart, Jabin de Gouzon, Brunet, Chevalier de la Prugne, Moreau, Béguin de Vandalon, Thabaud Deshoulières, Pallienne, Rapin, de Mordant de Massiac, Luzuy de Maillargues, Josset de Lamaugarny, de la Brosse, Defaye.

D'azur, à la fasce d'or, accompagnée de trois croissants d'argent, surmontés chacun d'une croix de Lorraine d'or, 2 et 1, et une étoile d'argent en chef.

Ancien cachet. — La Thaumassière. — Papiers de famille. — *Généalogie le Roy*, par le comte de Toulgoet-Tréanna, *Mémoires de la Société des Antiquaires du Centre,* XXe vol. — Registres paroissiaux de Châteaumeillant, Culan, le Châtelet, etc. — De Magny, *nobiliaire universel.* — *Bulletin de la Société héraldique,* X^e vol. 1891. — *Annuaire de la noblesse* 1897. — *Statistique monumentale du Cher.* — *Armorial des principales familles du Berry.* — Rietstap. — Archives du Cher, Fonds de l'abbaye des Pierres.

DE PEUILLE, seigneurs de Peuille, les Sangles, Chameron (fief voisin de Rhimbé), les Fontaines, la Forest, Fraigne. Originaires du Bourbonnais. En Berry.

Famille noble connue depuis André de Peuille, écuyer, vivant en 1449.

Alliances : Du Val, de Bouville, du Chau, des Fontaines, de Rochefort, de Bron, de Lapelin, de Rolland.

D'argent, à trois molettes de sable, 2 et 1, au chef denché de gueules.

LA THAUMASSIÈRE*. — *Noms féodaux.* — *Armorial de la généralité de Bourges.* — *Les Recherches de Noblesse en Berry.* — *Statistique monumentale du Cher.* — *Dictionnaire héraldique* de GRANDMAISON. — *Armorial des principales familles du Berry.*

PEYRET DE POMMEROUX, seigneurs de Pommeroux, paroisse de Genouillat (xviiie siècle). Dans la Marche et en Berry.

Alliances : Tixier, Duval, Gallerand, Geoffrenet de Fontblain, de Guillebon.

Nos Archives.

PEYROT DES GACHONS, seigneurs de Gouvernard, Miran, paroisse de la Pérouille, Lignac, Gentillet, les Gachons.

Cette famille qui apparaît en 1532 avec Blaise Peyrot, notaire à Argenton, s'établit à Saint-Gaultier où elle donna naissance aux branches de Gentillet et des Gachons.

Elle a fourni, à Argenton, des procureurs, des médecins, des baillis, des conseillers du roi en l'élection, un subdélégué de l'Intendant.

Pierre Peyrot, sieur de Gentillet, était l'un des cent gentilshommes de la maison du roi (1732).

Jean Peyrot, colonel de Dragons, fut créé baron de l'Empire par lettres-patentes du 10 juin 1810.

Alliances : Godin, Mauduit, de Boislinard, Crochereau du Vivier, Calais, Crublier de Corbigny, Sarton, Lesourd de Lisle, Bertrand, Cottereau, Mars, Butel, Bonnin du Treuillault, Pez, Pineau.

De gueules, au lion d'or, parti d'azur à une moitié de chevron d'or mouvant de la partition, accompagné d'un aiglon de même en chef et d'une moitié d'aiglon aussi d'or et mouvant de la partition en pointe.

Le colonel Peyrot, baron de l'Empire, reçut les armes suivantes : Coupé : au 1, parti à dextre, d'azur, au cor de chasse d'or, et, à senestre, des barons militaires qui est : de gueules, à l'épée haute en pal d'argent ; au 2, d'or, au lévrier en quête de gueules, soutenu de sinople.

Armorial de la généralité de Bourges. — *Noms féodaux.* — *Archives de l'Indre.* — *Généalogie de la famille de Boislinard.* — Vicomte RÉVÉREND, *Armorial du premier Empire.* — *Registres paroissiaux de Saint-Gaultier.* — HUBERT, *Le Bas-Berry,* canton d'Argenton.

DU PEYROUX, seigneurs du Peyroux, la Chaubrandon-les-Maisons, Rochedragon, Châtenay, Saint-Hilaire, les Mazières, les Granges, le Vernet, le Plaix, la Lande-Fonteny, la Tour-du-Bouex, les Escures, le Puyaud, Thiollet, Sauzay, la Forest, la Barge,

Sallemagne, la Coudre, Goutières, Jardon, Lage, la Chezotte, le Bois d'Urçay, Saint-Martial, Villemonteix, les Mescliers, Sourdoux, la Rivière, la Faye, Bussière, le Cloux, la Croizette, le Mont, etc... ; comtes du Peyroux. Marche, Berry, Bourbonnais, Auvergne.

Maison d'ancienne chevalerie originaire de la Marche où se trouve le château du Peyroux, près Chénerailles. Elle est connue avec qualifications chevaleresques depuis l'an 1097 et elle établit sa filiation depuis le commencement du xve siècle.

Elle a fourni plusieurs chevaliers de Malte, dont un commandeur de l'Ormeteau, deux chanoines comtes de Brioude, un gouverneur des villes et forts de Gannat et d'Ebreuil, un grand nombre d'officiers distingués dont plusieurs ont été décorés de la croix de Saint-Louis, un vicaire général de l'Archevêché de Bourges, M. l'abbé du Peyroux de Salmagne, décédé en 1878.

Alliances : De la Roche-Dragon, de Lesvêque, de Parnac, de Jonas, de Lestranges, de Maussabré, de Pouthe de la Roche-Aymon, de Montmorin, de Chamborant, d'Anglars, de la Roche, de la Châtre, de Thianges, Denis, de Breschard, d'Assy, de Courtais, de la Saigne-Saint-Georges, des Ages, de Bigny, de Panevinon, le Borgne, de Loubens de Verdalle, de Rolland, de Ligondès, Graillot, de Saint-Yriex, de Noblet, de Beaufranchet, de Pannevère, de Loüan de Coursays, Le Blanc de Lespinasse, des Mazis, de Bastard d'Estang, de Bonneval, des Brosses.

De gueules, à trois chevrons d'or, au pal de même brochant sur le tout (Armes de la branche du Berry). *Alias* : D'or, à trois chevrons d'azur, au pal de même brochant sur le tout.

La Thaumassière*. — La Chesnaye-des-Bois. — *Noms féodaux.* — Vertot. — *Nobiliaire d'Auvergne.* — Preuves au Cabinet des titres de la Bibliothèque Nationale. — *Nobiliaire de la généralité de Bourges*, F. fr. 31791 et 32272. — *Dictionnaire Universel de la Noblesse de France*, par M. de Courcelles. — Tardieu, *Dictionnaire de la Haute-Marche.* — *Armorial du Bourbonnais.* — *Les Recherches de Noblesse en Berry.* — *Armorial des principales familles du Berry.*

PHÉLIPPE DE BILLY, seigneurs de Villiers et de Chassy, en Berry (xviiie siècle) ; comtes de Farouville ; comtes et marquis de Billy.

Famille très ancienne, originaire de Bretagne et répandue à Paris, en Orléanais et en Berry. Elle a fourni un chevalier de Malte, un conseiller au parlement de Metz, des officiers des armées du roi, des chevaliers de Saint-Louis.

Alliances : De Waroquier, de Bengy, Moreau de Villiers, de Loüan de Montfan, Le Roy de Buxières d'Aillac.

Ecartelé : aux 1 et 4, d'argent, au chevron de gueules, accompagné de trois glands et trois olives de sinople, les queues en haut, couplées un gland et une olive, liées de gueules, au chef d'azur chargé de trois étoiles d'or ; aux 2 et 3, de vair, à trois fasces de gueules ; sur le tout, de gueules, à la croix dentelée d'argent, qui est de Coëtgoureden, en Bretagne.

Pallet, *Nouvelle histoire du Berry.* — Archives du Cher. — Potier de Courcy, *Nobiliaire de Bretagne.* — Vertot. — Lainé, *Dictionnaire des Origines.* — *Armorial de la Touraine.* — Vicomte de Magny, *La science du blason*, 1858. — *Dictionnaire héraldique* de Grandmaison. — *Armorial des principales familles du Berry.* — Rietstap.

PHILIPPOT.

Robert Philippot, conseiller du roi au grenier à sel de Sancerre.

D'azur, au chevron d'or, accompagné de trois roses de même.

Armorial de la généralité de Bourges. D'office.

PIAT, seigneurs de Rochy.

Ancienne famille de Bourges qui a donné un receveur de cette ville en 1486, un échevin (1552 et 1553) et un professeur de médecine à l'Académie de Bourges.

Alliances : Roger, Alabat, Riglet, Léveillé, Ragueau, Foucault, Heurtault, de la Grange, de Bretagne, de Boisrouvray, Monicault de la Chaussée.

D'azur, à la bande d'or, chargée de trois pies au naturel, et accompagnée de six étoiles d'or, trois en chef et trois en pointe.

CHAUMEAU. — P. LABBE. — LA THAUMASSIÈRE. — Archives du Cher.

LE PICARD ou PIQUART DE PHÉLIPPEAUX, seigneurs de la Brosse, Goussoles, Boisleroy, Fontenailles. Originaires de Touraine. En Berry.

Famille noble connue dès 1324. Elle fut maintenue dans sa noblesse en 1715 par l'intendant de Touraine et celui de Berry, Foullé de Martangis.

L'un de ses membres, A. L. Le Picard de Phélippeaux, ancien officier d'artillerie, émigré depuis 1791, quitta l'armée de Condé dans laquelle il servait avec le grade de lieutenant-général pour se mettre à la tête de la petite armée catholique et royale du Sancerrois. (Voir *Mémoires de la Société historique du Cher, La petite Vendée du Sancerrois*, années 1873, 1892 et 1897).

Alliances : Prévost, Le Loup, du Mesnil, de la Croix, de Grailly, de Verdillat.

D'azur, au lion rampant, *alias* grimpant, d'or.

Nobiliaire de la généralité de Bourges, F. fr. 31791 et 32273. — *Armorial de la Touraine.* — L'abbé CHAMBOIS et Paul DE FARCY, *Recherche de la Noblesse dans la généralité de Tours.* — *Les Recherches de Noblesse en Berry.*

PICARD.

Famille de Selles-en-Berry qui remonterait à Noël Picard, scribe de l'abbaye de Selles, en 1572.

François Picard, conseiller du roi et son procureur au grenier à sel est inscrit d'office à l'*Armorial de la généralité de Bourges* avec les armes décrites ci-dessous.

D'azur, à deux piques d'or ferrées d'argent et passées en sautoir, accompagnées de quatre flammes de même.

Histoire de Selles-en-Berry, par Maurice ROMIEU, Romorantin, 1899.

PICAULT, seigneurs d'Herry, paroisse de Savigny-en-Septaine, de la Grange-François.

Famille qui a donné un conseiller au présidial de Bourges et un échevin de cette ville en 1639.

On trouve de ce nom à la fin du xvi⁰ siècle des procureurs au présidial dont l'un, Jean Picault, est qualifié « bedeau de la nation de France de l'Université de Bourges. »

Alliances : Gassot, Boisrot, du Bet.

D'argent, au chevron d'azur, accompagné de trois œillets de gueules, tigés et feuillés de sinople, 2 et 1.

L'échevin de Bourges brisait son écu d'une bordure d'azur.

Privilèges de Bourges. — LA THAUMASSIÈRE. — *Noms féodaux.* — *Armorial de la généralité de Bourges.* — *Armorial des principales familles du Berry.*

PICHONNET.

Claude Pichounet est reçu en 1488 chevalier de la Table-Ronde, Ordre de chevalerie fondé par les principaux habitants de la ville de Bourges en 1487. Il était receveur de la ville en 1519 et il mourut le 11 décembre 1525.

Jean Pichounet, grenetier, fut également reçu chevalier de cet ordre en 1491 et mourut le 3 février 1526.

D'azur, au chevron d'argent, chargé de trois petites croix pleines de gueules et accompagné de trois pommes de pin d'or, 2 et 1.

LA THAUMASSIÈRE.

DE PIÉGU. Voir POT.

DE PIERRE-BUFFIÈRE, seigneurs de Pierre-Buffière, Châteauneuf, Montreuil-Bonnin, Peyrat, Saint-Yrier-la-Montagne, la Faye, etc..., en Limousin et dans la Marche ; Chambray, Beaumont, le Châtellier, en Touraine ; Prunget, Tendu, Chabenet, la Rocherolle, en Berry ; barons de Prunget ; comtes de Pierre-Buffière ; marquis de Chambrette.

Maison d'ancienne chevalerie que l'on croit issue des vicomtes de Limoges et qui dès le xie siècle était puissante en Limousin où elle possédait la baronnie de Pierre-Buffière d'où elle tire son nom. Une branche établie en Berry était en possession d'importantes seigneuries au xviie siècle.

Alliances : D'Aubusson, de Rochechouart, du Puy du Coudray, de Salagnac, de Chamborant, de Saint-Julien, de Castelnau, de Pons, Lebreton, de Couraud, de Poix, Guyot d'Asnières.

De sable, au lion d'or.

Plusieurs sceaux de cette maison sont décrits dans l'inventaire des sceaux de la collection Clairambault, entr'autres celui de Jean, sire de Pierre-Buffière, qui est appendu à une quittance de 810 livres tournois, 18 sols, 9 deniers, montant de sa rançon payée par le roi en date du 18 mai 1355.

LA THAUMASSIÈRE. — *Nobiliaire du Limousin.* — *Armorial de la généralité de Bourges.* — *Archives de l'Indre.* — LAINÉ, *Dictionnaire des Origines.* — *Les Recherches de Noblesse en Berry,* — TARDIEU, *Dictionnaire de la Haute-Marche.* — *Armorial de la Touraine.* — *Recherche de la Noblesse dans la généralité de Tours.* — *Armorial des principales familles du Berry.*

PIGET.

Pierre Piget, capitaine au régiment royal des vaisseaux, fut élu échevin de la ville de Bourges en 1680.

LA THAUMASSIÈRE. — Archives du Cher.

PIGNOT, seigneurs de Faurille.

Ancienne famille établie à Issoudun où Pierre Pignot, seigneur de Faurille, était conseiller du roi en l'élection de cette ville (1714).

Alliances : Merigot, Margueritat, de la Grange, Aupic, Auclerc, Devilleneuve, Dorguin de Lavau, Chambraud.

De gueules, à un pin arraché d'or, à la bordure d'argent chargée de huit pommes de pin de sinople.

Armorial de la généralité de Bourges. — *Noms féodaux.* — Registres paroissiaux de Lignières.

PIJAUD ou PIGEAULT.

Louis Pijaud, conseiller du roi, receveur des gabelles à Argenton reçut d'office les armoiries ci-dessous décrites.

Nous trouvons de ce nom : Jehan Pigeaud, détenteur du fief de Marcez, en 1564 (Archives de l'Indre, termier de la terre d'Argenton) et Anne Pijault, femme de Nicolas Ragueau, receveur des consignations à Issoudun vers 1660.

D'azur, à trois colombes d'argent.

La Thaumassière, *Généalogie Ragueau*. — *Armorial de la généralité de Bourges*, élection de La Châtre. D'office.

PILLOUX.

Pierre Pilloux, sieur de Lichy, avocat en parlement, fut échevin de Bourges en 1643 et 1644.

D'azur, au lévrier courant d'argent, accolé de gueules, à une étoile d'or en chef et à un croissant d'argent en pointe.

La Thaumassière.

PINAULT, seigneurs de Bonnefond, Chenay, la Touche, le Pin, Peubert, Vizay, la Billetière.

Famille anoblie en 1639. Elle a comparu aux assemblées de la noblesse de Berry en 1789.

Alliances : Auboutet, Lecomte, Soulette, de Brossard, de Boislinard, de Poix.

D'or, au pin de sinople accompagné de six étoiles d'azur posées 3 et 3.

Aux manuscrits français de la Bibliothèque nationale, vol. 2282, pièces originales, se trouve l'inventaire des titres de noblesse produits devant M. Foullé de Martangis, intendant du Berry, pour la famille Pinault de Bonnefond. Leur blason peint y était représenté tel que nous le décrivons : D'or, au pin de sinople « ainsi disposé et fruicté », accompagné de six étoiles d'azur. Et l'on a ajouté : « Pour peindre les armes des Pinault de Bonnefond, voyez un pin dans l'*Armorial* en taille douce de Ségoing, page 134 », aux armes des Leclerc de Lesseville et de Moncy. Consultez aussi La Colombière, page 208, premier écusson.

Nobiliaire de la généralité de Bourges, F. fr. 31791. — *Archives de l'Indre*. — *Armorial des principales familles du Berry*.

PINAULT, seigneurs des Ormeaux.

Guillaume Pinault, écuyer, sieur des Ormeaux, capitaine dans le régiment de la Marine pendant 25 ans, savoir : 2 ans à porter le mousquet, 3 ans lieutenant de mestre-de-camp dans le régiment de Sainte-Mesme et 20 ans capitaine dans le dit régiment de la Marine, fut renvoyé (lors des recherches de noblesse) comme noble d'échevinage, le 13 janvier 1664. Il avait, en effet, rempli les fonctions d'échevin de la ville de Bourges en 1659.

Le sieur des Ormeaux avait épousé demoiselle Marie Baucheron, fille de Sébastien Baucheron du Portail, gendarme dans la compagnie du roi et de Anne Carcat. En 1674, François de la Rochefoucault, prince de Marcillac, bailli de Berry, rendit un jugement prononçant la séparation de corps entre eux.

En 1742, Marcelin de Guillon, chevalier, seigneur de Ménetou-Couture constituait une rente viagère de cent cinquante livres au profit de Marie-Françoise Pinault-Desormeaux, femme à son service.

La Thaumassière cite au nom des conseillers clercs au présidial de Bourges Etienne Pinault.

D'azur, au drapeau déployé d'or chargé d'un lion de sable.

La Thaumassière. — *Maintenus de Noblesse en Berry*, manuscrit. — Archives du Cher. — *Les Recherches de Noblesse en Berry.*

PINEAU DES FORÊTS, seigneurs des Forêts, du Breuil.

Famille originaire de Saint-Gaultier où son auteur était contrôleur des actes vers 1660.

Alliances : de la Vergne, Rapin, Joly, Bouyonnet, Aubert du Petit-Thouars.

De gueules, au chevron d'or, accompagné de trois glands de même.

Ancien cachet. — Registres paroissiaux de Saint-Gaultier. — *Armorial des principales familles du Berry.*

PINETTE, seigneurs de la Vernusse, paroisse de Vignoux-sur-Barangeon.

Ancienne famille à laquelle appartenait sans doute André Pinette, l'un des commis au gouvernement de la ville de Châteauroux en 1482.

Elle a donné un échevin de la ville de Bourges en 1593 et 1594, des avocats, un lieutenant et un procureur du roi en l'élection d'Issoudun qui ont fait enregistrer leurs armoiries.

Alliances : Bouer, Fontaine, Sougy, Montagu, Sarrazin, Gassot, Bruères.

D'azur, à trois pommes de pin d'or.

Nous ferons observer qu'une vieille famille du Nivernais du nom de Pinet, qui a donné un curé de Châteaumeillant en 1645, portait les mêmes armes.

Privilèges de Bourges. — La Thaumassière. — *Noms féodaux.* — *Armorial de la généralité de Bourges.* — Archives du Cher et de l'Indre. — *Armorial des principales familles du Berry.*

PINON, seigneurs de Boisbouzon, Farges, Avor, la Brosse-sur-Cher ; vicomtes de Quincy, en Berry ; barons de Courcy, en Orléanais ; comtes de Villemain, en Brie ; marquis de Saint-Georges au Maine.

Très ancienne famille que Blanchard fait descendre de Jean Pinon, écuyer, seigneur de la Poterie, au pays de Berry.

Elle a donné, entre autres personnages éminents, un capitoul de Toulouse au xiie siècle, un chevalier banneret en 1350, un évêque d'Auxerre, conseiller de Philippe-le-Bon, duc de Bourgogne, un chevalier de Saint-Jean-de-Jérusalem, tué au siège d'Alger en 1541, deux conseillers d'Etat, neuf conseillers au parlement de Paris, des maîtres des requêtes, un président au grand Conseil, des intendants, dont l'un, Charles Pinon, intendant de la généralité de Bourges, obtint, en 1546, l'érection en vicomté de sa terre de Quincy, en Berry ; un président à mortier au parlement de Metz (1633), deux présidents à mortier au parlement de Paris, un lieutenant-général des armées du roi, grand-croix de Saint-Louis, cordon rouge, Anne-Louis Pinon, marquis de Saint-Georges, qui avait été fait mestre de cavalerie sur le champ de bataille de Fontenoy.

Alliances : De Boyau, de la Taille, de Corbie, Fortet, de Waroquier, Marion de Druy, Picot, Aubery, Arnault d'Andilly, de Greil, Le Gendre, de Gourgues, des Ligneris, Le Boulanger de Montigny, de Bourgoing, de Menerville, de Sainte-Avoie, Guérineau de la Forest, Ferrand de Vernay, Bigot de Morogues, Ogier de Baulny, Boucher d'Orsay, Morot de Gresigny, de Macé de Gastines, de Saint-Ouen.

D'azur, au chevron d'or, accompagné de trois pommes de pin de même, 2 et 1.

BLANCHARD, *Les Présidents à mortier.* — LA THAUMASSIÈRE. — CHEVILLARD, *Dictionnaire héraldique.* — LA CHESNAYE-DES-BOIS. — DE WAROQUIER, *Etat de la Noblesse pour 1782.* — VIGNAT, *Archives seigneuriales d'Avor et Farges,* Paris, 1878. - - *Annuaire de la Noblesse,* 1851. — *Etat présent de la Noblesse française,* BACHELIN-DEFLORENNE, 1873. — *Statistique monumentale du Cher.* — *Armorial des principales familles du Berry.* — *Les intendants de la généralité de Berry,* par J. NÉRAUD, docteur en droit, Paris, 1922.

PINON, seigneurs du Coudray, la Gigoterie, l'Isle.

Famille bourgeoise de Levroux qui a donné des conseillers aux élections de Châteauroux et d'Issoudun et un receveur des tailles à Saint-Amand (xviiie siècle).

Alliances : Pitel, Peron, Gillet, Delage.

Contrats de mariage de cette famille communiqués par M. Charles GAUDEFFROY, de la Chapelle-d'Angillon. — Archives du Cher.

PINSSON, seigneurs de la Coudre, de Beugnon, du Bouchet.

Ancienne famille qui a donné un docteur régent en l'Université de Bourges qui eut entre autres enfants François Pinsson, avocat en parlement, qui continua et publia le traité des Bénéfices commencé par son grand-père, Antoine Bengy, qui avait succédé à Cujas dans sa chaire ; un échevin de Bourges (1666 et 1667) et un chanoine en l'église de Bourges, grand-archidiacre de Bourbon.

Alliances : Bengy, Damours, Joubert, Gougnon.

D'azur, à trois fusées d'or, au chef échiqueté d'or et de gueules de deux traits.

LA THAUMASSIÈRE. — *Noms féodaux.* — Archives du Cher. — RIFFÉ, *Généalogie de la famille de Bengy,* Bourges 1875. — *Armorial des principales familles du Berry.*

DE LA PIVARDIÈRE, seigneurs de la Pivardière, Vinceuil, le Bouchet, les Chézeaux, Villemessant, Isopt, le Plessis, Narbonne, Lage, Guimont, Richelieu, la Chassagne. En Berry et dans la Haute-Marche.

Maison d'ancienne noblesse connue depuis Pierre de la Pivardière, écuyer, seigneur de Vinceuil vivant vers 1480.

Elle a produit un capitaine de cent hommes d'armes d'Infanterie (1638), des officiers, un chevalier de Saint-Louis. Marie de la Pivardière fut reçue à la maison royale de Saint-Cyr, sur preuves de noblesse, en 1710.

Alliances : De Salignac, de la Bastide, de Chauveron, de Bethoulat, Chauvelin, de Miomandre, de Malleret, de Barjon, Musnier, de Noblet-Tercillac, de Poutte.

D'argent, à trois merlettes de sable, posées deux et une.

On trouve dans l'*Armorial de la généralité de Bourges* des armes imposées d'office à N. du Bouchet, seigneur de la Pivardière, il faut lire N. de la Pivardière, seigneur du Bouchet.

D'Hozier. — *Nobiliaire d'Auvergne.* — *Armorial de la Touraine.* — Ambroise Tardieu, *Dictionnaire de la Haute-Marche.* — *Manuscrit du chanoine Hubert.* — *Armorial des principales familles du Berry.*

DU PLESSIS-CHATILLON, seigneurs de Saint-Gelais, la Mothe-Feuilly, Boulaize, Néret, etc... ; barons de Saint-Jeanvrin ; comtes de Châteaumeillant ; marquis de Nonant et de Saint-Août.

Ancienne maison, originaire du Maine, remontant au commencement du XIII\ue\u siècle. Jacques du Plessis-Châtillon, marquis de Nonant, mestre-de-camp de cavalerie, devint seigneur du comté de Châteaumeillant à la suite de son mariage avec Jeanne-Marie Fradet de Saint-Août qui eut lieu en 1674. L'un de ses fils, Louis du Plessis-Châtillon, fut lieutenant-général des armées du roi en 1734.

Alliances : Fradet de Saint-Août, d'Estampes, Neyret de la Ravoie, Colbert de Torcy, de Chabannes-la-Palice.

D'argent, à trois quintefeuilles de gueules que les seigneurs de Châteaumeillant écartelèrent de Fradet et de Saint-Gelais.

La Chesnaye-des-Bois. — Archives du Cher. — Chénon, *Histoire de Châteaumeillant.* — *Statistique monumentale du Cher.*

PLOMET.

Antoine Plomet, seigneur de Cormier, Directeur des Aides et Étapes de la généralité de Bourges, fit inscrire ses armes à l'*Armorial* de cette généralité.

D'azur, au chevron d'or, accompagné en chef de deux colombes d'argent et en pointe d'un cormier arraché d'or, fruité de sable.

POCQUET DE LA MARDELLE, seigneurs des Aubiers.

Ancienne famille établie à Saint-Genou où elle remplissait dès le commencement du XVIIe siècle les fonctions de greffier et de notaire. Elle a donné un certain nombre de prieurs à l'église, entr'autres Louis Pocquet, prieur de Palluau, archiprêtre du Blanc, mort en 1627.

Cette famille a été anoblie par lettres-patentes du 15 février 1823 et a reçu par ces mêmes lettres les armoiries que nous donnons ci-dessous.

Alliances : de Puyvinault, Franquelin, de la Varenne, de Tanoüarn, Rossignol de la Ronde, Huard de Verneuil, Le Scure de Senneville, Laurand, de Luret de Feix, Toubeau de Maisonneuve.

D'azur, au lion d'or, tenant de la patte dextre une tige de lis d'argent, au chef d'argent chargé d'un serpent rampant de sinople, lampassé de gueules.

HUBERT, *Le Bas-Berry*, canton de Buzançais. — DE MILLEVILLE, *Armorial historique de la Noblesse de France*, Paris, 1845. — *Armorial de la Touraine*. — *Armorial des principales familles du Berry.*

DE POCQUIÈRES ou POQUIÈRES, seigneurs de Bélabre et Vaulonet.

Maison d'ancienne noblesse. En Poitou et en Berry.

En 1372, le roi Charles VII donna à Jean de Pocquières le château et la terre de Bélabre confisquée sur les Anglais.

Alliances : De la Trémoille, de Ternant, de Culant, de Chassy, de Leffe, de Montagu.

D'argent, à cinq fusées et deux demies d'azur accolées en fasce. Selon G. le Bouvier : D'argent, à la fasce fuselée de gueules.

Cabinet D'HOZIER, vol. 275. — Dossiers bleus, vol. 556, dossier 14048. — LA THAUMASSIÈRE. — RAYNAL, *Histoire du Berry.*

POIGNANT.

Famille du Maine. Jean Poignant, écuyer, seigneur du Mont, Vouzeron et Buffion, conseiller du roi, prévôt de la maréchaussée provinciale de Berry, fit enregistrer ses armes à l'*Armorial de la généralité de Bourges.*

Cette famille a donné un conseiller au parlement de Pàris en 1477.

Alliances : Du Drac, Piedefor, Garcin.

D'argent, au chevron de sable, accompagné de trois macles de même, 2 et 1, au chef d'or chargé d'un lion léopardé de gueules.

Noms féodaux. — BLANCHARD, *Les Présidents à mortier.*

POIREAU, *alias* PORREAU et POUREAU, seigneurs de Boisvert, Thérieux.

Alliance : De Sauzay.

D'azur, à un pont de deux arches d'argent, accompagné en chef de deux étoiles d'or et de deux navires sous les arches, sur une mer de même.

Armorial de la généralité de Bourges. — Noms féodaux. — Statistique monumentale du Cher. — Armorial des principales familles du Berry.

POIRIER.

Famille qui a donné un prud'homme élu au gouvernement de la ville de Bourges en 1469 et un échevin de cette même ville, pendant les années 1518 et 1519, Gillet et Etienne Poirier.

On trouve encore de ce nom Guillaume Poirier, procureur du roi à Vierzon (1517), Claude Poirier, conseiller et avocat à Bourges (1545) ; Denis Poirier, greffier de la justice de Pleimpied (1620), fermier de l'abbaye (1622).

Alliances : Girard, Augier, Nicquet.

D'azur, à trois poires d'or, feuillées de même, 2 et 1.

Ces armoiries se voient sur une porte d'une maison sise au nord de l'hôtel Cujas et qui a appartenu à Claude Poirier.

Privilèges de Bourges. — La Thaumassière. — Archives du Cher. — Armorial de la Touraine. — Rietstap.

POISLE.

Jean Poisle, dont nous donnons les armes ci-dessous, était échevin de la ville de Bourges pour l'année 1505.

Nous ignorons si Jacques-Damien Poisle-Desgranges qui fut représentant du peuple en 1848 pour le département du Cher, appartenait à cette famille. Il était né au Genêt, dans la Creuse, le 12 janvier 1793. Aux Archives de l'Allier figurent Jean-Claude Poisle des Granges (1761) et Jean Baptiste Poisle, sieur des Granges, marchand (1772).

Alliances : Jan, Seurrat.

D'or, à une tête de more de sable.

Privilèges de Bourges. — La Thaumassière. — Archives de l'Allier.

DE POIX, seigneurs de Villemort, près Saint-Savin, Forges, la Borde, Montchenin Marécreux, Monteusault, la Genestière, la Noue, près la Ferté-Imbault, Luzeret, la Barre, la Mardelle, les Carres, la Ferrandière, Saint-Lactencin ; comtes de Poix.

Famille d'ancienne noblesse qui a produit des chevaliers de Malte, un lieutenant-colonel au régiment d'infanterie de la reine (1769), un lieutenant des gardes du corps du roi Charles X, plusieurs chevaliers de Saint-Louis, une chanoinesse, comtesse du chapitre noble de l'Argentière, un archidiacre et comte de Lyon, mort en 1820 à l'âge de 88 ans.

Alliances : Loubes, du Cartier, de la Barde, de Gandelan, du Moulin, de Fadate, de Griffon, de Boislinard, du Coudreau, du Bet, de Boisé de Courcenay, de Valentienne, Savary de Lancosmes de Pierre-Buffière, du Chesneau, de Preaux, d'Aiguirandes, des Mazis, de Châteaubodeau, d'Andigné de la Chasse, Pinault de Bonnefond.

De sable, à trois aigles (éployées) d'or, deux et une.

LA THAUMASSIÈRE*. — *Nobiliaire de la généralité de Bourges*, F. fr. 31791. — VERTOT. — *Armorial de la généralité de Bourges*. — *Armorial de la Touraine*. — *Les Recherches de Noblesse en Berry*. — HUBERT, *Le Bas-Berry*, canton de Buzançais. — *Armorial des principales familles du Berry*.

DE POMMEREAU, seigneurs de Montrenault, paroisse d'Ouzouer-sur-Trezée (1600), les Asselins, en Orléanais, Poulanon, Vilaines, Saint-Céols, Azy en partie, en Berry.

Ancienne famille, originaire d'Ouzouer-en-Trezée, connue depuis 1584, époque où Jean Pommereau était avocat du roi. Elle a donné un avocat au Parlement de Paris, un prévôt de la ville et prévôté de Briare, un contrôleur en la maréchaussée de Gien. Daniel Pommereau, sieur de Montrenault, conseiller du roi, élu en l'élection de Gien, fut, en 1693, intendant de la duchesse de Verneuil, Charlotte Séguier, fille du chancelier, épouse en premières noces de Maximilien de Béthune. duc de Sully et en secondes noces de Henri de Bourbon, duc de Verneuil, fils naturel de Henri IV.

Cette famille a été anoblie par la charge de trésorier des finances tenue par Pierre de Pommereau chevalier, seigneur de Saint-Céols, premier président du bureau des finances de la généralité de Bourges. Il comparut en personne à l'assemblée de la noblesse de Berry. (Certificat délivré par Philippe-Jacques de Bengy-Puyvallée, secrétaire de l'Ordre de la noblesse et son député aux Etats-Généraux, le 29 mars 1789.)

Alliances : Pertat, Desmay, Chaseray, Chaussac, Porcher de la Forest, Pellé de Montaleau, Catherinot de Barmond, Choppin d'Arnouville, de Chabrol-Crousol, d'Indy, Loisson de Guinaumont, Moreau, de Marin de Montmarin, Rouher de Julliac.

D'argent, au pommier de sinople, fruité de gueules, sur une terrasse de sable, au chef d'azur chargé de deux croissants d'or.

Bibliothèque Nationale, mss. fr., pièces originales 2322, dossier 52430. — *Statistique monumentale du Cher.* — Note communiquée.

DE PONARD ou **PONNARD**, seigneurs du Fort-Philippe, de la Pointe, de Chicherre, de la Verrerie-de-la-Boue, de Giverdy, de la Croulaye, paroisse de Villegenon, de Sizières, paroisse de Marçay.

Famille de gentilshommes verriers. Louis de Ponnard, écuyer, seigneur du Four-Philippe, aujourd'hui Fort-Philippe, fait aveu de son fief au seigneur de Boucard en 1467.

Alliances : De la Bussière, des Paillards, d'Estampes, de Renier, Dupont, de François, de Bonnault, Alligret, Thomas, de Lanty, de Reugny, de Fouchier, de Bonnestat, de Grandval, du Crest, de Chargères.

D'or, à deux pals d'azur. *Alias* : D'azur, à trois pals d'or.

Inventaire des titres de Nevers. — BERRY, *Maintenues de Noblesse.* — LA THAUMASSIÈRE. — *Armorial de la généralité de Bourges.* — *Armorial du Nivernais.* — *Les Recherches de Noblesse en Berry.* — *Nobiliaire de la généralité de Bourges*, F. fr., 31791.

DE ou **DU PONCEAU**, seigneurs de la Brise, la Bourgonière, paroisse de Luçay-le-Mâle (xviie siècle).

Famille noble, remontant à Regnault de Ponceau, seigneur des Brosses, vivant en 1475.

De gueules, à trois annelets d'or. *Alias* : de sable, à la fasce d'argent accompagnée de trois merlettes de sable, deux et une.

Les Recherches de Noblesse en Berry. — L'abbé CHAMBOIS et Paul DE FARCY, *Recherche de la Noblesse dans la généralité de Tours.*

PONCET.

Vieille famille de Bourges. Jean Poncet était receveur des deniers communs de cette ville en 1492. Pierre Poncet fut le dernier prévôt de la ville de Dun-le-Roy (1549-1568). Au xviiie siècle, cette famille remplit les fonctions de procureur aux différentes juridictions royales de Bourges ; l'un de ses membres, Jean Poncet, greffier de la maréchaussée provinciale de Berry, est inscrit d'office à l'*Armorial de la généralité de Bourges* avec les armes suivantes : D'azur, au chevron d'argent, accompagné de trois griffons d'or.

Alliances : Tullier, Auger, de Bretagne, Devannes, de Lutho, Gay des Minais, Douart.

D'azur, à un aigle d'or.

LA THAUMASSIÈRE. — *Armorial de la généralité de Bourges.* — Archives du Cher.

DE PONS, seigneurs de Villegongis (1407), le Colombier, paroisse de **Saint-Maur** (1430), la Châtelaine, Prunget, Tendu et **Chabenet** (1560).

Maison d'origine chevaleresque que nous trouvons établie en Bas-Berry dès l'an 1292 où Godefroy de Pons, damoiseau, rendait aveu au seigneur de Châteauroux.

Cette famille est sans doute la même que celle des seigneurs de Pons, relevant de château de Loches à laquelle Carré de Busserolle attribue les armes suivantes :

D'argent, au pont de sable, surmonté d'un aigle et de trois étoiles de même.

Alliances : Grasleuilh, de Châtillon, Guérin, de Bourges, du Verdier, de Montjohan, de Bonneval, de Pierre-Buffière.

Archives de l'Indre. — *Armorial de la Touraine.*

DE PONS, seigneurs de la Grange, Ambillon, la Roche, la Volpillère, le Roquet, la Garde, Fougières, Roche-Charles, Tallende, Fournolles. Originaires d'Auvergne. En Berry et en Bourbonnais.

Famille noble connue depuis 1161 et dont la filiation s'établit depuis 1501. Elle a fourni trente-sept chanoines comtes de Brioude, des chevaliers de Malte, etc... Elle compte de beaux services militaires.

De gueules, à trois fasces d'or.

Joseph de Pons, sieur de Fournolles, demeurant en la paroisse de Vesdun, élection de Saint-Amand, maintenu en 1715, portait : Bandé d'or et de gueules de six pièces.

Nobiliaire de la généralité de Bourges, F. fr., 31791 et 32272. — VERTOT. — Noms féodaux. — Les Recherches de Noblesse en Berry. — TARDIEU, Dictionnaire des anciennes familles d'Auvergne.

DU PONT, seigneurs de Villours, Chauday, Villaine, la Garde. Originaires du Bas-Berry. En Sologne.

Maison d'ancienne noblesse, connue depuis Regnault du Pont qui fit aveu au seigneur d'Argy, le 1er juin 1389, pour la terre et seigneurie de Villours. Elle a donné un gentilhomme de la chambre du roi (1617), un maréchal-des-logis du duc d'Enghien (1631), un capitaine de dragons, chevalier de Saint-Louis (1745).

Alliances : De Mulsans, de Gratin, de Grasseuil, de Savonnières, Chevrier, Voisine, Arnaud, de Launay, de la Motte-d'Houé, de Bonnafau, Meunier, de Coigne.

D'argent, semé de fleurs de lys d'azur, au lion de même brochant sur le tout, armé, lampassé et couronné d'or.

LA THAUMASSIÈRE. — Chanoine HUBERT. — Noms féodaux, v. BLONDEAU. — LA CHESNAYE-DES-BOIS. — Armorial de la Touraine. — Les Recherches de Noblesse en Berry. — HUBERT, Le Bas-Berry, canton de Buzançais. — Armorial des principales familles du Berry.*

POPINEAU, seigneurs d'Arthon, les Beurnes, Villiers, la Gradolle.

Famille établie à Issoudun aux XVIe et XVIIe siècles.

Alliances : Aupic, Bernard, Robert.

D'argent, au pin de sinople, planté dans une onde d'azur et sommé d'un coq de gueules.

Noms féodaux. — *Armorial de la généralité de Bourges.* — HUBERT, *Le Bas-Berry*, canton d'Ardentes, p. 46.

PORCHER, seigneurs de Lissonay, Villebois, Vieilleville, la Breuille, les Guinards Villechère, la Côte-Perdrix ; comtes de Richebourg, du premier Empire, pairs de France.

Famille établie à la Châtre où plusieurs de ses membres ont été présidents au grenier à sel de cette ville. Philippe-Alexandre Porcher de Lissonay, curé de la Châtre après la Révolution a publié une histoire de Notre-Dame de Vaudouan en 1817. Son frère Gilles Porcher de Lissonay, docteur en médecine, procureur du roi et subdélégué de l'intendant de Berry à la Châtre, puis député de l'Indre à la Convention, à la Constituante et au Conseil des Anciens, sénateur, pair de France fut créé comte de l'Empire par lettres patentes du 26 avril 1808. (Voir notes de M. François ROGER)

Alliances : Porcher, Piat, Barbadault des Châtres, Mauduit, Baucheron, Cuinat, Fauvre, Robin de la Ronde, Harmand de Hermann, de Bernon.

De gueules, à la main d'argent, surmontée de trois étoiles bien ordonnées de même, franc-quartier des comtes sénateurs qui est : D'azur, chargé d'un miroir d'or en pal après lequel se tortille et se mire un serpent d'argent.

On trouve dans l'Armorial manuscrit de la généralité de Bourges des armes imposées d'office à François Porcher, conseiller du roi, président au grenier à sel de la Châtre, et à Nicolas Porcher, sieur de Villechère, président aux traites foraines.

SIMON, *Armorial de l'Empire.* — Vicomte RÉVÉREND, *Armorial du premier Empire.* — LAINÉ, *Dictionnaire des Origines.* — Emile CHÉNON, *Histoire de Sainte-Sévère.* — DUGUET, *Histoire de La Châtre*, 1896. — *Armorial des principales familles du Berry.*

PORCHERON, seigneurs du Coudray (1618).

Alliance : De Laigue.

De sable, à trois poissons d'argent posés en fasce l'un sur l'autre.

Armorial de la généralité de Bourges, élection de Châteauroux. — *Le Bas-Berry*, canton d'Ardentes, p. 119.

PORLIER. Originaires de Guyenne.

François Porlier, sieur du Pied-de-Fer, commis général des gabelles en Berry, fut élu échevin de Bourges pour les années 1634 et 1635. Immédiatement à l'expiration de ses fonctions, il fit une déclaration au greffe de l'Election de Berry en conséquence de l'arrêt récent de la Cour des Aides touchant le rétablissement des privilèges de Bourges, qu'il entendait vivre noblement.

Nous trouvons aux Archives du Cher le mariage de Mre Maurin de Monsteroil, Docteur régent en la faculté de médecine de l'Université de Paris, médecin ordinaire du *prince de Condé* avec demoiselle Jeanne Porlier, fille de Jean Porlier, en son vivant premier lieutenant de la connétablie et maréchaussée de France (1634).

D'azur, à une tête de cerf d'or, accompagné en chef d'un croissant d'argent entre deux hures de sanglier affrontées d'or, *alias* de sable, défendues d'argent.

LA THAUMASSIÈRE. — *Privilèges de Bourges*. — RIETSTAP.

DE LA PORTE, seigneurs de Bannegon, Issertieux, Pierry, Bréviandes, Pesselières, les Deux-Lions, Poulaine, la Chaume, la Forêt-Grailly, Vaulges, Champroux, Poligny, Pontcharraud, le Bois-Berruyer, Augy, Montifault, Chalivoy-Milon, Chaumont en partie ; barons de Villeray et d'Issertieux ; comtes de Briou ; marquis de Riants, de Sablé et de la Porte d'Issertieux. En Berry et en Bourbonnais.

Cette maison est une des plus anciennes et des plus considérables du Berry où elle se distingue non seulement par ses services militaires, mais aussi par ses vertus héréditaires, ses grandes possessions, ses alliances et ses fondations pieuses. Ses armes se rencontrent dans les châteaux de Bannegon, Thaumiers, Pierry, Briou et plusieurs autres. Une vieille chronique écrite en l'an 1000 et conservée jusqu'en 1791 dans les Archives de l'ancien chapitre de Sainte-Oustrille du Château de Bourges faisait mention d'un de la Porte en ces termes : *De Porta miles ex antiquissimo genere natus.* Mais la filiation directe de cette famille ne peut s'établir que depuis Etienne de la Porte qui vivait en 1207.

Elle a produit un ambassadeur à Naples, maître d'hôtel des rois Louis XI, Charles VIII et Louis XII, un gentilhomme du duc d'Alençon, des gouverneurs de villes, un chevalier de Malte, commandeur de Bellecombe en 1563, des officiers de terre et de mer, des chevaliers de Saint-Louis. Cette famille est éteinte depuis peu.

Alliances : De Seuly, Segant de Teneuille, de Troussebois, d'Aloigny, de Mauvoisin, de Courauld, Guitois d'Arquian, de la Condamine, de Néry, de Chenu, de Bressolle, de Culant, de Rochechouart, de Longueville, de Faverolles, de Salagnac, de la Tour, de Fontenay, de Cotignon, de Guillon, de la Chapelle-Launay, de la Châtre, de Babute, de Pouthe de la Roche-Aymon, de Tripières, Léveillé de Fournay, Tullier, Escolier de Ladevèze, Braün, de Cotolendy de Beauregard, Paszkiewicz.

D'or, à la bande d'azur.

LA THAUMASSIÈRE*. — *Armorial de la généralité de Bourges*. — *Noms féodaux*. — *Généalogie de la famille de La Porte d'Issertieux*, par Armand DE LA PORTE, Paris, Dumoulin, 1865. — *Les Recherches de Noblesse en Berry*. — E. DUROISEL, *Deux seigneurs berruyers à la Conciergerie, Mémoires des Antiquaires du Centre*, XXIIe vol. — *Armorial des principales familles du Berry*.

POT, seigneurs de Champroy, la Prugne-au-Pot (1306), Piégu, Rhodes, Chassingrimont, Buxières, Puy-de-Sage, Bélabre, Presles, le Magnet, paroisses de Mers et de Montipouret, Chanteloube, Ménetou-Salon, le Fief-Pot, Chemaut, Sainte-Colombe, Beaulieu, Puyferrat, etc... ; barons de Châteauneuf-en-Auxois, de Châtelus, de Preuilly ; vicomtes de Bridiers ; comtes de Romorantin, de Saint-Pol, de la Roche-Pot ; marquis de Rhodes. Originaires de la Marche et du Limousin. En Berry, en Bourgogne, en Poitou, en Orléanais et en Touraine.

Illustre maison qui remonte à Guillaume Pot, chevalier, seigneur de Champroy, vers 1250. (Nous trouvons, en 1292, Etienne Pot, damoiseau, paroisse de Crozon, rendant foi et hommage au seigneur de Châteauroux). Elle a donné des gouverneurs de provinces, un premier chambellan du roi Louis XI, six écuyers tranchants et porte-cornette du roi, sept grand-maîtres des cérémonies de France, deux chevaliers de la Toison d'or, dont un à l'institution de cet Ordre en 1429 ; cinq chevaliers des Ordres du roi, des chevaliers de Malte. Une branche de cette famille, celle de Piégu, subsistait encore en Berry, lors des recherches de noblesse et plusieurs de ses membres furent maintenus. Ils portaient les armes pleines des Pot, timbrées d'un casque de chevalier et d'une couronne de comte surmontée d'un lion issant, supports deux lions.

Une branche, connue sous le seul nom de Piégu, habitant la paroisse de Saint-Colombe (aux environs de Levroux) brisait ses armes d'un lambel de gueules de trois pièces.

Alliances : Du Verdier, de Magnac, Guénant, de Preuilly, de Beauffremont, de Villiers de l'Isle-Adam, de Montmorency, de Sully, de Saint-Julien, de Blanchefort, de Montléon, de Rochechouart, de la Trémoille, de la Châtre, de l'Aubespine, du Pouget de Nadaillac, de Laage de Puylaurens, d'Aubray, de l'Hôpital-Vitry, du Mesnil-Simon, d'Aubusson, de Razay, du Mas de César, de Bridiers.

D'or, à la fasce d'azur.

G. LE BOUVIER. — LA THAUMASSIÈRE*. — *Nobiliaire de la généralité de Bourges*, F. fr., 31791 et 32272. — *Histoire des Grands Officiers de la Couronne*. — VERTOT. — *Mémoires de Castelnau*. — *Noms féodaux*. — Collection CLAIRAMBAULT. — DE VASSAL, *Table analytique des manuscrits d'Hubert*. — Archives de l'Indre. — *Les Recherches de Noblesse en Berry*. — *Armorial de la Touraine*. — *Mémoires de la Commission historique du Cher*, Bourges, 1864. — TARDIEU, *Dictionnaire de la Haute-Marche*. — *Statistique monumentale du Cher*. — *Armorial des principales familles du Berry*.

DE POTIN, seigneurs de Burly, Chantelouse, l'Escluse.

Famille noble de l'Orléanais connue depuis 1368. Robert-Olivier de Potin, sieur de Chantelouse, comparait au ban de Berry en 1635. Charles de Potin était chanoine de la Sainte-Chapelle de Bourges vers 1700.

Alliances : Baulin, de Graçay, d'Argier, d'Arsemale, de la Chapelle-Pierrefitte, Herpin, Chauveron, de Passac, d'Estampes, de Maubruny, Crespin de Billy.

D'argent, à deux fasces de sable, l'argent chargé de six merlettes de sable, 3, 2 et 1.

Le Chanoine HUBERT. — LA THAUMASSIÈRE. — *Noms féodaux*. — Archives du Cher.

POUBEAU, seigneurs de Bellechaume, les Préaux.

Cette famille a donné un procureur des affaires communes de la ville de Bourges en 1651.
Madeleine Poubeau, veuve de N... Barrat, avocat, fut inscrite d'office à l'*Armorial de la généralité de Bourges* avec les armes ci-dessous.

D'azur, à une tour pignonnée de trois montants d'azur, maçonnée de sable, et accompagnée en chef de deux pigeons affrontés d'azur, becqués et membrés de gueules.

La Thaumassière. — Archives du Cher.

POUPARDIN, seigneurs des Granges, Churet, le Creux, Chailloux, la Souche, les Marais, les Bonsjours.

Famille qui a donné deux échevins à la ville de Bourges, l'un en 1646 et l'autre en 1653, un lieutenant au siège de la prévôté, des élus en l'élection de Berry.

Alliances : Bouer, Agard, Robinet, Le Large, Tronceon, Jobert, Millet, Ragueau.

D'azur, au chevron d'or, surmonté d'un cœur d'argent et accompagné de deux roses de même en chef et d'un croissant aussi d'argent en pointe ; au chef de gueules soutenu d'or et chargé de trois molettes aussi d'or.

La Thaumassière. — *Noms féodaux.* — *Armorial de la généralité de Bourges.* — Archives du Cher. — *Armorial des principales familles du Berry.*

POURADIER DU TEIL, seigneurs de Penncroux, la Cour, le Pavillon, Maugenest, la Motte, Nouziers, Pérouze, le Teil.

Famille établie à la Châtre au xviiie siècle. Pouradier de la Motte était prévôt de cette ville en 1768.

Alliances : Bejaut, Prevost, Périgois, du Carteron, Néraud de Villegondoux et de Vasvre, Parnajon, Bernard, Dupuy, de Courcelles, Le Tellier.

Duguet, *Histoire de La Châtre.* — Archives de la Creuse. — Chénon, *Histoire de Sainte-Sévère.*

POURNIN.

Joseph Pournin, procureur au présidial de Châtillon-sur-Indre.

D'or, à trois fasces ondées d'azur.

Armorial de la généralité de Bourges. D'office.

POYA DE L'HERBAY, seigneurs de l'Herbay, Gratechien, Puymoreau, Villedelais.

Famille établie à Issoudun en Berry à la fin du xviie siècle.

Le 11 juin 1719 Jacques Poya acquiert de dame Marie Claude d'Arthuy la terre et seigneurie de l'Herbay, paroisse de Giroux. Son fils, Claude Poya, sieur de l'Herbay, était conseiller du roi et son procureur au grenier à sel d'Issoudun. Celui-ci eut entr'autres enfants Pierre Poya de l'Herbay, avocat en parlement, qui, après avoir été procureur du roi en l'élection d'Issoudun, devint lieutenant particulier au bailliage royal de cette ville et subdélégué de l'Intendant.

En 1789, il fut élu député aux Etats-Généraux où il ne cessa de défendre les intérêts de la ville d'Issoudun. Enfin il fut successivement maire de cette ville, président du tribunal de district de Vierzon ; après avoir occupé différents postes importants dans la magistrature, il fut nommé en 1815 président du Collège électoral de l'Indre et peu après conseiller à la Cour de cassation, chevalier de la Légion d'honneur. De son mariage avec Angélique-Marie Vallois, il n'a pas laissé de postérité.

Alliances : Salomon, Barré, Geuffrin, Gaudeffroy, Vallois.

R AYNAL, *Histoire du Berry*. — *Les débuts de la Révolution dans les départements du Cher et de l'Indre*, par B RUNEAU, 1902. — Archives du château de l'Herbay, communiquées par M. Hubert V ALLOIS.

DE POYENNE, seigneurs de Villebuxière, paroisse de Vigoux, Bonhus, Montlevic, Morteroux, Ponseuls. En Berry (xvie siècle).

Louis de Poyenne comparut au ban et arrière-ban de la sénéchaussée de la Marche comme gentilhomme le 16 novembre 1635.

Jugement de maintenue le 12 novembre 1667. Deux certificats de service dans les armées du roi du 20 septembre 1597.

Alliances : De Pannevère, de Saint-Mor, de Chamborant, Esmoing, de Saint-Julien, de Douhaut, Ajasson.

D'or, au lion de sable, armé, lampassé et couronné d'or.

L A T HAUMASSIÈRE. — Archives de l'Indre. — *Nouveau d'Hozier*, 274.

DU PRÉ DE SAINT-MAUR, seigneurs de Brinon (1743), d'Argent et Clémont (1765), de Sainte-Montaine, en Berry.

Nicolas du Pré de Saint-Maur, chevalier, conseiller du roi en ses conseils et maître des Requêtes, qui fut intendant de la généralité de Bourges (1767-1776), était fils de François du Pré de Saint-Maur, seigneur de Brinon, membre de l'Académie française.

D'argent, à la fasce de sinople, accompagné de trois trèfles de même, 2 et 1.

Dictionnaire héraldique de C HEVILLARD. — *Statistique monumentale du Cher*. — *Les Intendants de la généralité de Berry*, par J. N ÉRAUD, Paris, 1922. — *Annuaire de la Noblesse*, 1907.

DE PRÉAULX, seigneurs de Préaulx, Antigny, la Voulte, Beauvais, Ris, Murat, le Bois-Saint-Martin, Charnières, la Cailleterie, le Corbet, Ecueillé, la Fouquetière, Châtillon, Boussais, Oignais, la Roche-Bienassis, Orsenne, la Ménardière, etc... ; barons, comtes et marquis de Préaux. Originaires de la Touraine. En Berry, en Poitou et en Anjou.

Cette famille, dont la filiation remonte à l'an 1232, a tiré son nom de la terre de Préaux, près Châtillon-sur-Indre, qu'elle possède encore de nos jours.

Elle a donné un maître d'hôtel du roi Henri II, un chambellan du roi Henri III, un sous-gouverneur du roi Louis XIII, chevalier des Ordres du roi, des gentilshommes de la Chambre, des gouverneurs de places et de villes, entre autres de Montrésor et de Châtillon-sur-Indre, des officiers généraux des armées, etc...

Alliances : De la Forest, de Saint-Savin, d'Alès, de Launay, de la Rochefoucault, de Mauléon, de Charonde, de Lavardin, de Salignac, de Thienne, de Dampierre, de Razay, de Menou, de Villebresme, de Gesbert, de Maussabré, Savary de Lancosme, de Sorbiers, de Saint-Gelais-Lusignan.

De gueules, au lion d'argent, armé, lampassé et couronné d'or, au chef d'argent chargé d'une fasce vivrée de sable, ou d'argent damé de sable.

La Thaumassière*. — La Chesnaye-des-Bois. — *Noms féodaux.* — *Armorial de la généralité de Bourges.* — *Armorial de la Touraine.* — Archives de l'Indre. — *Bulletin de la Société héraldique*, 1886. — *Armorial des principales familles du Berry.*

DES PRÉS, *alias* **DESPREZ** et **DES PREZ**, seigneurs de la Motte, Cougny, Châlon, Charly, la Pointe, les Barres, Bornay, Montron, Torteron, la Loge, Thonin, Laneret, Chandoux, Vesvre, les Couts près Vesdun.

Ancienne famille du Nivernais. En 1322, Odet des Prez, damoiseau, sire de Lodin (Loudin), fait aveu à Pierre de Beaumont, seigneur de Précy et du Coudray, pour l'étang de Lodin.

Alliances : Du Coing, Millet, de Charpaigne, de Clèves, de Chéry, de la Chasseigne, le Maréchal, Gassot de la Vienne, de Troussebois, de la Grange.

D'azur, au chevron d'argent, accompagné de trois coquilles d'or. *Alias* : D'azur, au chevron d'or, accompagné de trois coquilles d'argent.

La Thaumassière. — *Nobiliaire de la généralité de Bourges.* F. fr., 32272. — *Noms féodaux.* — *Armorial de Chaludet.* — *Armorial de la généralité de Bourges.* — *Armorial du Nivernais.* — *Les Recherches de Noblesse en Berry.* — *Armorial de la Touraine.* — *Statistique monumentale du Cher.*

DE LA PREUGNE. Voir AUFRÈRE.

DE PREUILLY, barons de Preuilly et de la Rocheposay. En Touraine.

Maison de chevalerie descendue des anciens comtes de Vendôme et connue dès l'an 1008.

Alliances : D'Issoudun, de Prie, de Naillac, de Gaucourt Pot, Frottier, de Linières.

D'or, à trois aigles éployées d'azur.

La Thaumassière. — *Armorial de la Touraine.* — Archives de l'Indre.

DE PRÉVILLE, seigneurs de Chambertain, Châteaulandon, Touchenoire, Coure, Ménétou-sur-Nahon.

Famille originaire de Touraine qui a donné plusieurs pages du roi, des officiers distingués, chevaliers de Saint-Louis. Elle a comparu en 1789 aux assemblées de la noblesse de Touraine et de Berry.

Alliances : De Dreux, d'Orléans, Gigault du Chassin, de Baillou, de Douhault, d'Argy, du Bois de Menetou, de Maussabré.

D'argent, à la bande d'azur, chargée de trois annelets d'or.

Armorial de la généralité de Bourges. — D'Hozier, *Généalogie d'Orléans*, 3e registre, p. 822. — Le Chanoine Hubert. — *Armorial de la Touraine.* — *Les Recherches de Noblesse en Berry.*

PREVOST, seigneurs de Serruelles, Boismartin.

Jean Prevost, bourgeois et marchand, fut élu échevin de Bourges en 1655. Barthélémy Prevost, son fils sans doute, avocat des affaires communes de cette ville (1686), fit enregistrer ses armoiries qui sont :

D'azur, à trois aiglettes éployées d'or.

La Thaumassière. — *Armorial de la généralité de Bourges.* — *Statistique monumentale du Cher.*

PRÉVOST, seigneurs de Puybottier, le Seux ; barons de Sansac ; marquis de Touchimbert, de la Vauzelle et de Traversay.

Ancienne famille noble du Poitou qui a produit un grand nombre d'officiers distingués de terre et de mer, un grand fauconnier de France, Louis Prévost de Sansac qui fut l'un des plus valeureux capitaines de François Ier, le marquis de Traversay, mort en 1833, qui fut le créateur de la marine russe.

Dans les *Recherches de noblesse en Berry*, publiées par le comte DE Toulgoet-Treanna, figure un membre de cette famille, Charles Prevost, sieur du Seux, demeurant en la paroisse d'Orsanne, élection de la Châtre qui, le 21 juin 1669, déclare maintenir la qualité d'écuyer.

Alliances : De Talleyrand de Grignoles, de Sansac, de la Cropte de Bouzac, de Céris, de la Haye, de la Rochefoucauld, Tiercelin d'Appelvoisin, du Chapt de Rastignac, de Chabans, de Maillé-Brézé, du Quesne, Gaigneron de Marolles, etc...

D'argent, à deux fasces de sable, accompagnées de six merlettes de même, posées 3, 2 et 1.

Noms féodaux. — La Chesnaye-des-Bois. — Beauchet-Filleau, *Dictionnaire de l'ancien Poitou.* — *Armorial de la Touraine.* — *Les Recherches de Noblesse en Berry.*

PREVOST, seigneurs de Touzelle, la Garenne, la Génetrie.

Ancienne famille de la ville d'Issoudun qui a donné un lieutenant au siège royal de cette ville (1464), un conseiller au bailliage, qui, durant les troubles de la Ligue, fut emprisonné à Bourges avec plusieurs de ses concitoyens.

Nous ne connaissons pas ses armoiries ; peut-être peut-on lui attribuer celles de l'échevin de Bourges.

Alliances : Gougnon, Ragueau, Bernard.

La Thaumassière. — *Noms féodaux.* — Archives du Cher.

DE PRIE, *alias* DE PRYE, seigneurs de Prye, Buzançais, Moulins-en-Berry, Gargilesse, le Grand-Pressigny, Montponpon, Chenonceaux, etc... ; marquis de Toucy et de Planes ; comtes et marquis de Prie. Originaires du Nivernais. En Berry, en Touraine et en Normandie.

Maison des plus anciennes et des plus illustres de France ; Jean de Prie est cité en 1250.

Elle a produit un capitaine du bailliage de Bourges, maître d'hôtel du duc de Normandie ; un grand pannetier de France, capitaine de la Grosse Tour de Bourges qui fut tué en défendant cette place contre les Anglais en 1427 ; un cardinal, qui avait été abbé de Déols et de la Prée (1502), évêque de Bayeux et de Limoges ; des chambellans du roi, des grands-queux de France, des gouverneurs de provinces et de places fortes, des chevaliers de l'Ordre du roi, une gouvernante des enfants de France, Louise de Prie, marquise de Toucy, qui épousa en 1650 Philippe de la Motte-Houdoucourt, maréchal de France.

Alliances : D'Amboise, de Sainte-Maure, de Rochechouart-Mortemart, Couraut, de Preuilly, de Linières, de Seuly, de Châteauneuf-Luçay, de Chabannes-la-Palice, du Puy du Coudray, de Salazar, de Beauveau, de Brizay, de Blanchefort, de Rochefort, de Varie, de Brachet, d'Orléans, Alamant, de Chenu, de Saint-Gelais-Lusignan, de Castelnau.

De gueules, à trois tiercefeuilles d'or, au chef de même chargé d'une aigle à deux têtes de sable.

Dans l'*Armorial* de Gilles le Bouvier, dit *Berry*, on lit : le tymbre de Prie est la teste d'un aigle et crie camp d'oyseaux.

Tous les sceaux de cette illustre maison décrits dans l'inventaire des sceaux de la collection Clairambault portent un écu à trois tiercefeuilles ; celui de Aymar de Prye, chevalier, seigneur du dit lieu, conseiller et chambellan du roi, capitaine de 50 lances (1510) porte sur le contre-sceau un écartelé : aux 1 et 4, une aigle ; aux 3 et 2, un tiercefeuille. Plus tard, la famille de Prie, au lieu d'écarteler l'aigle éployée, qui est de Buzançais, la mit en chef et timbra ses armoiries d'une tête d'aigle.

G. Le Bouvier. — La Thaumassière*. — Guillaume Revel. — *Inventaire des titres de Nevers*. — *Histoire des Grands Officiers de la Couronne*. — La Chesnaye-des-Bois. — Vertot. — Paillot. — *Armorial du Nivernais*. — Chevillard, *Dictionnaire héraldique*. — *Armorial de la Touraine*. — Archives de l'Indre. — Hubert, *Le Bas-Berry*, canton de Buzançais. — *Noms féodaux*. — *Armorial des principales familles du Berry*.

DE PRUCHON, seigneurs de la Notte, Villerapu, Vessely, Villelin.

Alliances : Nadaud, de la Varo, de Leyterie, Jouanne, Cuisinier.

Archives de la Creuse et du Cher. — Hubert, *Le Bas-Berry*, canton d'Ardentes. — Registres paroissiaux de Châteaumeillant. — *Les Recherches de Noblesse en Berry*.

DU PUY, seigneurs de Dames, Vaux, les Places, le Coudray, Mounin, Châteaumeillant, la Tour-Saint-Oustrille, Bellefaye, Civray, Marseuvre. En Berry, dans la Marche et en Limousin.

Maison d'origine chevaleresque que la Thaumassière fait remonter à Philippe du Puy, chevalier, qui, en 1263, vendit aux vicaires de Notre-Dame de Sales une place en la ville de Bourges. Elle a produit un abbé du bourg de Déols et un abbé d'Issoudun, un échanson du duc de Berry, un chambellan du roi Charles VI et du duc Jean de Berry, qui fut fait prisonnier à la bataille d'Azincour, des chambellans des rois Charles VII et Louis XI, un grand-maître des Eaux-et-Forêts (1508), un pannetier du roi François Ier, Claude du Puy, seigneur du Coudray, Bellefaye, Châteaumeillant et la Tour-Saint-Oustrille, chevalier de l'Ordre du roi, qui accompagna Henri III en Pologne après avoir vendu la terre de Dames pour subvenir aux frais du voyage. Il mourut à Rome le 3 novembre 1577 ne laissant qu'une fille unique, Jeanne du Puy, mariée deux fois : 1° en 1579 avec Louis de Saint-Gelais-de-Lusignan, lieutenant du roi en Poitou ; 2° avec Prigent de la Fin, vidame de Chartres. Jeanne du Puy donna à son petit-fils, Charles de Saint-Gelais de Lusignan, les terres du Coudray, Civray et Maseuvre à la charge de prendre le nom et les armes des du Puy.

Alliances : De Mannay, de Fleury, Gigouneau, du Four, Herpin, de Plotard, de Pierre-Buffière, de Passac, de la Roche-Aymon, de Lezay, de Prie, de Vouhet, de Chasteigner, Raffin, de Gamaches, de Saint-Quentin, de Ligneris, de Saint-Gelais-Lusignan.

D'or, au lion d'azur, armé, lampassé et couronné de gueules.

LA THAUMASSIÈRE*. — LA CHESNAYE-DES-BOIS. — *Noms féodaux.* — *Histoire des Grands Officiers de la Couronne.* — MORERI. — *Nobiliaire d'Auvergne.* — *Revue historique de la Noblesse*, fondée par A. BOREL D'HAUTERIVE et publiée sous la direction de M. DE MARTHES, Paris, 1840-1847. — Collection CLAIRAMBAULT. — *Recueil des quartiers généalogiques des illustres familles de France*, Bibliothèque Sainte-Geneviève. — TARDIEU, *Dictionnaire de la Haute-Marche.* — *Armorial des principales familles du Berry.*

DU PUY, seigneurs du Puy, Barmont, Vatan, Cléravaux, le Mez, Buxeuil, Villeneuve-sous-Barillon, Vermontel.

Maison d'ancienne noblesse qui a possédé pendant deux siècles la terre et justice de Vatan en Berry, par suite de la donation de tous ses biens que fit Jeanne de Saint-Palais, dame de Vatan à son neveu Brunet du Puy, par acte du 14 janvier 1418.

Cette famille a donné un bailli et gouverneur de Berry (1505), un échanson du roi, un chambellan du duc d'Orléans.

Elle s'éteignit en la personne de Florimond du Puy, seigneur de Vatan, le Mez, Villeneuve-sous-Barillon, le Puy, etc.., gentilhomme ordinaire de la Chambre, capitaine de cinquante hommes d'armes des ordonnances, chevalier de l'Ordre du roi, qui, en révolte contre l'autorité royale, fut assiégé dans son château de Vatan, fut fait prisonnier ; condamné à mort le 2 janvier 1612, il fut exécuté le même jour en place de Grève où il eut la tête tranchée, supplice réservé aux gentilshommes.

Alliances : De Saint-Palais, de Bellenave, de Chazeron, de Barbançois, de Veauce, de Gaucourt, d'Aubusson, de la Rochefoucauld, Robertet, d'Escoubleau, de Rochefort.

Echiqueté d'or et de gueules.

LA THAUMASSIÈRE*. — SEGOING. — LA CHESNAYE-DES-BOIS. — *Mémoires de Castelnau.* — TARDIEU, *Dictionnaire de la Haute-Marche.* — E. DUROISEL, *Deux seigneurs berruyers à la Conciergerie, Mémoires des Antiquaires du Centre*, XXIIᵉ vol. — *Armorial des principales familles du Berry.*

DE PUYGIRAULT, seigneurs de la Boissière, près du Blanc, la Font, Beauvoisin, paroisse de Saint-Pierre-d'Habilly de Buzançais, l'Eguillon, le Puy-Cloué, les Raz, le Puydevetz, Laujonnerie, les Barreaux.

Famille de gentilshommes établie en Berry dès l'an 1387 où vivait Séguin de Puygiraud, écuyer. Pierre de Puygirault, sieur de la Boissière était homme d'armes de la compagnie du seigneur de Villequiers en 1570.

Alliances : De Rechignevoisin, de Beaulac, de Douhault, de Maussabré *(bis)*, Say, de L'Aage de la Bretollière, du Plessis, de Crémille.

De gueules, à l'aigle d'argent.

Noms féodaux. — *Armorial de la Touraine.* — *Les Recherches de Noblesse en Berry.* — *Archives de l'Indre.*

DE PUYVINAUD, seigneurs de la Messinière, paroisse de Saint-Genou, de la Barre, de la Lande, de la Cour, de Montevrier, paroisse de Maillet.

Famille noble que l'on trouve établie en Bas-Berry depuis l'an 1292 où Guyot de Puyvinaud fournit aveu et dénombrement. Elle a donné des religieux à l'abbaye de Saint-Gildas, dont l'un était prieur de Saint-Blaise dépendant de ladite abbaye.

Alliances : Blanchard, Rouchette, le Chat, Pocquet, Quinault.

D'azur, à la fasce d'argent, chargée d'une vivre de sable, accompagnée de trois étoiles d'or, 2 et 1, au croissant d'argent en chef.

Nobiliaire de la généralité de Bourges, F. fr., 31791 et 32273. — Le chanoine HUBERT. — Archives de l'Indre. — *Armorial de la Touraine*. — *Les Recherches de Noblesse en Berry*. — *Armorial des principales familles du Berry*.

DE PUYVINAULT, seigneurs des Viergnes, paroisse de Velles, des Forges.

Peut-être de la même famille que la précédente.

Alliances : Vincent, du Châtenier, de la Selle, de Maussabré, d'Assy, Tesserault, de Boutelat, de la Faire.

D'argent, à la croix pattée, coupée de sinople.

Nobiliaire de la généralité de Bourges, F. fr., 31791 et 32273. — Archives de l'Indre. — *Armorial des principales familles du Berry*.

QUASY.

Joseph Quasy, sieur de Villeneuve, 1695. Archives du Cher.

Jean Quasy, chanoine à Levroux, imposé d'office à l'*Armorial de la généralité de Bourges* avec les armes suivantes :

De gueules, à une hache d'armes d'argent, couchée en fasce et accompagnée de trois girouettes de même bordées d'or, deux en chef et une en pointe.

QUENTIN DE RICHEBOURG, marquis de Sancergues, Precy et le Coudray, en Berry et de Champcenets, en Touraine. Famille originaire de Bretagne.

Charles-Bonaventure Quentin de Richebourg, chevalier, conseiller du roi en ses conseils, maître des requêtes de son hôtel, intendant des généralités de Rouen et Poitiers, acquit en 1717 les terres de Sancergues, Précy et le Coudray qui furent érigées en marquisat en 1718. Il décéda dans son château de Précy le 3 mars 1733.

D'azur, à trois pommes de pin d'or.

Armorial de la Touraine. — Statistique monumentale du Cher.

QUILLERY.

Famille de Dun-le-Roy qui a donné plusieurs officiers au grenier à sel de cette ville.

De sinople, à une pointe d'argent, chargée d'une étoile de gueules et accompagnée en chef de deux grappes de raisin.

Armorial de la généralité de Bourges. D'office. — MOREAU, *Histoire de Dun-le-Roy.*

DE RABEAU, seigneurs de Villepaple, Semblançay, Chabris, Launay, Beauregard, la Haye-Rabeau. En Blésois et en Berry.

Maison d'ancienne chevalerie connue depuis Regnaud de Rabeau, vivant encore en 1040 et dont la filiation s'établit depuis Rabeau de Rabeau, qualifié miles en 1146. Oudard de Rabeau, seigneur de Chabris, était valet tranchant du duc de Berry ; Charles Rabeau fut gouverneur de la ville d'Issoudun et maréchal des logis de la compagnie d'hommes d'armes du duc d'Orléans (1567). Charles de Rabeau était maréchal des camps et armées, conseiller du roi en ses conseils.

Cette famille compte encore un lieutenant-colonel des dragons du roi (1647) et plusieurs officiers tués à son service.

Alliances : De Launay, de Chabris, de la Châtre, d'Ars, de Montalembert, de Chery, Duval, de Chamborant, de Voisines, de Boisvilliers.

D'or, au chef émanché d'azur de trois pièces.

LA THAUMASSIÈRE*. — Chanoine HUBERT. — *Nobiliaire de la généralité de Bourges*, F. fr., 32272. — *Les Recherches de Noblesse en Berry. — Armorial des principales familles du Berry.*

RABIER.

Jacques Rabier, avocat du roi au présidial de Châtillon :

De gueules, à deux pals de vair, au chef d'azur chargé de trois étoiles d'or.

N. Rabier, avocat au présidial de Châtillon-sur-Indre :

D'or, à un arbre de sinople.

Armorial de la généralité de Bourges. D'office.

DE LA RABLE, seigneurs du Château-Herpin, les Murs, le Lude.

Cette famille a donné un chevalier de Malte en 1619.

Alliances : Herpin, Reigner, de Cambray.

De gueules, au chevron d'or, accompagné de trois érables arrachés d'or, deux en chef et un en pointe.

VERTOT. — *Noms féodaux.* — TAUSSERAT, *Chroniques de la Châtellenie de Lury.* — Comte DE TOULGOET-TRÉANNA, *Histoire de Vierzon.* — *Statistique monumentale du Cher.* — *Armorial des principales familles du Berry.*

RABOUIN.

Jacques Rabouin, avocat à Bourges.

D'or, à trois fasces d'azur.

Armorial de la généralité de Bourges. D'office.

DE RACHEPELLE, *alias* **DE ROCHEPELLE** (anciennement **ARRACHEPELLE, dit LAINÉ**), seigneurs de la Borde, Grandmaison, la Fayeterie, paroisses de Saint-Pierre-de-Lamps et d'Ivoy-le-Pré, Lépine, la Grange-Breton.

Famille noble qui a produit devant l'Intendant du Berry en 1714 depuis Florent de Rachepelle, écuyer, seigneur de la Borde. Un membre de cette famille a comparu à l'assemblée de la noblesse du Berry en 1789, bailliage de Châteauroux.

Alliances : Chollet, Faisiczs, du Sollier, Dubois, de Boislinard, Legé de Bellefonds.

D'azur, à une pelle d'argent, soutenue d'un lion et d'un griffon affrontés d'or, armés et lampassés de gueules ; au chef cousu de sable bastillé de trois pièces.

LAINÉ, *Dictionnaire des Origines.* — *Nobiliaire de la généralité de Bourges*, F. fr., 31791. — *Les Recherches de Noblesse en Berry.* — Registres paroissiaux de Saint-Gaultier et de Culan. — RIETSTAP. — *Armorial des principales familles du Berry.*

RAGON, seigneurs du Carroy, la Borde, Beauregard, Besse, Soye-l'Eglise, les Sentiers, les Pajons, le Courbat, Vernet, les Barres, la Rivière, paroisse de Bessais-le-Fromental.

Famille originaire du Châtelet-en-Berry où elle est connue dès la fin du xvie siècle. Elle a donné un procureur fiscal de cette justice qui devint président de l'élection de Saint-Amand, un secrétaire du roi, deux commandeurs de l'Ordre de Malte. Son dernier descendant, Charles Ragon, chevalier, seigneur des Barres, fut guillotiné en 1793, à l'âge de vingt ans.

Alliances : Dandeuf, Nicolas, Boursault, Pallienne, Alassœur, Yel, de Bonnefame, Perrinet, Duchier, Petitjean, Gallerand, Savary, de la Rippe, Aubert, du Laux d'Allemans, de Barbançois, Gérouilhe, Moreau, d'Avesne, Robin, Peronnin, Michau, Josset, Thévenin, Béguin de Vandalon, de Grésillemont, de Coudert, de Bonneval, Béraud de Poincy, de la Cour.

D'azur, à un mouton d'argent, entouré d'un serpent d'or, aiguillonné de sable.

Armorial de la généralité de Bourges. — Noms féodaux. — Histoire de Saint-Amand par Gustave MALLARD, 1895. — Registres paroissiaux du Châtelet, de Châteaumeillant et de Saint-Amand. — Nos papiers de famille. — Cachet en cire de Gilbert Ragon, commandeur du Lieu-Dieu, visiteur général, 1727 (Archives du Cher, Liasse de procès-verbaux de visite de la commanderie des Bordes). — *Statistique monumentale du Cher. — Armorial des principales familles du Berry.*

RAGOT.

Ancienne famille de la ville d'Issoudun. Claude Ragot en était prévôt en 1564.

Alliances : Jacob, d'Orsanne, Girard de Vorlay.

LA THAUMASSIÈRE. — Archives de l'Indre.

RAGOT, seigneurs de Croron.

Famille établie à Saint-Amand aux xviie et xviiie siècles.
Charles Ragot, maître des Eaux-et-Forêts en cette ville fut inscrit d'office à l'*Armorial* de 1696.

Alliances : Fouquet, Béguin, Pallienne.

D'argent, à deux fasces ondées et abaissées d'azur, à un arbre arraché de sinople brochant sur le tout.

Armorial de la généralité de Bourges. — Archives du Cher et de l'Allier.

RAGU, seigneurs de Plou (1703).

Famille de Bourges qui a fourni des notaires, des procureurs, un prévôt des marchands avant 1778, un conseiller du roi au présidial (1786):
Deux de ses membres ont été imposés à l'*Armorial* de 1696 et ont reçu des armoiries différentes ; l'un, N... Ragu, notaire : de sinople, à trois pals d'or ; l'autre, Claude Ragu, procureur au présidial de Bourges : d'or, à trois losanges d'azur, posés en fasce.
D'après le cachet de Me Ragu, notaire, scellant le testament d'un client le 20 janvier 1663, les armes de cette famille seraient celles que nous donnons ci-dessous.

De..., au chevron accompagné d'une rose et de deux étoiles en chef et d'un oiseau en pointe.

Archives du Cher, Liasse B., 1777.

RAGUEAU, seigneurs de Billeron, Guilly, les Miniers, Villeperdue, paroisse de Sainte-Thorette, le Grand-Credo, les Brosses, Chézeaux, les Bouleaux, Chantegrue.

Ancienne famille de Bourges qui a fourni six échevins à cette ville depuis 1528 jusqu'en 1730. Très nombreuse, elle a produit des personnages notables dans des situations très diverses, des marchands, des orfèvres, des notaires, des procureurs, des avocats, des magistrats au présidial de Bourges et aux bailliages de Mehun et de Châteauneuf-sur-Cher, un docteur et professeur en droit en l'Université de Bourges, commentateur des coutumes de Berry et auteur de l'*Indice des Droits roiaux* (1583), dont la Thaumassière donne l'éloge, des chanoines des Eglises de Bourges, Mehun et Châteauneuf-sur-Cher, un capitaine de la ville et château de Beauvoir-sur-Mer.

Alliances : Bernard, Piat, Bridard, de la Loë, Riglet, Prévost, Mathieu dit Rozet, Bonnin, Becuau, de Mahis, Agard, Pijault, du Val, Mercier, Garnier, de la Grange-Fouillay, Gougnon, de Tollet, Rivière, Bourdaloue, le Jeune, Cœurdoux, Fougeron, de Coqueborne, Bonnet, Gaudard, Chevalier, Colladon, de Chabenat, Danjou, Chenu, Alabat, Flament, Delart, de François.

D'azur, au chevron ondé d'argent, à deux rats passants de sable sur ledit chevron accompagné de trois étoiles d'argent en chef et d'une quatrième de même en pointe. *Alias* : au chef d'or chargé de trois étoiles de sable, le chevron accompagné d'une étoile d'or en pointe. Jacques Gougnon, seigneur du Bois-de-Vèvre, scelle son testament de son cachet portant ses armoiries écartelées de celles des Ragueau, avec le chef (1677).

Les Ragueau, seigneurs des Brosses, établis en Touraine, portaient : De gueules, au chevron ondé d'argent accompagné de deux porcs-épics d'or, hérissés de sable et en pointe d'une étoile aussi d'or ; au chef de même chargé de deux étoiles de sable.

CHAUMEAU. — *Privilèges de Bourges.* — LA THAUMASSIÈRE*. — *Noms féodaux.* — Archives du Cher. — *Armorial de la généralité de Bourges.* — *Recherche de la Noblesse de la généralité de Tours.* — *Les Recherches de Noblesse en Berry. Armorial de la Touraine.* — *Armorial des principales familles du Berry.*

DE RANCE ou RANCÉ, seigneurs de la Chapelle-Barillon, le Châtellier, Longuevie, Pisseloup, paroisse de Saint-Etienne, Bazelac, l'Isle-Chapelle, Saint-Marceau.

Famille de chevalerie établie sur les confins de la Marche et du Bas-Berry. Huguet de Rance, damoiseau, fait aveu et dénombrement au seigneur de Châteauroux en 1292. Frère Pierre-Robert de Rance était sous-chambrier de l'abbaye de Déols (1535). Françoise de Rance, fille de Jean de Rance, chevalier de l'Ordre du roi et capitaine du château et de la châtellenie de Crozan, épousa en 1585 Charles Tiercelin, seigneur de Ballon, gouverneur de Chinon, maréchal de camp, puis conseiller d'Etat en 1610, et il fut stipulé au contrat de mariage que le fils qui naîtrait de cette union ajouterait à son nom de Tiercelin celui de Rance.

Alliances : De Laigue, de Chamborant, de Magnac, Courault, Pot de Piégu, Foucault de Saint-Germain Beaupré.

D'azur, au chevron d'argent accompagné d'un croissant de même en pointe.

La Thaumassière. — *Noms féodaux.* — Archives de l'Indre. — *Armorial de la Touraine.*

RAPIN.

Famille qui paraît originaire du Nivernais. Elle s'est établie à Bourges au xviie siècle et a donné un contrôleur à la Monnaie de cette ville qui fut scelleur héréditaire en la grande chancellerie de France, un lieutenant particulier au bailliage de Berry qui, après la Révolution, devint conseiller à la Cour d'appel de Bourges, un maire de cette ville en 1875, tous les deux chevaliers de la Légion d'honneur.

Alliances : Rouvier, Clément, Gay de Dosset, Sapiens, Chalon, Sallé de Chou, Garnier-Dubreuil, Pineau des Forêts, Rey, Guyot de Villeneuve, Martin de Lignac, Petitjean de Maransange, Grenouillet, Perrot, Douville, Gasselin de Bompart, Ajasson de Grandsagne, de Goy, de Cotolendy de Béauregard, de Soualhat, Gravier de Vergennes, Bellivier de Prin.

D'argent, au rat de sable, montant le long d'un pin de sinople, le tout sur une terrasse de même.

Ancien cachet. — Archives du Cher. — *Annales historiques, nobiliaires, biographiques et nécrologiques,* publiées par M. H. Tisseron. — De Magny, *Nobiliaire universel.* — *Armorial des principales familles du Berry.*

RAT ou RA.

Très ancienne famille de Bourges. Elle a fourni entr'autres personnages distingués, Anjorant Rat, qui, après avoir exercé les fonctions de procureur du roi en l'élection de Berry, fut pourvu par le roi Louis XI de la charge de conseiller au parlement de Paris le 25 février 1482 ; Renaud Rat, qui vers la même époque, était procureur du roi sur le fait des Aides à Bourges, Guillaume Rat, reçu chevalier de la Table-Ronde en 1488.

Alliances : Bourdin, Babou, Salat, Gougnon.

D'or, à trois fleurs de chardon au naturel, *alias* fleurs de souci ou aubifoin.

La Thaumassière. — Blanchard, *Les Présidents à mortier.*

Guy RAT DE SALVERT, chanoine de la Sainte-Chapelle de Bourges en 1642.

Il appartenait à une famille du Poitou qui a donné des maires et des échevins de la ville de Poitiers.

D'argent ondé, à une île de sinople chargée d'une licorne d'or, entre trois arbres au naturel, au chef de gueules.

Beauchet-Filleau, *Dictionnaire héraldique de l'ancien Poitou.* — Grandmaison, *Dictionnaire héraldique.* — Archives du Cher. — Rietstap.

RAVIER.

N. Ravier, procureur au siège présidial de Bourges.

De gueules, à deux chevrons d'argent.

Armorial de la généralité de Bourges. D'office.

RAVOT.

Ravot, Jacques, procureur au siège présidial de Bourges, fait enregistrer les armoiries que nous donnons ci-dessous.

On trouve de ce nom : Benoît Ravot, trésorier général à Bourges avant 1671 ; Jean-Pierre Ravot, conseiller au présidial.

D'or, à trois rats de sable, 2 et 1.

Armorial de la généralité de Bourges. — Archives du Cher.

DE RAYNAL. Voir CHAUDRU.

DE RAZÈS ou RAZAY, seigneurs de Razès, Monisme, Abloux, Courtaillet, Orsennes, Gastesouris, Murat, Aumosne en Berry et la Marche, la Chassaigne, la Varillère, etc...

Famille d'ancienne noblesse, originaire du Limousin, qui a donné un chevalier de l'Ordre de Malte (1625).

Alliances : De la Rochemont, de Chamborant, du Mont, de Préaux, de Gigault de Bellefonds, de Maussabré.

Palé d'argent et de gueules de six pièces, au chef d'or.

La Thaumassière. — Vertot. — Archives de l'Indre. — Grandmaison, *Dictionnaire héraldique.*

DE RECHIGNEVOISIN, seigneurs de Rechignevoisin, Guron, la Roulière, la Maisonneuve, la Queuille, Garat, les Loges, Chassenon, Loubille, la Bernardière, la Grande-Epine, la Roche de Champeaux, Breuillac, Andigné, Caunay, etc... ; barons de Rechignevoisin ; marquis de Guron.

Cette maison, originaire des confins de la Marche et du Berry où est située la terre de Rechignevoisin, s'est illustrée par ses services militaires. Elle a été honorée de nombreuses lettres des rois et reines, des princes et des grands seigneurs et en particulier du cardinal de Richelieu. Elle établit sa filiation depuis l'an 1402 où, du fait de son mariage avec Catherine Martin, Guillaume de Rechignevoisin devint seigneur de Guron. Elle compte un chevalier croisé à la première croisade du roi saint Louis ; un gouverneur de Marans, conseiller du roi en ses conseils d'Etat et privé (1621), ambassadeur en Angleterre, qui s'illustra par la défense héroïque de la citadelle de Cazal ; des capitaines d'hommes d'armes, un chambellan du roi (1461), des gentilshommes ordinaires de la chambre, des chevaliers de Malte, un évêque de Tulle et Comminges, de nombreux officiers. Pierre-Gabriel de Rechignevoisin de Guron, marquis de Guron, fut admis aux honneurs de la Cour en 1781.

Alliances : De la Celle, de Brilhac, Brisson, de Fay, Guérin, d'Angoulême, Bonnin du Cluseau, Frotier de la Messelière, Couraud de Rochechevreux, de Puygirault, de Parthenay.

De gueules, à la fleur de lys d'argent.

Selon G. LE BOUVIER : D'or, à la fleur de lys de gueules.

D'HOZIER. — LA THAUMASSIÈRE*. — LA CHESNAYE-DES-BOIS. — VERTOT. — *Armorial de la généralité de Bourges.* — *Noms féodaux.* — *Armorial de la généralité de Poitou.* — BEAUCHET-FILLEAU. — *Armorial de la Touraine.* — *Les Recherches de Noblesse en Berry.* — Collection Clairambault. — *Armorial des principales familles du Berry.*

REFFORT.

N. Reffort, marchand à Châteauroux.

D'azur, à une tour d'or sur un rocher d'argent.

Armorial de la généralité de Bourges. D'office.

DE REFUGE, seigneurs de la Ravignière, Salvert, les Bordes, le Courbat, la Baupinière, le Mesnil-des-Fourneaux ; barons de la Boutelaye ; comtes de Coesmes. Originaires de Bretagne. En Berry et en Touraine.

Maison d'ancienne chevalerie dont la filiation remonte à Hervé de Refuge, seigneur de Kernaëret en 1358. Elle a produit un garde des sceaux et chambellan de Charles VII, un premier écuyer de Louis XI, trois lieutenants généraux des armées du roi, dont l'un est auteur d'un *Nobiliaire de l'évêché de Léon,* deux chevaliers de Malte.

Alliances : De Penancoët, de Voisines, de la Thuille, d'Augustin, Ruzé, Gougnon, Allegrin, Morin, Chambellan, de Maillé, Berruyer, Hurault de Saint-Denis, de Barbançois, de Potin, Anjorrant, de Bethoulat.

D'argent, à deux fasces de gueules, à deux serpents affrontés, tortillants et mis en pal d'azur brochant sur le tout.

La Thaumassière*. — Vertot. — *Mémoires de Castelnau.* — La Chesnaye-des-Bois. — Potier de Courcy, *Nobiliaire de Bretagne.* — Chevillard, *Dictionnaire héraldique.* — *Armorial de la Touraine.* — *Les Recherches de Noblesse en Berry.* — Chanoine Hubert. — Blanchard, *Les Présidents à mortier.* — *Armorial des principales familles du Berry.*

REGNAULT DE LA MOTHE, seigneurs du Parc, Bonnefon, la Mothe-Marçais, Tartifume, Tuzeau, Chamatoin, Villemore, Champdeuil.

Cette famille, originaire du Dauphiné, appartenait à la religion réformée. Ses membres venus en Berry à l'époque des guerres de religion abjurèrent successivement.

Jacques Regnault, sieur de Bonnefond, Directeur des Aydes à Issoudun, est inscrit d'office à l'*Armorial de la généralité de Bourges*, élection de Saint-Amand. En 1686, il acquit le fief de la Mothe, paroisse de Marçays, dont la famille Regnault est encore propriétaire. Elle a donné un procureur fiscal, un lieutenant au bailliage d'Orval-Saint-Amand, un docteur en médecine, etc...

Alliances : Thierry, Duval, Defoullenay, Lemyre, Josset, Boityère, Bignon, Bézard de la Maindrie, Goutasson, Périsse des Tourailles, Leddet, Mercier, Trumeau, Libault, Yel de la Cour, Bonnet de Sarzay, Taboüet, Béguin, Rollet, Vallet, Gaulmier, Dantigny, Geoffrenet de Champdavid, Godin, Charbonnier de Clermorin, de Fontanges, Peillon, le More.

D'argent, à une merlette de sinople, accompagnée de huit tourteaux de gueules posés en orle.

Armorial de la généralité de Bourges. — *Noms féodaux.* — Archives du Cher. — *Histoire de Saint-Amand*, par Gustave Mallard. — *Armorial des principales familles du Berry.*

REGNIER DE GUERCHY, marquis de Guerchy ; barons de la Guerche.

Famille considérable du Nivernais qui a possédé la terre de la Guerche de 1658 à 1751.

Alliances : D'Estampes, de Giverlay, de Reugny, de Chassy, d'Estutt, de Brichanteau.

D'argent, à six tourteaux d'azur, *alias* d'azur, à six besants d'argent, 3, 2 et 1.

Histoire des Grands Officiers de la Couronne. — *Armorial de Challudet.* — *Armorial du Nivernais.* — *Statistique monumentale du Cher.*

REGNIER, seigneurs de Beaujardin et de Thou.

Ancienne famille qui a donné un lieutenant au siège royal d'Issoudun en 1551, deux échevins de la ville de Bourges, 1584 et 1632, des conseillers au présidial de cette ville.

Alliances : Chambellan, de Sauzay, Gassot, Becuau, Fauvre.

D'or, au palmier de sinople, accosté de deux ramiers affrontés de gueules.

Privilèges de Bourges. — La Thaumassière. — Archives du Cher.

REGNIER, seigneurs des Chaises.

Probablement de la même famille que la précédente.

Guillaume Regnier, après avoir été conseiller au Grand Conseil devint lieutenant général au bailliage de Berry, à Bourges, 1566 et 1570 ; son fils Jacques Regnier, seigneur des Chaises, fut échevin de Bourges en 1635 et en 1636.

Alliances : Saulcier, Tullier.

D'argent, au chevron d'azur, accompagné de trois têtes de cerf de gueules, 2 et 1.

Privilèges de Bourges. — LA THAUMASSIÈRE.

REGNIER.

D'azur, au chevron d'or, accompagné de trois lys d'argent boutonnés d'or, tigés et feuillés de sinople.

Jolies armoiries en couleurs figurant dans le manuscrit intitulé : *Liste chronologique des vénérables trésorier, chantre et chanoines de la Sainte-Chapelle royalle de Bourges*, par François REGNIER, 3 décembre 1713, fait à Bourges.

« François Regnier, prêtre du diocèse de Beauvais, chanoine de Saint-Ursin, a été successeur de M. de Saint-Denis, son oncle..., a pris possession le 9 mars 1682. »

Archives du Cher, Sainte-Chapelle, f° 113.

RENIER.

N... Renier, chanoine du chapitre de la Sainte-Chapelle de Bourges.

D'argent, à trois poires de bon chrétien de sinople, les tiges sommées chacune d'une croisette de gueules, et posées 2 et 1.

Armorial de la généralité de Bourges. D'office.

RENAULT.

Jean Renault, concierge.

D'or, à trois losanges de gueules, 2 et 1.

Armorial de la généralité de Bourges, Election d'Issoudun. D'office.

RENOU.

Famille qui a donné un procureur des affaires communes de la ville de Bourges, un consul des marchands (1617), un échevin de Bourges en 1629, un docteur, admis professeur à la faculté de médecine de cette ville (1648).

Alliances : Rabotin, Meusnier, Gratian.

D'azur, au cœur d'or, percé d'une flèche périe en contrebande de même, à trois étoiles d'argent en chef.

Privilèges de Bourges. — La Thaumassière. — Archives du Cher.

RENOUARD DE BUSSIÈRE, seigneurs de Bussière, en Sancerrois ; marquis de Roche et de Châteaurouillaud, en Franche-Comté ; barons et vicomtes de Bussière par lettres patentes du 18 octobre 1828 et du 14 février 1827.

La famille Renouard de Bussière est originaire de Saintonge. L'un de ses membres, Pierre Renouard vint se réfugier pour cause de religion à Sancerre où il prit une part active à la défense de cette ville en 1573. Elle a donné des officiers au grenier à sel, un premier échevin de Sancerre, maître des Eaux-et-Forêts du comté, dont le fils, Etienne-Cyprien Renouard de Bussière, secrétaire du roi, acquit en 1784 les terres, seigneuries et marquisat de Roche et de Châteaurouillaud, situées en Franche-Comté ; c'est à ce titre qu'il assista aux assemblées de la noblesse de cette province en 1789. Elle a produit depuis des officiers distingués, deux députés du Bas-Rhin, un ambassadeur de France à Naples, pair de France (1841).

Alliances : De Butot, Garnier, Perrinet d'Orval de Fougère, Gantois, du Boys, Guenellon, Odry, Billacois, Lalliat, Doucet, de Surigny.

D'azur, à un aigle d'argent, becqué et onglé d'or, surmonté de trois étoiles d'argent, rangées en chef. (*Armorial de la généralité de Bourges.*)

Alias : D'argent, à l'aigle éployé de sable, surmonté de trois étoiles de gueules rangées en fasce. (*Règlement d'Armoiries* (1827 et 1828.)

L'abbé Poupart, *Histoire de Sancerre.* — *Annuaire de la Noblesse*, année 1903. — Vicomte Révérend, *Titres, anoblissements et pairies de la Restauration.*

DE REUGNY, seigneurs de Reugny, près Saint-Saulge en Nivernais, Riejot, Fleury-la-Tour, Saisy, Cercy, Lancray, Faverny, la Vilatte, paroisse de Léré, Issenay, Pouligny, Reuilly, Savigny, Saint-Gratien, la Madeleine, Vernières, le Riau ; barons de Lafin ; comtes et marquis du Tremblay ; marquis de Reugny. Originaires du Nivernais. En Berry.

Maison d'ancienne noblesse dont la filiation est établie depuis 1350. Elle a produit des écuyers du roi, un gentilhomme de la chambre en 1628, un mestre-de-camp d'infanterie en 1645, etc...

Alliances : De Courvol, de Bongars, de Maumigny, de la Rivière, de Parthenay, de Regnier de Guerchy, de Choiseuil, de Louzeau, Grasset du Roulier, Gay, de Ponard, d'Estutt de Tracy, de Champfeu.

Palé d'argent et d'azur, au croissant de gueules brochant sur le tout.

Armorial de Challudet. — La Thaumassière. — *Noms féodaux. — La Chesnaye-des-Bois. — Armorial de la généralité de Moulins. — Généalogie de la maison de Courvol en Nivernais. — Inventaire des titres de Nevers. — Armorial des principales familles du Berry.*

DE REYNARD, curé du Bourgdieu (Déols).

D'azur, au lion d'argent, couronné, lampassé et armé de gueules, parti aussi d'azur à trois bandes d'or.

Armorial de la généralité de Bourges, Election de Châteauroux. D'office.

RIBAULT ou RIBAUT.

Pierre Ribault fut élu échevin de Bourges les années 1505, 1506 et 1507.

Armoiries inconnues. Voir DE RIBOT.

Privilèges de Bourges. — Le P. Labbe. — La Thaumassière.

DE RIBOT.

André de Ribot, écuyer, sieur du Rivau, fit enregistrer ses armes à l'*Armorial de la généralité de Bourges*, élection d'Issoudun.

Peut-être descendait-il de Pierre Ribault, échevin de Bourges en 1505, 1506 et 1507 et dont ni les *Privilèges de Bourges*, ni la Thaumassière ne donnent les armoiries.

De sable, à une main senestre sortant d'une nuée d'argent mouvante du flanc dextre et tenant une épée de même, la garde et la poignée d'or, accompagnée d'une fleur de lys d'argent au second quartier.

Les Recherches de Noblesse en Berry.

RICHARD, seigneurs de la Tour-Paumeur, paroisse de Verneuil, la Valade, la Jarige, la Vigerie. En Poitou et en Berry.

Pierre Richard, chevalier, fit aveu en 1513 d'un ténement noble situé à Troussures. Cette famille a donné un chevalier de Malte.

L'*Armorial de la généralité de Bourges*, élection du Blanc, donne les armes imposées d'office à Jacques Bichard, écuyer, sieur de la Vigerie. Il faut lire Richard.

Alliances : Rigault, de la Rivière, Esmoing, des Colards des Hommes, Pidoux, de Garnier.

De sable, au chef cousu de gueules, chargé d'un lambel d'or de cinq pendants.

LA THAUMASSIÈRE*. — *Noms féodaux.* — *Armorial général du Poitou*, publié par PASSIER. — *Les Recherches de Noblesse en Berry.* — *Dictionnaire héraldique de* GRANDMAISON. — *Armorial des principales familles du Berry.*

RICHARD, seigneurs de la Barre, Saint-Aigny, Boissat, le Breuil.

Famille du Poitou qui a donné un maire à la ville de Poitiers en 1480. Une branche s'est établie en Berry avec Charles Richard qui, en 1588, échangea avec Pierre Charasson son fief de Beauregard contre celui de Saint-Aigny, près du Blanc.

Alliances : Guitard, Maubuc, de Signy, de la Gobertière, de Greaume, Morinet, du Bois, de Boislinard, Guillemot.

D'argent, à la fasce d'azur chargée d'une étoile d'or et accompagnée de trois roses de gueules, deux en chef et une en pointe.

LA THAUMASSIÈRE*. — *Les Recherches de Noblesse en Berry.* — Archives de l'Indre. — HUBERT, *Dictionnaire de l'Indre.*

RICHARD.

Léon Richard, élu en Berry, échevin de Bourges, 1574 et 1575, mourut le 23 janvier 1576.

D'azur, à la fasce ondée d'argent, accompagnée de trois flammes de même, 2 et 1.

Privilèges de Bourges. — LA THAUMASSIÈRE.

RICHER, seigneurs de Boismarteau.

Famille qui a donné des notaires, un greffier au bailliage de Vierzon, un bailli de Nançay.

Alliances : Gasteau, Masquin, Béchereau.

Écartelé de sinople et d'or, au lion de sable brochant sur le tout.

Armorial de la généralité de Bourges. D'office. — *Noms féodaux.* — Archives du Cher.

DE RICOUX, seigneurs de la Sicardière, du Chiron, paroisse de Saint-Martin de Tournon. Originaires de Touraine.

François de Ricoux et son frère Louis furent maintenus dans leur noblesse sur preuves remontant à Jean de Ricoux, écuyer, qui vivait en 1482.

L'inventaire de production porte les armes que nous donnons ci-dessous et que nous n'avons pu trouver par ailleurs. L'*Armorial de la généralité de Bourges* porte des armoiries imposées d'office.

Cette famille existait encore en 1776 à Tournon, où étaient imposés au rôle de la capitation des nobles « la veuve et les enfants du sieur de Ricoux du Chiron et leur domestique. »

Alliances : Gantelouve, de Leffe, de Lesseuil.

De gueules, à trois gantelets d'argent, 2 et 1.

Nobiliaire de la généralité de Bourges, F. fr., 31791. — *Les Recherches de Noblesse en Berry*. — LA THAUMASSIÈRE.

RIFFAULT ou **RIFFAUD**, seigneurs du Bouchaud, Beauregard, le Cluseau, Coury, Château-Guillaume (1612 à 1693). Originaires du Poitou. En Berry.

Famille noble qui a donné un gentilhomme ordinaire du roi, chevalier de l'Ordre.

Alliances : De Faugières, de Magnac, de la Faire.

D'or, à la fasce d'azur chargé d'un cœur enflammé d'argent.

Nobiliaire de la généralité de Bourges, F. fr., 31791. — *Armorial général du Poitou*. — *Les Recherches de Noblesse en Berry*.

DE RIGAULT D'ÉGREFEUILLE, seigneurs d'Egrefeuille, Vaudreville, Le Londel près de Louviers en Normandie, Greiffel-les-Toulouse, le Til, Foëcy, le Crotet, la Motte, Champetin, Sury-ès-Bois, la Vallée, Vallières... ; barons de Vaudreuil d'Auriac. En Normandie et en Berry.

La Thaumassière commence la généalogie de cette famille d'ancienne noblesse à Arnaud de Rigault, seigneur d'Esgrefeuille, père d'autre Arnaud de Rigault qui épousa Anne de Comminges le 8 juin 1480. Elle a été maintenue dans sa noblesse en 1667 par ordonnance de M. de la Galissonnière, intendant de Rouen.

Elle a fourni un écuyer du roi (1611), un gentilhomme de la chambre (1623), un chanoine de l'Eglise de Bourges et ci-devant de la Sainte-Chapelle, prieur commandataire de la Celle-Bruère, des officiers des armées du roi, etc...

Sous la Révolution, deux frères, MM. Gabriel et Clément de Rigault s'engagèrent dans l'armée de la petite Vendée du Sancerrois et combattirent avec Phélipeaux ; ils furent emprisonnés avec lui et contribuèrent à son évasion.

Les derniers descendants des de Rigault établis en Berry sont les familles de Loynes de Fumichon, Redon, Soulier et de Boislinard.

Alliances : De Comminges, Vermeil, de Rabastens, de Morainville; de la Grange de Vesvre, d'Anglars, de Tripier, Moreau, de la Saigne de Saint-George, Desbans, de Culan, Biet de Maubranches, Gay, de Bonnestat, de Boislinard, de Rolland du Coudray, de Boucher, O'Hanly.

D'argent, au lion de gueules, à l'orle de huit écussons de même, posés 3, 2, 3.

LA THAUMASSIÈRE*. — *Noms féodaux*, article de Villantrois. — *Armorial de la généralité de Bourges.* — Archives du Cher. — *Nobiliaire de la généralité de Bourges*, F. fr., 31791 et 32272. — Bibliothèque Nationale, Pièces originales dossier 55860 ; Carrés D'HOZIER, vol. 538 ; *Nouveau d'Hozier*, p. 53 du registre 585. — *Statistique monumentale du Cher.* — *Armorial des principales familles du Berry.* — Notes communiquées par le baron Pierre DE FUMICHON et tirées de ses archives de famille.

RIGLET, seigneurs de Moris, Lusson, paroisse d'Aubinges, Poupelin, Houet, Montgeux, Sery, la Grange-Miton, l'Estang, paroisse de Malçay, le Mesnil, Malçay, paroisse de Bussy, les Ormeaux, la Limaye, Moulin-Porcher, Chalivoy-les-Noix, le Goutat, Pierre-Blanche, etc... ; vicomtes du Perron.

Famille de Troyes en Champagne qui fut attirée à Bourges par le grand commerce qui s'y faisait à l'époque où s'habitua dans cette ville Nicolas Riglet qui fut élu échevin en 1516. Elle a produit encore plusieurs autres échevins, un maire de Bourges en 1562, un receveur général des finances en Berry, un secrétaire du roi, des conseillers au présidial, des chanoines, etc...

Alliances : Pillas, Lhuillier, Charlemagne, Piat, Audet, de la Perrière, de Misery, Sautereau, Chaumeau, Ragueau, Berthier, Galoppe, Bochetel, Aubelin, Amignon, Mercier, Bouguier, d'Ivoy, de Coqueborne, Bigot, Perrotin, Macé des Portaux, Sougy, de Cougny, Galland, Catherinot, de Lestang, de Sauzay, Salat, Le Large, Lebègue, Bouffet, Dorsanne, Cadier, Dorguin, Thabaud de Belair.

D'azur, à trois pals alésés d'argent, au chef cousu de gueules, chargé de trois étoiles d'argent. (Quelquefois les pals sont posés 2 et 1.)

CHAUMEAU. — *Privilèges de Bourges.* — LA THAUMASSIÈRE*. — *Noms féodaux.* — *Nobiliaire de la généralité de Bourges*, F. fr., 32272. — CATHERINOT, *Tombeaux domestiques.* — *Mémoires de Castelnau.* — *Armorial de la généralité de Bourges.* — *Les Recherches de Noblesse en Berry.* — *Armorial des principales familles du Berry.*

DE RILHAC, RILLAC ou **REILHAC**, seigneurs de Rilhac ; comtes de Saint-Paul ; barons de Boussac. Auvergne et Berry.

Maison d'ancienne chevalerie originaire du Limousin. François de Rilhac, seigneur de Saint-Paul acquit, en 1649, de M. de Loménie, secrétaire d'Etat, la baronnie de Boussac. Son fils, Albert de Rilhac, chevalier, seigneur du dit lieu, comte de Saint-Paul, baron de Boussac, lieutenant- colonel du régiment Royal-Roussillon, fut maintenu dans sa noblesse par l'Intendant du Berry en 1715. Cette branche s'éteignit en la personne de Marie-Louise de Rilhac qui épousa le 14 novembre 1730, Jean-Baptiste de Carbonnière, fils aîné du comte de Saint-Brice.

Alliances : De Fontanges, de Saint-Exupery, de Ferrière-Sauvebœuf, de Robert-Lignerac, d'Aubusson, de Durat, de Bertrand, de la Roche-Aymon, de Coustain-Minadeau.

D'argent, à sept pals ou vergettes de gueules ; *alias* : palé d'argent et de gueules de sept pièces ; ou encore : palé d'or et de gueules de six pièces.

Nobiliaire d'Auvergne. — La Thaumassière. — *Nobiliaire de la généralité de Bourges*, F. fr., 31791 et 32272. Tardieu, *Dictionnaire de la Haute-Marche.* — *Armorial de la généralité de Bourges.* — *Les Recherches de Noblesse en Berry.* — *Noms féodaux.* — La Chesnaye-des-Bois. — *Armorial des principales familles du Berry.*

RIMBAULT ou RAIMBAULT.

Ancienne famille de marchands à Sancerre.

D'argent, à un bélier sautant de gueules.

Armorial de la généralité de Bourges. D'office. — L'abbé Poupart, *Histoire de Sancerre.*

DE LA RIPPE, seigneurs de Belair, Bonnaigle en partie.

Famille de Vierzon qui a donné un capitaine de cette ville en 1635.

Alliances : Bourdaloue, Rousseau, d'Augy, de la Varenne, Gourdon, Corbin, de Villantroys, Ragon, Gigot.

Coupé d'argent et de gueules à cinq fusées couchées et posées en sautoir de l'un en l'autre.

Armorial de la généralité de Bourges. — *Noms féodaux.* — *Histoire de Vierzon*, par le comte de Toulgoet-Tréanna. — *Généalogie de la famille Corbin*, par Paul Moreau, Bourges, 1885. — *Armorial des principales familles du Berry.*

DE RIVAULDE ou RIVAUDE, seigneurs de Rivauldes, Châteaufort, Villerais, hôtel et vehéric de Montaboulin, en Bas-Berry ; Villegonblain, en Vendômois, la Charlottière, en Touraine.

Famille d'ancienne noblesse, originaire du Berry et connue dès l'an 1402 où vivait Estienne de Rivauldes, possesseur du fief de ce nom. Louis de Rivaude, seigneur de Villegonblain, était gentil-homme ordinaire de la chambre du roi en 1624.

Alliances : D'Orléans de Rère, de Boyau, de Bar, du Mesnil, de Bourdesoles, de la Rivière (Bureau), d'Aumale, de Montbel.

Ecartelé d'or et de sable.

LA THAUMASSIÈRE. — Archives de l'Indre. — DE VASSAL, *Table analytique des manuscrits d'Hubert*. — *Armorial de la Touraine*. — *Recherche de la Noblesse dans la généralité de Tours*.

RIVIÈRE, seigneurs de Vaugibault, Villeperdue, l'Isle, Chalieu.

Famille d'avocats, dont l'un célèbre, au dire de la Thaumassière, fut échevin de Bourges en 1599 et en 1600.

Alliances : Macé, Jaupitre, Ragueau, Barjon, des Bourdiers, Cousin, Maire, Badin, de Rivière, Sergent de Parsèche, Guyot, de Miray.

D'azur, à la fasce ondée d'argent, accompagnée de trois soleils d'or, deux en chef et un en pointe.

Privilèges de Bourges. — LA THAUMASSIÈRE. — *Noms féodaux*. — *Armorial de la généralité de Bourges*. — Archives du Cher. — *Statistique monumentale du Cher*. — *Armorial des principales familles du Berry*.

DE RIVIÈRE, seigneurs de Riffardeau, Pignounière, Paudy, la Ferté, Diou, Saint-Romain, la Beuvrière, Lazenay, Cocquebelande, Chaumasson, la Vauvrille, la Bruyère, le Châtelier, Chezal-David ; vicomtes de Belair ; vicomtes, marquis et ducs de Rivière ; pairs de France. En Bourbonnais, en Berry et en Nivernais.

La maison de Rivière, mentionnée souvent sous le nom de Riffardeau est connue depuis 1407 ; elle a produit des gouverneurs de villes, des officiers distingués, entr'autres le vicomte de Rivière, aide de camp du prince de Carignan en 1748. Son petit-fils, Charles-François de Riffardeau de Rivière, fit ses preuves de noblesse pour entrer à l'école militaire en 1778. Louis XVIII le nomma en 1815, lieutenant général, pair de France et ambassadeur à Constantinople ; créé duc héréditaire le 30 mai 1825, il fut nommé gouverneur de Mgr le duc de Bordeaux en 1826.

Cette maison s'est éteinte en la personne de Louis-Marie, duc de Rivière, ancien sénateur, ancien conseiller général du Cher, décédé sans alliances dans sa terre de Vernais, près de Charenton-du-Cher, le 30 août 1890.

Alliances : Robin de Coulogne, de Fouchier de Chaumasson, des Coutures, de Montsaulnin, de Monestay, Rivière, Soumard, de la Ferté-Meun, de Cossé-Brissac, de Mandat de Grancey, de Luppé.

Palé d'argent et d'azur de six pièces, au chevron de gueules brochant sur le tout.

LA CHESNAYE-DES-BOIS. — LA THAUMASSIÈRE. — *Noms féodaux*. — *Nobiliaire de la généralité de Bourges*, F. fr., 31791 et 32272. Preuves au Cabinet des Titres. — *Annuaire de la Noblesse*. — *Armorial de la Touraine*. — Archives du Cher. — *Bulletin héraldique*. — *Armorial du Bourbonnais*. — *Armorial des principales familles du Berry*.

DE LA RIVIÈRE, seigneurs de la Rivière, Champallement, Champlemy, Beaumont, Perchain, Aunay, Ponnart, Dam-Bernard, Lurcy-le-Bourg, Cesy, Ormoy, la Malmaison, Montdoubleau, Lucy-le-Châtel, Brinon, Châtelcensoir, Giry, Rochefort, Boulon, la Garde, etc... ; barons de Seignelay ; vicomtes de Tournon et de Quincy ; comtes de Dampmartin ; barons et marquis de la Rivière. Originaires de Bourgogne. En Nivernais et en Berry.

La Thaumassière fait remonter cette famille à Bureau de la Rivière, mort en 1228. Elle a produit l'illustre Bureau, sire de la Rivière, premier chambellan des rois Charles V et Charles VI, qui mourut en 1400 et fut inhumé à Saint-Denis aux pieds du roi Charles V. Elle compte aussi plusieurs chambellans des ducs de Nevers, baillis du Nivernais, des chevaliers de Malte, etc...

Alliances : De la Roche-Guyon, Boucard de Blancafort, de Champlemy, de Préaux, de la Trémoille, de Damas, de Savoisy, de la Rouère, de Rivaudes, de Boisselet, Anjorrant, de Rochefort-Luçay, de Jaucourt, de Chassy, de Digoine, de Roffignac, de Reugny, de Chabannes, de Culon, de Montsaulnin.

De sable, à la bande d'argent.

LA THAUMASSIÈRE*. — G. LE BOUVIER. — *Nobiliaire de la généralité de Bourges*, F. fr., 31791 et 32273. — *Histoire des Grands Officiers de la Couronne.* — LA CHESNAYE-DES-BOIS. — VERTOT. — Collection Clérembault. — *Inventaire des Titres de Nevers.* — *Armorial du Nivernais.* — *Les Recherches de Noblesse en Berry.* — *Armorial des principales familles du Berry.*

DE LA RIVIÈRE, seigneurs de la Rivière-Chambon, la Ferrandière, paroisse de Neuillay-les-Bois.

Famille du Bas-Berry, connue depuis le commencement du xive siècle. Elle a donné un colonel au régiment du Perche, en 1710.

Alliances : De Sassierges, de Maussabré, de Mortemart, de Ruffec, de Rolland, Perounet, de la Châtre, de Nieul, de Menou, de Vallentiennes.

De sable, à trois barbeaux d'or, posés en fasce.

Nobiliaire de la généralité de Bourges, F. fr., 31791 et 32273. — Archives de l'Indre. — *Armorial de la généralité de Bourges.* — HUBERT, *Le Bas-Berry*, canton de Buzançais, p. 598. — *Les Recherches de Noblesse en Berry.* — *Armorial des principales familles du Berry.*

ROBENIT.

N. Robenit, curé de Vic.

D'azur, à trois étoiles d'argent, 2 et 1.

Armorial de la généralité de Bourges. D'office.

ROBERT, seigneurs de la Borde, Villetaneuse, la Fortelle, le Verger, Vaulpic, l'Hôpital, les Vallées, le Plessis, Jalognes, Pesselières. Orléanais, Berry.

Famille qui a pour auteur Antoine Robert, notaire et secrétaire du roi, anobli par le roi Louis XI au mois de juillet 1481.

Elle a donné des docteurs-régents en l'Université d'Orléans, un conseiller d'Etat nommé ensuite intendant des armées du roi en Italie, à Candie et en Hongrie, et depuis, président de la Chambre des comptes (1679), un lieutenant général en l'élection de la ville de Gien.

François Robert, seigneur du Verger, Vaulpic, l'Hopital et les Vallées, acquit la terre de Pesselières qui lui valut le titre de « Châtelain de Jalogne, premier gentilhomme et maréchal du comté de Sancerre », attaché à cette terre.

Alliances : De Bonnault, Gay, Millain, Heurtault de Saint-Christophe, de Margat, Simon de Chancenay, Gascoing, Marchand, Rousselet, de Lespinasse.

D'azur, à trois pattes de griffon d'or, posées deux et une.

D'HOZIER. — *Nobiliaire de la généralité de Bourges*, F. fr., 31791. — *Noms féodaux.* — Le chanoine HUBERT. — *Armorial de la généralité de Bourges.* — LA THAUMASSIÈRE. — *Les Recherches de Noblesse en Berry.* — *Armorial de la Touraine* (supplément). — *Armorial des principales familles du Berry.*

ROBERT DE CHÉNEVIÈRE, seigneurs de la Motte, Puyvinaud, Fontenay, Bachat, Chénevière.

Famille anciennement établie en la ville d'Issoudun à laquelle elle a fourni des échevins et des conseillers à son siège royal. Elle a donné un procureur général à la Cour de Bourges qui devint conseiller à la Cour de Cassation, officier de la Légion d'honnuer.

Alliances : Popineau, Bernard, Taboüet, Taureau, Bergier, Godin, Philippes, Girard de Vorlay, Grazon, de Moulin de Riols, Lemoine, Decouz.

De sable, à deux gerbes d'argent rangées en pal, au chef d'or, chargé d'un aigle éployé de sable.

Armorial de la généralité de Bourges. — Ancien cachet. — *Histoire de l'Hôtel-Dieu d'Issoudun*, par le Dr JUGAND' 1881. — *Armorial des principales familles du Berry.*

ROBERTET, seigneurs de la Mothe-Jolivet, le Frêne, Charlieu ; barons d'Aluy et de Brou. En Beauce et en Berry.

Cette famille, originaire de Montbrison en Forez, a fourni des secrétaires d'Etat et des trésoriers généraux de France. L'un d'eux, Florimond Robertet, Ier du nom, était tenu en grande considération par les rois Charles VIII, Louis XII et François Ier qu'il servit avec beaucoup de zèle et de fidélité.

Cette maison a eu des descendants établis à Bourges où elle a tenu, à la fin du XVIIe et au xviiie siècles, un rang honorable dans le commerce et la bourgeoisie de cette ville. Elle a donné des consuls et un échevin de Bourges en 1698 et s'est alliée aux familles Boyer, Alleaume, Moreau, Mallard. Ses armes, inscrites à l'Armorial, sont les mêmes que celles des secrétaires d'Etat.

Alliances : Gaillard de Longuimeau, Babou de la Bourdaisière, d'Aumont, d'Etampes, de la Châtre, du Fau, Hurault, Briçonnet.

D'azur à la bande d'or, chargée d'un demi-vol de sable et accompagnée de trois étoiles d'argent, une en chef et deux en pointe.

La Thaumassière. — *Noms féodaux.* — *Armorial de la généralité de Bourges.* — Pallet, *Nouvelle Histoire du Berry.* — Palliot. — *Mémoires de Castelnau.* — *Les seize quartiers tant paternels que maternels de M. de Châteauneuf* (*Recueil des quartiers généalogiques des illustres familles de France*). — La Chesnaye-des-Bois. — De Vassal, *Table analytique des manuscrits d'Hubert.* — *Armorial de la Touraine.* — Moreri. — Guigard, *Nouvel Armorial du Bibliophile.* — *Armorial des principales familles du Berry.*

ROBIN DE COULOGNE, seigneurs de la Prévotière, Longremire, la Popaldière, Bélair, Coquebelande, Châteaufer, le Sauzay, le Breuil... ; vicomtes de Coulogne, en Berry ; marquis de la Tremblaye, en Anjou.

Cette famille, suivant ses traditions, est originaire d'Angleterre et établie en Bretagne avec Guillaume Robin en 1232. Elle a formé plusieurs branches, entre autres celle des marquis de la Tremblaye, en Anjou, qui a fourni quatre chevaliers de Malte, et celle des vicomtes de Coulogne, en Berry. Elle établit sa filiation depuis Jean Robin, écuyer, seigneur de la Prévostière, déclaré noble d'extraction par sentence des élus de Poitiers en 1446.

Thomas Robin qui s'établit en Berry en 1576, en qualité de receveur général des finances de cette province au temps de la Ligue, servit le parti de Henri IV et contribua à la défense de Sancerre. En 1605, il acquit la terre et vicomté de Coulogne, devint maître d'hôtel de la reine Marguerite de Valois, puis maître des requêtes de cette princesse en 1608. Son fils aîné, Barthélémy Robin, abbé de Sorrèze, évêque de Condom et prédicateur ordinaire du roi Louis XIII, mourut en odeur de sainteté. Enfant, il avait été enlevé du château paternel par un de ses voisins, le seigneur de Vatan et renfermé dans un cachot.

Cette famille a encore produit des lieutenants-colonels d'artillerie, un brigadier des armées du roi, des chevaliers de Saint-Louis, de Notre-Dame-du-Mont-Carmel et Saint-Lazare, et a eu deux filles reçues à Saint-Cyr en 1717 et 1757.

Le vicomte Jules de Coulogne, ancien capitaine de cavalerie, démissionnaire en 1830, avait relevé le titre de marquis de la Tremblaye, titre éteint en 1851 avec la branche aînée des Robin par la mort d'Anne-Adrienne-Ernestine de Mortagne, marquise de Turin, fille unique d'Eugène Robin de la Tremblaye, marquis de Mortagne et il avait écartelé ses armoiries de celles des Robin de la Tremblaye, qui sont : de gueules à deux clefs d'argent en sautoir accompagnées d'une coquille de même en chef, et de trois coquilles d'or placées une dans chaque flanc et la troisième à la pointe de l'écu. (d'Hozier).

Alliances : Geuffrion, Heurtault, de Montsaulnin, de Rivière de Riffardeau, de Vélard, le

Fer, Ogier, de Pinteville de Cernon, Hénin de Cherel, de la Cour, de la Cropte de Chantérac, de Simony, de Cousin de la Tour-Fondue, d'Arlot de Cumond, Lambot de Fougères, de Bertrand de Beuvron.

D'or au chevron de gueules, accompagné de trois palmes de sable, 2 et 1 ; celles du chef adossées.

La Thaumassière. — Pallet, *Nouvelle Histoire du Berry*. — *Noms féodaux*. — Moreri (édition de 1759). — La Chesnaye-des-Bois. — D'Hozier. — *Archives du Cher*. — *Armorial de la Touraine*. — *Recherche de la Noblesse dans la généralité de Tours*. — *Les Recherches de Noblesse en Berry*. — *Bulletin héraldique de France*, 1895. — George Sand, *Les Beaux Messieurs de Bois-Doré*. — *Armorial des principales familles du Berry*.

ROBIN DE LA COTARDIÈRE, seigneurs de Paray, les Riaux, les Tavarins, la Motte-d'Ardenais, la Cotardière, la Ronde, Varennes, le Lys-Saint-Georges, Besse, le Vernet, la Font, Chevronne, les Chaumes, la Valette, la Petite-Pras, Villeneuve, Chastres, Neiret, Boulaise.

Cette famille est originaire du Châtelet-en-Berry. Elle a fourni à cette châtellenie, dès le commencement du xviie siècle des procureurs, des notaires, un procureur fiscal et un bailli ; elle a donné également un receveur des tailles à Issoudun, des procureurs du roi en l'élection de Saint-Amand.

Elle a formé plusieurs branches, celles de la Cotardière, de la Ronde, du Vernet, de Varennes et celle des Robin-Massé. Philippe Robin de la Cotardière, seigneur de la Cotardière, Boulaise et Neiret, fut reçu, le 14 mars 1776, conseiller secrétaire du roi près le Parlement de Metz et obtint, par lettres-patentes du 20 octobre 1777, le règlement d'armoiries que nous donnons ci-dessous. N... Robin de la Ronde fut membre du Conseil des Anciens.

Alliances : Rougier, Boursault, Davesne, Moreau, Pallienne, Berthoulat, Grangeron, Boucher, Soumard de Pigny, Roux, Ragon, Thabaud de la Forest, Libault, Faucheron, d'Orsanne de Sarragosse et de Montlevic, Audoux de Viljovet, de la Chastre, Arthuys, Bujon des Brosses, Bord des Moreaux, Bergeron de Charon, Meillet, Béguin, Fauvre de la Pivarderie, Brugière de la Motte, Alloncle, de Menou du Mée, Cousin de Martigné, Mazeron, Mallard, Bompart, de Crespin de Billy, de Bryas, du Breuil du Bost de Gargilesse, de Vallée, de Carnazet, de Chambrun d'Uxeloup de Rosemont.

D'azur au lion passant d'or, armé et lampassé de gueules, surmonté d'un mouton d'argent.

La branche Robin du Vernet semble, d'après un ancien cachet, avoir porté des armes un peu différentes qui peuvent se blasonner : de... au lion passant de..., surmonté d'un écu posé en abîme de..., chargé d'un mouton de... sur une terrasse de...

Registres paroissiaux du Châtelet. — *Histoire de Saint-Amand*, par Gustave Mallard, 1895. — *Annuaire de la Noblesse*, années 1897 et 1909. — *Armorial des principales familles du Berry*.

ROBIN DE SCÉVOLLE, seigneurs de Scévolle, paroisse de Ruffec, Villebuxières, Verneuil, Pommereu, le Pied-du-Tour, Puymoreau.

Famille anoblie en 1771 par un édit qui conférait la noblesse à messire Jean Robin de Scévolle pour services rendus comme contrôleur au département du Dauphiné. Elle a fourni un président au grenier à sel d'Argenton en 1698, un président des gabelles, premier échevin de cette ville, dont le fils fut député de l'Indre (1820-1824), un secrétaire du roi près le parlement de Grenoble.

Alliances : Gayault de Cru, Catherinot, Mauduit, Jaymebon, Crublier, de Fricon, de Barral, du Breuil du Bost de Gargilesse.

D'argent à un arbre de sinople, sommé d'un écureuil de gueules.

Alias : D'azur au chevron d'or, accompagné en chef de deux roses et en pointe d'une gerbe, le tout de même.

D'après les écussons gravés sur la maison des Robin de Scévolle, à Argenton, les armes de la famille sont : de... au chevron de..., accompagné de deux étoiles en chef et d'un mouton en pointe. (HUBERT, *Le Bas-Berry*, canton d'Argenton, p. 251).

Armorial de la généralité de Bourges. — Armorial de la Touraine. — Catalogue des Gentilshommes du Dauphiné, par Louis DE LA ROQUE et Edouard DE BARTHÉLÉMY. — *Armorial des principales familles du Berry.*

ROBIN, seigneurs de Montgenault, Lambre, la Girouardière, Mervault, la Berthière, la Gasselinière. En Touraine et en Berry.

Famille connue dès le xve siècle. Elle fut anoblie par lettres du mois de juillet 1669, confirmées au mois de mars 1671 par Louis XIV, en raison des services rendus à l'Etat par Louis Robin de Montgenault et Isaac Robin, sieur de Lambre.

En 1698 Jean Robin remplissait les fonctions de conseiller du roi, prévôt provincial de Châtillon-sur-Indre.

Alliances : Denis, de Salvert, Chartier.

Fascé de quatre pièces d'or et de gueules, l'or chargé de trois merlettes de sable, 2 et 1. Il est à remarquer que ces armes sont identiquement les mêmes que celles de la famille Robin de Barbentane, de Provence.

Nobiliaire de la généralité de Bourges, F. fr., 31791 et 32273. — *Armorial de la généralité de Bourges. — Mémoires de la Société des Antiquaires du Centre,* XVIIIe vol., p. 298. — *Armorial de la Touraine. — Armorial des principales familles du Berry.*

ROBIN.

Vas Robin, marchand. Nous ignorons à quelle famille Robin il appartenait.

D'azur au mouton d'argent paissant sur une montagne d'or et accompagné en chef de deux grappes de raisin de même, les tiges mouvantes du milieu du chef.

Armorial de la généralité de Bourges. D'office.

ROBINET.

Plusieurs personnages de ce nom ont vécu à Issoudun et à Bourges. Peut-être étaient-ils de la même souche. A Issoudun, de 1527 à 1620, ils ont occupé les fonctions de contrôleur au grenier à sel, d'avocat au bailliage.

A Bourges, Louis Robinet est receveur de la ville en 1680. Jacques Robinet est le mari d'Antoinette Alabat, vers 1590. Louise Poupardin est veuve de Jean Robinet, avocat en parlement en 1686.

Robinet des Grangiers est reçu avocat du roi au présidial (1745). En 1789 nous trouvons un personnage du même nom comme procureur du roi.

Catherine Robinet, veuve de François Ducoing, écuyer, sieur de Chalus, demeurant à Bourges, scelle son testament (1695) de son cachet ordinaire qui porte : De... à trois oiseaux (pigeons ou perdrix), les deux du chef affrontés et celui de la pointe tourné à senestre.

Archives du Cher. — La Thaumassière. — *Mémoires de la Société des Antiquaires du Centre*, XXVIIIe vol. — Archives du Cher, B. 425.

DE LA ROCHE ou DELAROCHE.

Jacques Delaroche assiste à une réunion des marchands de Selles-en-Berry en 1558.

Etienne de la Roche, conseiller du roi, commissaire aux revues, et François de la Roche, colonel de milice bourgeoise de la ville de Selles reçoivent d'office les armoiries ci-dessous.

D'azur à un rocher d'argent accompagné en chef de deux cœurs d'or, chargés chacun d'un croissant de gueules.

Armorial de la généralité de Bourges. D'office. — *Histoire de Selles-en-Berry*, par Maurice Romieu, Romorantin, 1899.

DE LA ROCHE-AYMON, seigneurs de la Roche-Aymon, Langeais en Blésois, la Ville-du-Bois, le Crest, la Farge, le Chier, Mainsat, Tillères, etc... de Bois-Bertrand, L'Age, Maron, Fougères, paroisse d'Etrechet, Moulin-Porcher, en Berry. Originaires du Limousin. En Auvergne, dans la Marche et en Berry.

Maison d'origine chevaleresque qui a pris son nom d'un antique château féodal situé près d'Evaux, en Combraille, connue depuis Aymon de la Roche qui vivait avant l'an 1100.

Elle a produit deux chevaliers croisés qui accompagnèrent le roi saint Louis, en 1248, un sénéchal d'Auvergne (1472), un grand prévôt de l'hôtel du roi François Ier, tué à la bataille de Pavie, un sénéchal de la Marche (1615), quatre lieutenants généraux des armées du roi, des chevaliers et commandeurs de l'ordre de Malte. Dans la carrière du sacerdoce, elle compte des cardinaux, archevêques et évêques dont l'un Charles-Antoine de la Roche-Aymon, cardinal, archevêque de Reims, grand aumônier de France, commandeur de l'ordre du Saint-Esprit, eut le triple honneur de baptiser, de marier et de sacrer le roi Louis XVI.

Alliances : Mailloche, de Montigny, de Boisbertrand, Chappus, Agobert, Camus, d'Aubusson, de Rillac, de Saint-Julien, de la Cueille, de Saint-Quentin de Blet, de Chery, de Monestay, de Graçay, de Soubrays, de Beauvilliers Saint-Aignan, de Narbonne-Lara.

De sable semé d'étoiles, au lion de même armé et lampassé de gueules.

Les branches éteintes de la Roussie, de Cluseau et des Essards, dans la Marche, le Bourbonnais, le Vendômois et le Périgord semaient le champ de trèfles d'or au lieu d'étoiles. La branche des seigneurs de Fougères, éteinte en 1731, brisait les armes que nous reproduisons d'un lambel de trois pendants d'or. (*Bulletin héraldique*, 6e année, IVe vol., colonne 13).

LA THAUMASSIÈRE*. — *Nobiliaire de la généralité de Bourges*, F. fr., 31791 et 32273. — *Noms féodaux*. — *Dictionnaire de la Noblesse*. — *Armorial de la généralité de Bourges*. — VERTOT. — *Nobiliaire d'Auvergne*. — *Histoire héraldique des pairs*, par M. DE COURCELLES. — *Le Bas-Berry*, canton d'Ardentes. — *Histoire généalogique de la maison de la Roche-Aymon*, par l'abbé D'ETRU, 1776. — *Collection Clairambault*. — *Les Recherches de Noblesse en Berry*. — *Armorial de la Touraine*. — *Armorial des principales familles du Berry*.

DE ROCHECHOUART, seigneurs de Jars, Ivoy, Maupas, Morogues, la Brosse, Bréviandes, Beaujeu, Charôt, le Bouchet-en-Brenne, Dadé, Migné, Rosnay, Brion, etc..., en Berry ; barons de Couches, Broignon, la Tour, Saint-Amand-en-Puysaye, Montagut, Clermont, Lescure, Loury, Bray-sur-Seine ; vicomtes de Soulan ; comtes de Maure, Barbazan, Tonnay-Charente, Buzançais ; barons et marquis de Chaudenier, Faudans et Montpipeau ; marquis de Fontrailles, Jars, Bonnivet, Saint-Victurnien, Evaly ; barons, vicomtes, comtes, marquis de Rochechouart et de Mortemart ; ducs de Vivonne et de Mortemart ; princes de Tonnay-Charente ; pairs de France.

Cette maison, l'une des plus illustres de France, tire son nom de la vicomté de Rochechouart, en Limousin. Son premier auteur connu est Aimery, fils puîné de Girard, vicomte de Limoges,

Elle a fourni un chevalier croisé (1096), deux cardinaux, un maréchal de France, sept chevaliers du Saint-Esprit, des chambellans, des lieutenants-généraux des armées, des gouverneurs de provinces, des ambassadeurs, etc..., etc...

Au Berry elle a donné un doyen de l'Église de Bourges (1268), Simon de Rochechouart qui mourut archevêque de Bordeaux ; deux archevêques de Bourges, Foucaud de Rochechouart (1330-1343) et Jean de Rochechouart (1386-1390) ; une abbesse de l'abbaye de Notre-Dame de Charenton en 1497.

Alliances : De Mauléon, de Tonnay-Charente, de Chauvigny, de Mathefelon, de Saint-Palais, de Sully, de la Rochefoucauld, d'Amboise, du Mas de l'Isle, d'Anjou-Mézières, d'Aubusson, de Pric, d'Aumont, de Saint-Avy, Pot, du Plessis-Richelieu, de Saint-Gelais-Lusignan, de Bigny, de Castelnau, de la Porte, du Mesnil-Simon, de la Grange-Montigny, de Courtenay, de Villequiers, d'Estampes, de Chamborant, de Pierrebuffière, Chabot. Turpin de Crissé, de Beauvilliers, de Sainte-Aldegonde.

Fascé ondé, *alias* fascé nébulé, ou encore fascé enté, d'argent et de gueules de six pièces.

La Thaumassière*. — *Histoire des Grands Officiers de la Couronne.* — G. Le Bouvier. — *Noms féodaux.* — *Mémoires de Castelnau.* — Archives de l'Indre. — *Dictionnaire véridique des Origines.* — *Armorial de la Touraine.* — Collection Clairambault. — *Histoire de la maison de Rochechouart* (Paris, Allard), par le général comte de Rochechouart, 1859. — Moreri. — *Dictionnaire de la Noblesse.* — *Armorial du Nivernais.* — *Armorial des principales familles du Berry.*

DE ROCHEDRAGON ou LA ROCHEDRAGON, seigneurs du Chassain, en Berry, Marsillac, Puymausain, Vaurcille, la Villatte, la Touratte, etc... ; marquis de Rochedragon. Combrailles, La Marche, Bourbonnais, Berry.

La Maison de Rochedragon, d'ancienne chevalerie, possessionnée en Berry par des alliances dès le xive siècle, est confondue souvent avec celle de Rochedagou. Il est permis de supposer, dit l'auteur du *Nobiliaire d'Auvergne*, que les deux familles ont une origine commune. Leurs armoiries ne diffèrent, d'ailleurs, que par une brisure, si même elles ont jamais différé, puisque Guillaume Revel attribue à Raymond de Rochedagou et à Hugues de Rochedragon les mêmes armes : un lion échiqueté.

La maison de Rochedragon a fourni, à notre connaissance, dix chevaliers de Saint-Jean de Jérusalem de 1480 à 1783, dont l'un, Bérard de Rochedragon, était commandeur des Bordes en 1622.

En 1789, le marquis de Rochedragon a comparu en personne à l'Assemblée de la noblesse du bailliage de Châteauroux. L'un de ses descendants, maréchal de camp, grand officier de la Légion d'honneur et chevalier de Saint-Louis, épousa en 1824 une fille du maréchal Macdonald, duc de Tarente, dont il eut une fille, Sidonie de Rochedragon, mariée en 1842 à Alphonse-Charles-Marie, baron de Beaufort.

Alliances : De Crevant, Doradour, d'Aubusson, de Chambon.

D'azur, au lion dragonné d'or, armé, lampassé et couronné de gueules.

De Rochedagon blasonnait : d'azur au lion d'or, à la bordure de gueules ; *alias* : D'azur, au lion échiqueté de gueules et d'or.

Guillaume Revel. — Archives de l'Indre et du Cher. — *Noms féodaux.* — La Thaumassière. — Vertot. — *Nobiliaire d'Auvergne.* — *Armorial du Bourbonnais.* — Ambroise Tardieu, *Dictionnaire de la Haute-Marche.* — Collection Clairambault.

DE ROCHEFORT, seigneurs de Luçay-le-Mâle, Gargilesse, Villedieu, Boismartin, Mareuil, Coulanges, Vic-sur-Nahon, en Berry ; barons de Sigy, Gié, Suilly, Révillon, Segnelay, Frollois, la Croisette, Bussay ; barons, comtes de Luçay et de Rochefort ; barons et marquis de Pluvault ; marquis de la Boulaye et de Rochefort-Luçay. Originaires de Bourgogne. En Berry et en Touraine.

Cette maison remonte à Guy de Rochefort, homme d'armes de la compagnie du seigneur de Flavigny en 1369. Elle a produit deux chanceliers de France, un chevalier des ordres du roi, des chevaliers de Malte, de Saint-Michel et de Saint-Louis.

Jean de Rochefort, bailli de Dijon, premier tranchant et porte-cornette du roi François Ier, s'établit en Berry à la suite de son mariage, en 1518, avec Antoinette de Châteauneuf qui lui apporta les terres de Luçay, Gargilesse et autres en Berry.

Une branche cadette retint le nom de la seigneurie de Luçay ; c'est de cette branche qu'est descendu le célèbre pamphlétaire, Henri Rochefort.

Alliances : De la Trémoille, de Castelnau, de Châteauneuf, du Puy de Vatan, de Prie, de Crevant, de Gaucourt, de la Rivière, de Menou, de la Loë, de Marolles, de Brichanteau, de Brouilly, Mauduit du Courbat, Holman, Chollet, Sarrazin-Laval.

D'azur semé de billettes d'or, au chef d'argent chargé d'un lion léopardé de gueules.

D'après un ancien manuscrit d'armoiries conservé à la Bibliothèque Sainte-Geneviève, n° 856, Mgr de Rochefort de Berry portait : D'azur à 15 billettes d'or 6, 5 et 4, au lieu d'un semé. Le sceau de René de Rochefort, chevalier, enseigne de cinquante lances sous le duc d'Anjou, en 1566, porte un écu à 9 billettes, 4, 3 et 2, sous un chef chargé d'un lion passant. (Collection Clairambault).

LA THAUMASSIÈRE*. — *Histoire des Grands Officiers de la Couronne*. — *Noms féodaux*. — VERTOT. — MORERI. — Archives du Cher. — *Armorial des principales familles du Berry*. — *Armorial de la Touraine*. — *Les Recherches de Noblesse en Berry*. — TAUSSERAT, *Chroniques de la Châtellenie de Lury*.

DE LA ROCHEFOUCAULD, ducs de la Rochefoucauld, Liancourt, Estissac, Doudauville, la Roche-Guyon, Anville, Bisaccia ; princes de Marcillac ; pairs de France.

Cette maison qui a possédé en Berry les terres et baronnies de Charenton, Meillant, Lignières, Rezay, Thevet, Naillac, le Blanc, etc... au xvie siècle, est l'une des plus anciennes et des plus illustres de France. Elle descend de Foucauld que l'on croit cadet des sires de Lusignan dont elle porte les armes avec trois chevrons pour brisure.

Elle a fourni des capitaines d'hommes d'armes des compagnies d'ordonnance, des lieutenants-généraux des armées, des gouverneurs de province, des chambellans du roi, des grands veneurs de France, des grands maîtres de la garde-robe du roi, des chevaliers de Saint-Michel et du Saint-Esprit, trois cardinaux, plusieurs archevêques et évêques ; François VI, duc de la Rochefoucauld, le célèbre auteur des *Maximes*, etc...

Elle a donné au Berry deux gouverneurs de la province, François de la Rochefoucauld, baron de Barbezieux et de Linières (1560 et 1561) et François de la Rochefoucauld, prince de Marcillac (1673) ; un archevêque de Bourges (1729-1757), abbé commandataire de la Charité (1732-1748) ; Frédéric-Guillaume de Roye de la Rochefoucauld qui portait : Ecartelé : aux 1 et 4 de gueules à la bande d'argent, qui est de Roye ; aux 2 et 3 burelé d'argent et d'azur, à trois chevrons de gueules, brochant sur le tout, le premier écimé ; sur le tout, d'or au lion d'azur, qui est de Roucy ; une abbesse de l'abbaye bénédictine de Charenton, Catherine de la Rochefoucauld (1674) et de nos jours, Frédéric-Gaëtan, marquis de la Rochefoucauld-Liancourt, né en 1779, qui fut député du Cher sous Louis-Philippe.

Burelé d'argent et d'azur de dix pièces, à trois chevrons de gueules, le premier écimé. Cimier : une mélusine. Devise : « C'est mon plaisir ! ».

LA THAUMASSIÈRE*. — *Histoire des Grands Officiers de la Couronne.* — Archives du Cher et de l'Indre. — *Noms féodaux.* — *Annuaire de la Noblesse.* — *Armorial de la Touraine.* — DE MAGNY, *Nobiliaire universel.* — GUIGARD, *Nouvel armorial du Bibliophile.* — *Recherche de la Noblesse dans la généralité de Tours.*

DE LA ROCHE-LOUDUN, seigneurs de Loudun, Lupy, Rhimbé, Châteauvert ; comtes de la Roche-Loudun. Franche-Comté, Berry et Nivernais.

Famille qui a fourni quatre chevaliers à l'ordre de Malte et qui a comparu en 1789 à l'assemblée de la noblesse du Nivernais.

Alliances : De Marafin, de Vielbourg, de Bar, de Châteaubodeau, Brisson, Gascoing, du Verne, de Charry, de Champ.

D'azur à trois bandes d'or.

Armorial de la généralité de Bourges. — VERTOT. — *Armorial du Bourbonnais.* — *Statistique monumentale du Cher.* — *Armorial des principales familles du Berry.*

DE ROCHERY. Bourbonnais et Nivernais.

Vers 1780, M. de Rochery de Saint-Victor reçoit des lettres de provisions de conservateur des chasses de Mgr le comte d'Artois.

En 1786, M. de Rochery de Breton scelle une lettre adressée à M. l'abbé de Vélard, député de l'administration provinciale du Berry, d'un cachet en cire rouge portant les armes ci-dessous. (Archives du Cher, C. 1318).

D'azur à six aiglettes posées 3, 2 et 1.

Noms féodaux. — *Armorial du Bourbonnais et du Nivernais.*

DES ROCHES-HERPIN, seigneurs de la Corbellière, près Preuilly, Forges, la Morinière, le Coudray-Herpin, Villeperdue, Neuvy-Bonbon, le Petit-Buisson. Touraine et Berry.

Maison d'ancienne noblesse qui a pour auteur Jean des Roches, seigneur de la Corbellière, qualifié de varlet dans un titre de 1360, d'écuyer dans un autre titre de 1387 et de chevalier dans un acte de 1392.

Elle a produit plusieurs chevaliers de Malte, dont un commandeur de Villefranche. Un membre de cette famille, Guillaume des Roches, ayant épousé en 1552 Marie Herpin, fille du seigneur du Coudray-Herpin, la sœur de celle-ci, Marguerite Herpin, mariée trois fois et sans enfants, laissa, par testament en date du 22 juillet 1603, la terre du Coudray à son petit neveu Pierre des Roches, à la charge de porter le nom et les armes des Herpin qui sont : d'argent à deux brassards ou manches mal taillées de gueules, aux plis d'or, passées l'une sur l'autre.

Alliances : Lemoine, du Verdier, de Mathefelon, de Ronsard, de Bernaise, de Troussebois, Herpin du Coudray, de Voisines, d'Orléans, de Meaux, de Buffevent, de Boisé.

D'argent à la bande fuselée de gueules, chargée d'un lion d'or, couronné, armé et lampassé de gueules.

La Thaumassière*. — Vertot. — Le chanoine Hubert. — *Armorial de la Touraine.* — *Les Recherches de Noblesse en Berry.* — Collection Clairambault. — *Nobiliaire de la généralité de Bourges*, F. fr., 32272. — *Armorial des principales familles du Berry.*

DE LA ROCHETHULON. Voir THIBAUD.

ROCHIER.

Robert Rochier.

De gueules à trois rocs d'échiquier d'argent, 2 et 1.

Armorial de la généralité de Bourges, Election du Blanc. D'office.

ROCHOUX DE LA BOUIGE ET D'AUBERT, seigneurs des Auberts, le Petit-Magnolet, Migarrand, la Bouige.

Famille établie à Neuvy-Saint-Sépulcre en Berry, où elle apparaît dans les archives de la mairie à partir de 1644, année où Jacques Rochoux, sergent royal à Neuvy-Saint-Sépulcre, acquiert les fiefs des Auberts et du Petit-Magnolet.

Elle a produit des notaires, des procureurs et deux baillis de Neuvy-Saint-Sépulcre ; Jean-Baptiste Rochoux de la Bouige, avocat en parlement, dernier bailli de cette justice, considéré comme l'un des plus habiles jurisconsultes de la province, fut élu administrateur du département de l'Indre et député à l'Assemblée législative en 1791. Il mourut en 1805.

Alliances : Ragny, Bon, Moreau, Naillat, Pibeau, Passajon, Auclerc, Richard, Fradet, Mauduit, Augay, Montet de la Chambatterie, Bonnin, Rouet, Glénard.

Archives de l'Indre. — *Etude géographique, historique et légendaire sur Neuvy-Saint-Sépulcre*, par S.-T. Massereau, La Châtre, 1899.

ROCQUE, seigneurs des Modières, Couslun, Souligny, paroisse de Saint-Vitte. Originaires du Bourbonnais. En Berry.

Famille dont les preuves de noblesse remontent à François Rocque, écuyer, sieur des Modières en 1544.

Alliances : Amonin, de Troussebois, de Culan, de Fradel.

D'azur au chevron d'or, accompagné de trois rocs d'échiquier (qui ressemblent à des rochers) d'argent.

Noms féodaux. — Armorial de la généralité de Moulins. — Nobiliaire de la généralité de Bourges, F. fr., 31791 et 32272. — Armorial du Bourbonnais. — Les Recherches de Noblesse en Berry.

DE ROFFIGNAC, *alias* **DE ROUFFIGNAC**, seigneurs de Meauce, Gigny, Greniaudes, les Loges, les Sicardières ; comtes d'Aspremont, marquis de Roffignac. En Nivernais et en Berry, élection du Blanc.

Maison d'ancienne chevalerie du Limousin dont la filiation authentique établie par Chérin commence à Hugues de Roffignac, damoiseau, qui fit son testament en février 1299. Elle a donné plusieurs chevaliers de Malte et s'est perpétuée jusqu'à nos jours.

Alliances : De Céris, de Maumont, de Salaignac, de la Rivière, du Mesnil-Simon, de Saint-Nectaire, Maréchal de Fortbois, de Damas, Bertrand de Pallières, de Morogues, de la Faire, d'Aloigny, Guiot d'Asnières, de Nuchèze, de Villelume.

Ecartelé : aux 1 et 4, d'or au lion de gueules, qui est de Roffignac ; aux 2 et 3, d'azur à la bande d'or, accompagnée de six molettes, *alias* merlettes de même en orle. (Ecartelure propre à la branche nivernaise).

La Thaumassière. — Noms féodaux. — Armorial de Challudet. — Vertot. — Les Présidents à mortier. — Armorial du Nivernais. — Annuaire de la Noblesse. — Nobiliaire de la généralité de Bourges, F. fr., 31791. — Les Recherches de Noblesse en Berry. — Statistique monumentale du Cher.

ROGER, seigneurs de la vicomté de Coulogne (1678).

Famille qui a donné au xviie et au xviiie siècles des présidents trésoriers de France au bureau des finances de Bourges et un maire de cette ville en 1717.

Alliances : D'Anjou, de Briquet, Gallois.

D'azur, à une mer d'argent en pointe, entourant un rocher de même, accostée de deux vents ou têtes d'enfants de profil d'or, mouvantes des flancs, dont le souffle est d'argent, et surmontée d'un soleil d'or en chef.

Armorial de la généralité de Bourges. — Noms féodaux. — Archives du Cher. — Armorial des principales familles du Berry.

ROGER, *alias* ROGIER.

Jean Roger, le jeune, fut échevin de Bourges en 1490 et 1491. Il était seigneur de Quantilly que ses enfants, Jeanne Roger, veuve Jean Piat et Perrette Roger, femme de Jean de Morogues, vendirent en 1524 à Jacques Thiboust, secrétaire du roi.

D'azur à la bande en divise de gueules, accompagnée de deux lions d'or, l'un en chef et l'autre en pointe. *Alias* : de gueules à trois étoiles d'argent.

Privilèges de Bourges. — LA THAUMASSIÈRE. — Le P. LABBE.

DE ROHAN.

François de Rohan, price de Soubise, capitaine-lieutenant de la compagnie des gens d'armes de la garde du roi, lieutenant-général, bailli de la province et duché de Berry (1675).

Parti : au 1 de gueules à neuf macles d'or, qui est de Rohan ; au 2 d'hermine plein, qui est de Bretagne.

Nouvel armorial du Bibliophile, par GUIGARD.

DE ROLLAND ou ROLAND, seigneurs de Linerolles, la Vèvre, Nizerolle et le Vineux, paroisse de Bussy, le Coudray, Arboux, les Troches, Challuy, etc... En Berry et en Nivernais.

Cette famille a pour auteur Humbauld Roland, médecin du duc Jean de Berry. Elle a donné un prud'homme élu au gouvernement de la ville de Bourges en 1402, un gouverneur pour la Ligue du château de Montfort qui rendit cette ville au roi Henri IV en 1597, un chevalier de l'ordre de Saint-Jean de Jérusalem (1495), un commandeur de Farges (1563).

Cette famille a comparu à l'assemblée de la noblesse de Berry en 1789 pour le bailliage de Dun-le-Roy.

Alliances : De Chétardie, de Voulsy, de Blet, de Thianges, Ronsard, d'Estampes, Sathenat, de Grosbois, de Bouchetel, de Bonnault, de Troussebois, de Hérouard, de Guillon, de Biottière, de Launay, du Trochet, Pagany, le Roy d'Alarde, Labbe, de Peuille, de Saint-Martin.

De gueules au griffon d'or, accompagné de trois étoiles d'argent, deux en chef et une en pointe. *Alias* : de gueules au griffon d'or, armé et becqué d'argent, *alias*, de sable.

Supports : deux anges à genoux. Cimier : une tête de Maure couronnée.

LA THAUMASSIÈRE*. — *Noms féodaux.* — *Armorial des généralités de Bourges et de Moulins.* — *Archives du Cher.* — *Les Recherches de Noblesse en Berry.* — *Armoriaux du Nivernais et du Bourbonnais.* — *Inventaire des Titres de Nevers.* — *Nobiliaire de la généralité de Bourges*, F. fr., 31791 et 32272. — *Armorial des principales familles du Berry.*

DE ROLLIN, seigneurs de la Forest, le Bouchaud, Courtaillet, Uvier, paroisse du Bourg de Salagnac, en Limousin.

Silvain de Rollin, écuyer, seigneur de la Forest, est inscrit à l'*Armorial de la généralité de Bourges* avec des armes imposées d'office, celles que nous donnons ci-dessous.

Alliances : Du Breuil, de la Trémoille.

D'or coupé de sable à une bande d'argent.

Les Recherches de Noblesse en Berry.

RONSART, *alias* **ROUSSARD**, seigneurs des Cloix, Giry, Chailloux, l'Hosmois.

Famille qui a produit, au xve siècle, quatre maîtres de la monnaie de Bourges. Le premier d'entre eux, Jean Ronsard eut une fille qui, par son mariage avec Macé de Léodepard, devint la belle-mère de Jacques Cœur ; le dernier, Thomas Ronsard, fut échevin de Bourges dans les années 1495 et 1496.

Alliances : Rolland, Alabat, Cottereau, de Léodepard.

De gueules à deux branches de ronce, posées en fasce, l'une sur l'autre, d'or.

Alias : d'azur au phénix d'or, entouré de deux rinceaux de ronces de même, feuillées de sinople, fleuries d'argent de quatre feuilles en croix, les dites ronces péries en cercle et lissantes d'un feu de gueules ombré d'or en pointe.

Privilèges de Bourges. — Le P. LABBE. — LA THAUMASSIÈRE. — D. MATER, *Etudes sur la numismatique du Berry, Notes et documents sur la monnaie de Bourges*, Chalon-sur-Saône, Bertrand, éditeur, 1909.

ROQUIER.

Philibert Roquier des Patrigeons, avocat en parlement.

De gueules à trois fasces d'or, chargées de dix merlettes de sable, 4, 3 et 3.

Armorial de la généralité de Bourges, Election d'Issoudun.

ROSSIGNOL DE LA RONDE, seigneurs de la Ronde, Boisrond, la Tribauderie.

Cette famille est venue de Vatan au xvie siècle se fixer à Vierzon où elle a tenu un rang distingué. Plusieurs de ses membres ont été officiers au grenier à sel, procureurs du roi, lieutenants-généraux et échevins de cette ville, l'un d'eux a rempli les fonctions de maire en 1721. Un Rossignol de la Ronde était conseiller du roi au présidial de Bourges en 1789.

Alliances : Cissoigne, Aury, Desbans, Lauverjat, Soumard, de Lespinassé, Gourdon, Maillet, Albert, Pocquet de la Mardelle, Rouher de Julliac, Bourgeois de Putheaux, Toubeau de Maisonneuve, Charlemagne, Piquois de Montenay du Minhy, Botot de Saint-Sauveur-Lorraine.

De gueules au chevron d'or, accompagné de trois merlettes percées de flèches d'argent et surmontées de trois étoiles de même.

La Thaumassière. — *Armorial de la généralité de Bourges.* — *Noms féodaux.* — Archives du Cher. — *Armorial des principales familles du Berry.*

ROUGEN.

Étienne Rougen, clerc du diocèse de Bourges, avait pour tuteur (1661) Louis Rougen, sous-chantre de l'église Cathédrale de Bourges (1672), chanoine de la dite église. Il reçut d'office les armoiries que nous donnons ci-dessous.

D'azur à quatre fasces, deux d'or et deux d'argent entremêlées, à la bordure componnée d'argent et de gueules.

Armorial de la généralité de Bourges. D'office. — Archives du Cher.

ROUGIER, seigneurs de la Ronde, le Vernay (1664).

Famille à laquelle appartenait peut-être Jean Rougier de Besses (1432), probablement seigneur de ce fief assez important sis paroisse de Saint-Maur (Cher).

Nous la trouvons établie au Châtelet où elle a rempli les fonctions de procureur et de notaire ; Jean Rougier, bailli de Forges, meurt à la Ronde (1676) ; autre Jean Rougier, né en 1625 au Châtelet, fut conseiller au grenier à sel de Saint-Amand.

Il a existé dans la Haute-Marche une famille de ce nom qui a donné un châtelain à la ville de Guéret en 1633, un capitaine de la milice bourgeoise en 1696 et qui portait : d'argent à trois roses de gueules, tigées et feuillées de sinople, 2 et 1.

Alliances : Pallienne, Robin, Hugault, Ganneau, Hivernault, Tavarin, Libault.

Registres paroissiaux du Châtelet. — *Statistique monumentale du Cher.* — Tardieu, *Dictionnaire de la Haute-Marche.*

ROUSSEAU, seigneurs de Belle-Isle, Lizy, Bonnaigle, la Planche, Champmartin, la Cresle.

Ancienne famille qui a fourni un échevin de Bourges en 1490 et 1491, plusieurs élus au gouvernement de la ville de Vierzon au xvie siècle, des procureurs du roi, un maire perpétuel de Vierzon qui a fait enregistrer ses armoiries.

Alliances : Thiboust, Gassot, Charlemagne, Girard, Labbe, Agard, Mery, Gourdon, Vernage, Genty, de la Rippe, Dobin, de la Varenne, Bourdaloue, Geoffrenet, de Villantroys, Desbans, du Péron.

D'or à une matrice de monnaie de sable, les gravures à l'antique d'or.

LA THAUMASSIÈRE. — CATHERINOT, *Tombeau généalogique:* — *Armorial de la généralité de Bourges.* — *Noms féodaux.* — Archives du Cher. — *Armorial des principales familles du Berry.*

ROUSSIN.

François **Roussin**, chanoine du Chapitre de Saint-Ursin de Bourges.

D'argent à un cheval gai de gueules.

Armorial de la généralité de Bourges. **D'office.**

ROUX, seigneurs de Laumoy, paroisse de Morlac, la Ronde, la Valette, la Cotardière.

Famille établie au Châtelet dès le commencement du XVIIe siècle.

Elle a fourni des notaires royaux, un procureur au parlement de Paris (1686).

Alliances : Lybaud, Tavarin, Boutet, Masson, Béguin, Bignon, Berthoulat, Segondat, Robin, Cornudet, Leleu, Palienne, Bouyonnet, de Barbançois.

D'or à un croissant de gueules, surmonté d'une molette de même, au chef de gueules chargé de deux molettes d'or.

D'après un ancien cachet de cette famille, en notre possession, ses armes se blasonneraient différemment : de gueules à deux molettes d'or, coupé d'or à un croissant de gueules surmonté d'une molette de même.

Armorial de la généralité de Paris. — Registres paroissiaux du Châtelet. — *Statistique monumentale du Cher.* — *Armorial des principales familles du Berry.*

DU ROUX, seigneurs de Sigy-en-Brie, Villeneuve-sur-Cher ; vicomtes de Meslay.

Maison d'ancienne noblesse remontant à Antoine du Roux, 1444. Elle a fourni des chevaliers de Malte et des officiers distingués.

Christophe de Chevrier, seigneur de Villeneuve, légua sa terre de Villeneuve à son filleul Jean du Roux, à la charge qu'il s'appellerait Jean-Christophe du Roux de Chevrier et porterait les armes de Chevrier et du Roux écartelées. En 1670 Barthélemy du Roux de Chevrier fait foi et hommage au roi de la dite terre de Villeneuve.

Alliances : De Sigecour, de Brichanteau, de Chaumont, de Tournebœuf, Piedefer, Mascrany, de Culon.

D'azur à trois têtes de léopard d'or, 2 et 1.

LA THAUMASSIÈRE*. — *Armorial de la généralité de Bourges.* — VERTOT. — *Noms féodaux.* — Archives du Cher. — *Armorial des principales familles du Berry.*

LE ROY, seigneurs de Saint-Florent, Villeneuve-sur-Cher, Nozay, Therieux, Moulin-Neuf, Gisay, paroisse de Saint-Aubin, Châteaufort, paroisse d'Etréchet, Saint-Caprais, Morthomiers, le Bois-sir-Amé, le Tremblay, Ivry, Marmagne, Montdésire, Brennetin, etc... ; barons de Bussière-d'Aillac.

Cette famille, l'une des plus anciennes de Bourges, remonte à Pierre le Roy, qualifié « chevalier » dans une charte du roi Philippe le Hardy en 1277.

Elle a produit deux prud'hommes élus au gouvernement de la ville de Bourges en 1440 et en 1461, deux maîtres d'hostel et un premier pannetier du duc Jean de Berry, un écuyer de bouche de Charles VI, un gouverneur de l'écurie de Louis XI, un gentilhomme ordinaire du duc d'Orléans, un chanoine de la Sainte-Chapelle de Bourges, conseiller, clerc au parlement, des chevaliers de Malte, etc...

Alliances : Pellorde, Savary de Lancosme, George, Bricefort, Stuc, Lallemant, de Touzelle, Bouffet, Briçonnet, Gentils, Portier, Girard, Herpin, de Sauzay, Bastard, de Brilhac, de la Marche, de Meaux, du Drac, du Mesnil-Simon, de Mauvoisin, Gouge de Charpaigne, d'Assy, de Boisé, de Saint-Avy, de Chevrier, de Chauvelin, du Peyroux, de Gaucourt, Heurtault, Bonin, de Lestang, Tristan, de Chevenon de Bigny, Cardinet de Poinville, Ruellé, Macé, Phelippe de Billy, de Bonnault de Villemenard, de Fricon, Joussineau de Tourdonnet, de Monspey, de Moreton de Chabrillant.

De sable à neuf tiercefeuilles d'or, posées 3 et 3 et 2 et 1.

Le sceau de Gautier le Roy, bourgeois de Bourges, commis à recevoir les rentes au pays de Berry, 1358, présente un écu peu différent des armes ci-dessus ; il porte dix tiercefeuilles (au lieu de neuf), posées 4, 3, 2 et 1 et une bordure. (Collection Clairambault).

G. LE BOUVIER. — LA THAUMASSIÈRE. — *Privilèges de Bourges.* — *Armorial de la généralité de Bourges.* — *Noms féodaux.* — *Nobiliaire de la généralité de Bourges*, F. fr., 31791 et 32272.—Pièces originales, 2580, à la Bibliothèque Nationale. — *Bulletin de la Société héraldique.* — *Mémoires des Antiquaires du Centre*, XXe vol. *Généalogie de la famille Le Roy*, par le comte DE TOULGOET-TRÉANNA. — Archives de l'Indre. — *Armorial des principales familles du Berry.*

LE ROY, seigneurs de Cuy, Lavau, Thorigny, le Soulier, Cussy, Marcilly, Lomoy, Bergerenne, les Nourissons, le Puy-de-Varennes, paroisse de Neuilly-en-Dun ; barons d'Alarde. En Nivernais et en Berry.

Cette famille était représentée en 1789 par Pierre-Gilbert le Roy, baron d'Alarde, né à Montluçon en 1749, qui fut élu député-suppléant aux Etats-Généraux par la noblesse de Saint-Pierre-le-Moustier. Il avait été page de la Dauphine, puis lieutenant au régiment de Conti et enfin dans les chasseurs de la Franche-Comté. Il mourut à Besançon en 1809.

Alliances : Du Verne, de Chéry, de Chaussecourte, de Bunot, de Roland, de Beaucaire, de Courtais, de Mairot.

D'azur au chevron d'or, accompagné de trois couronnes de même.

L'*Armorial de Chaludet* donne des armes différentes : D'azur au chevron accompagné en chef de deux têtes de lion, et en pointe d'une étoile, le tout d'or.

Or nous avons vu, il y a plusieurs années, dans la chapelle de la Sainte-Vierge de l'église de Givardon une litre avec les armes ci-dessus : « D'azur au chevron d'or, accompagné de trois couronnes de même », que le curé d'alors, M. l'abbé Potier, a fait disparaître malgré ma prière.

D'autre part, nous avons trouvé aux Archives du Cher, B. 1758, le sceau de Charles le Roy, seigneur de Comme-que-soit ou les Nourissons, du Puy-de-Varennes, baron d'Alarde qui représente le même blason, 1757.

Inventaire des Titres de Nevers. — Registres paroissiaux de Givardon. — *Armorial du Nivernais*, 1re édition. — *Statistique monumentale du Cher*. — *Biographie universelle, ancienne et moderne* (supplément), vol. LVI, p. 220, librairie Michaud, Paris, 1834.

ROYON VARENNES.

Royon, seigneurs de Royonville avant 1700, de Chotin, paroisse de Vineuil (1756).

D'après la tradition verbale cette famille serait originaire de Normandie ; avant la fin du XVIIe siècle nous la trouvons établie à Argenton en Bas-Berry où elle a rempli les fonctions de contrôleur des traites foraines de cette ville pendant trois générations.

Antoinette Liegard, veuve de Charles Royon, contrôleur des traites et fermes du roi au bureau d'Argenton, fit enregistrer les armoiries ci-dessous.

Alliances : Liegard, Chardon de Boussay, Galland de la Varenne, Chezeaud, Jaymebon, Fourcault de Pavant, Crublier de la Rivière, Patureau du Broutet, Thabaud Deshoulières, Patureau-Mirand, Moreau des Breux, Pénin, Ducoux.

D'azur à deux étoiles d'argent en chef et un croissant de même en pointe.

Armorial de la généralité de Bourges. — Registres paroissiaux d'Argenton. — Archives de l'Indre. — *Généalogie Royon*, communiquée par M. Raymond DESJOBERT DE PRAHAS, de Châteauroux.

ROZE, seigneurs de Trouy, Grandmaison.

Pierre Roze, marchand, fut élu échevin de la ville de Bourges en 1682 avec un nombre de voix plus considérable que n'en avait obtenu Etienne Guillot, aussi marchand. Nonobstant, ce fut le sieur Guillot qui, sur la demande du roi, remplit les fonctions d'échevin.

Alliances : Godefroy, Huet.

D'argent à trois roses de gueules, tigées, feuillées et pointées de sinople, deux en chef et une en pointe.

Armorial de la généralité de Bourges. — LA THAUMASSIÈRE. — *Noms féodaux.* — Archives du Cher. — *Armorial des principales familles du Berry.*

DES ROZIERS, seigneurs de la Pillauderie, Chassincourt, paroisse de Mouhet, en Berry.

Famille connue depuis Armand des Roziers vivant en 1490 et maintenue dans sa noblesse en 1715 à l'Intendance du Berry.

Alliances : Rabot, Agenet, Desbans, Cauche, Perrot.

D'argent à la fasce d'azur, surmontée d'un chevron alaisé d'azur, accompagné de deux fleurs de lys de même, l'une à dextre et l'autre à senestre et d'une rose d'azur au milieu en pointe.

Nobiliaire de la généralité de Bourges, F. fr., 31791 et 32273. — Armorial de la généralité de Bourges. — Les Recherches de Noblesse en Berry. — HUBERT, *Dictionnaire de l'Indre.* — *Armorial des principales familles du Berry.*

RUBY, seigneurs de Bergerennes, la Roize.

Ancienne famille qui a donné des notaires, un fermier général du comté de Sagonne, 1673, un prévôt de Sancoins.

Alliances : Bordreuil, Bernard, Alabat, de Saincthorent, Le Jeune, Grimard, Dobin, Rousset, Collin.

D'argent à une fasce de gueules.

Armorial de la généralité de Bourges. D'office. — Archives du Cher et de l'Allier.

DE LA RUE ou DELARUE, seigneurs de Razay, Vieille-Forest, paroisse de Puy-Ferrand (du Châtelet).

Famille qui a donné aux XVIIe et XVIIIe siècles des notaires, des avocats, un président en l'élection de Bourges.

Toussaint de la Rue, avocat en parlement, sieur de Razay, fut élu échevin de cette ville en 1676, mais son élection fut cassée par lettres de cachet du roi. Il est inscrit d'office à l'*Armorial de la généralité de Bourges*, mais avec des armoiries de fantaisie.

Alliances : Mareschal, Baucheron, Gassot, Gougnon.

De gueules à l'arbre de Rüe d'or, à la licorne d'argent traversant sur le tronc de l'arbre, à deux étoiles de même en chef.

LA THAUMASSIÈRE. — Archives du Cher. — *Statistique monumentale du Cher.* — *Armorial des principales familles du Berry.*

DE LA RUE, seigneurs de la Philippière, Villarnoux, l'Epinat, Génevrier, les Epinettes, Fontgoin.

Famille noble possessionnée en Bas-Berry, près d'Argenton, dès le xve siècle.

Alliances : De Beauchamps, Terrier, Potin, de Coigne, de Mallivau.

D'azur, au chevron d'or, accompagné de trois losanges d'argent.

Archives de l'Indre. — HUBERT, *Le Bas-Berry*, canton d'Argenton. — *Les Recherches de Noblesse en Berry.*

RUELLÉ, seigneurs des Beurthes, Chaudry, la Lande, paroisse de Villegenon, le Roulier, la Pagerie, la Chaume, le Gué, le Chesné.

Ancienne famille originaire du Sancerrois qui remonterait à Hélier Ruellé, marié en 1488, qui bâtit la tour de l'église de Jars, où ses descendants ont conservé droit de sépulture. Elle a fourni un échevin à la ville de Bourges en 1651 et 1652, maître d'hôtel du roi, un chanoine de la Sainte-Chapelle de Bourges, chantre de Notre-Dame de Paris, deux conseillers au parlement, un chevalier d'honneur au bailliage de Berry et siège présidial de Bourges, 1693, des officiers distingués dont trois chevaliers de Saint-Louis.

Il existait à Vierzon une famille de ce nom qui a produit aux xvie et xviie siècles des notaires, des procureurs, etc... et qui s'est alliée aux familles de Sully, Baucheton, etc. ; nous ignorons si elle se rattache à la famille Ruellé du Chesné.

Alliances : Carrelot, Bengy, de Recouvergne, Gallus, Macé de Villedoué, le Roy de Buxières d'Aillac, Lemort, de Lafond, Gibieuf, Triboudet.

D'argent à trois pins de sinople.

LA THAUMASSIÈRE. — BLANCHARD, *Les Présidents à mortier.* — Archives du Cher. — *Statistique monumentale du Cher.* — *Armorial des principales familles du Berry.*

DE RUILLY, seigneurs de Beury, Bonaigle, la Motte-d'Aisy, paroisse de Méry, Chasnay, Ferrandeau, la Bruère, la Genetière.

Ancienne famille Vierzonnaise dont la filiation remonte vers le milieu du xive siècle. Elle a produit un conseiller et secrétaire du duc Jean de Berry qui fut anobli par lettres patentes du roi Charles VI au mois d'avril 1399, un chanoine de la Sainte-Chapelle de Bourges, des gardes du scel, prévôts, baillis et élus au gouvernement de la ville de Vierzon. Eteinte vers la fin du xvɪᵉ siècle.

Alliances : De la Forest, Convers, du Sollier, de Brassueilh, Courcier, Crochet, du Mont, Bigeot, de la Mardelle, de Crécy, de Bonnault.

De sable à deux chevrons d'argent, accompagnés de trois molettes de même, deux en chef et une en abîme.

Sceau de 1423, aux Archives du Cher. — Comte DE TOULGOET-TRÉANNA, *Notice sur la famille de Ruilly, Mémoires des Antiquaires du Centre*, XIXᵉ vol., 1893. — *Histoire de Vierzon*, même auteur. — *Statistique monumentale du Cher. Armorial des principales familles du Berry.*

DE RUME.

N... (Nicolas) de Rume, prêtre, curé de Sainte-Lizaigne.

En 1713, le 25 janvier, il fut parrain de Nicolas-Antoine de Rume, fils de M. Antoine-Achille de Rume, sieur du Moulin-Neuf, receveur des aides à Lignières et de Marie-Claude Landry de Séricourt.

D'argent à trois pins de sinople, deux et un.

Armorial de la généralité de Bourges, Election d'Issoudun. — Registres paroissiaux de Lignières.

SABARDIN, seigneurs de Drulon, Vilette.

Ancienne famille qui a donné des greffiers, des procureurs et des notaires aux bailliages de Culan et de Châteaumeillant, des officiers au grenier à sel de la Châtre, un gendarme de la garde ordinaire du roi, un général de brigade en 1791.

Dans la nef de l'église de Saint-Vitte-le-Fleuriel, on lit sur une pierre tombale cette inscription : Cy gist Gilbert Sabardin, fils de Yves Sabardin et de Charlotte Davril, lequel décéda le cinquième jeun 1599.

Alliances : Davril, Meillet, Severagot, Grangeron, Journet, Berthoulat, Maugenest, Yel, Parnajon, Peron de Charasse, Blanchard, Barbadault, Périgois, Lecamus, Laisnel, Cuinat des Chaumettes, de Beaufranchet.

D'or, à un sabot de gueules.

Armorial de la généralité de Bourges, élection de Saint-Amand. D'office. — Registres paroissiaux de Culan et de Châteaumeillant. — *Histoire de la Châtre*, par DUGUÉ. — *Statistique monumentale du Cher.*

SABASTEAU.

N. Sabasteau, procureur au siège présidial de Bourges.

D'azur, à trois flèches d'argent couchées en fasces l'une sur l'autre.

Armorial de la généralité de Bourges. D'office.

SABATHIER.

Denis Sabathier était commis général des gabelles en Berry et en Bourbonnais (1672). Pierre Sabathier, procureur fiscal à Léré, fit enregistrer les armoiries ci-dessous.

Alliances : Dabert, Masson, Decencière de la Ferrandière.

D'azur, au chevron d'or, accompagné de trois roses boutonnées d'argent.

Armorial de la généralité de Bourges. — Archives du Cher.

SADRON.

Pierre Sadron, de la ville du Blanc.

D'argent, à trois fasces d'azur.

Armorial de la généralité de Bourges, élection du Blanc. D'office.

SAGET.

Etienne Saget, procureur fiscal à Levroux et Marie Saget, veuve de François le Blanc, marchand fermier de Levroux.

D'azur, à six flèches d'argent, ferrées et empennées d'or, appointées en cœur et mouvantes quatre des angles et deux du flanc.

Armorial de la généralité de Bourges, élection d'Issoudun.

SAIN, seigneurs de Boislecomte, en Touraine, la Forge, Baudouin, Faverolles, la Baronnie, Souligny, Auteroche, paroisse de Tremblevif (Loir-et-Cher), Prevert, paroisse de Touchay, Ranchoux, paroisse de Neuvy-Saint-Sépulcre, Virolant, en Berry.

Famille originaire du Poitou, qui est venu se fixer en Touraine, d'où elle s'est répandue en Orléanais et en Berry. Elle a produit un secrétaire du roi, un président trésorier de France au bureau des finances de la généralité de Tours, maire de cette ville en 1613, deux receveurs généraux des finances en Berry, un mousquetaire et un garde du corps du roi, plusieurs officiers, chevaliers de Saint-Louis.

Alliances : De Mauvise, Berault, de Brecy, de Brosses, Galand, de Bethoulat, Girard de Vornay, du Ligondès, Cuisinier.

De sable, à la fasce d'or, chargée d'une tête de maure de sable tortillée d'argent, accompagnée de trois coquilles d'argent, deux en chef et une en pointe.

Ce sont les armes primitives de cette maison qui ont été conservées par les branches du Berry et de l'Orléanais. La branche des seigneurs de Bois-le-Comte en Touraine, portait : D'azur, à la fasce d'argent, chargée d'une tête de maure au naturel tortillée d'argent, accompagnées de trois coquilles d'or.

Armorial de la généralité de Bourges. — Noms féodaux. — Nobiliaire de la généralité de Bourges, F. fr. 31791. — Armorial de la Touraine. — Archives du Cher. — Recherche de la Noblesse dans la généralité de Tours. — Les Recherches de Noblesse en Berry. — Extrait des registres paroissiaux de la commune de Touchay, par François DESHOULIÈRES, 1894. *— Etude sur Neuvy-Saint-Sépulcre,* par MASSEREAU, La Châtre, 1899, p. 168. *— Armorial des principales familles du Berry.*

DE SAINCTHORENT, seigneurs de Merveranges, le Chomet, Moulin-Neuf.

Ancienne famille établie dans la Marche et en Berry. Elle a donné des notaires, des procureurs, des médecins, des avocats, un prieur de Toul-Sainte-Croix (1735), un député de la Creuse à l'assemblée nationale en 1871.

Alliances : Taillandier, Sartin, Duchier, Meillet, Robert, Perrot, de Bonneval, Denyson, Momet, Selleron, Chenon, de Ligondès.

D'azur, au chevron d'argent, accompagné en chef de deux croissants et en pointe d'un aigle de même, au chef cousu de gueules chargé de trois étoiles d'or.

Armorial de la généralité de Bourges. — Notes communiquées par M. Edmond TABOUET, de Saint-Désiré. — TARDIEU, *Dictionnaire de la Haute-Marche. —* DE MAGNY, *Le livre d'or de la Noblesse,* IVe Registre. *— Armorial des principales familles du Berry.*

DE SAINT-AVIT, seigneurs de Saint-Avit, Saint-Domet, Aigues-Mortes.

Maison d'ancienne chevalerie originaire de la Marche dont la filiation commence à Jean, seigneur de Saint-Avit qui vivait au XIVe siècle. Elle s'est établie en Berry où elle a possédé le fief d'Aigues-Mortes, paroisse de Venesmes. Ses armoiries se voient encore sur la porte des bâtiments du vieux château et sont aussi sculptées avec huit quartiers sur une pierre qui se trouve à la cure de Venesmes.

Cette famille a donné un sénéchal de la Marche en 1433, plusieurs abbés de Bonlieu, dans la

Haute-Marche, un abbé commendataire de l'abbaye des Pierres (1522), un chevalier de Malte, un abbé de l'abbaye de Vierzon (1404).

Alliances : Du Peschin, d'Aubusson, de Rochechouart, du Pin, Esgrin, de Saint-Julien, de Gaucourt, le Groing, de Malesset, Trousseau, le Roy de Saint-Florent.

D'azur, à trois fasces d'argent, accompagnées en chef de trois besants de même.

LA THAUMASSIÈRE*. — *Noms féodaux.* — *Nobiliaire d'Auvergne.* — TARDIEU, *Dictionnaire de la Haute-Marche.* — *Statistique monumentale du Cher.* — *Armorial des principales familles du Berry.*

DE SAINT-BONNET.

Michel de Saint-Bonnet, fermier de Quantilly et de Saint-Palais, assesseur à l'hôtel de ville de Bourges, fut élu échevin de cette ville en 1693 ; mais il fut destitué et remplacé dans ses fonctions en 1694 « sur le fondement qu'étant assesseur à la maison de ville, il en était déjà du temps » ; ce qui ne l'empêcha pas d'ailleurs d'être encore échevin pendant les années 1695 et 1696.

D'argent, à un arbre terrassé de sinople soutenu d'un poisson de gueules sur une rivière ondée d'azur.

Armorial de la généralité de Bourges. — *Privilèges de Bourges* (à la Bibliothèque municipale). — Archives du Cher

DE SAINT-GELAIS DE LUSIGNAN, seigneurs de Saint-Gelais, Saint-Séverin, Montlieu, Lausac, Saint-Jean d'Angle, Bonnefoul, le Puy-Jourdain, Chevreux, la Gilbertière, Azay-le-Rideau, Seligny, Pressy, Romefort, la Ravardière, Montchaude, etc., etc., du Coudray-Monin, Civray, Marseuvre, en Berry ; barons de la Loë et de la Motte-Sainte-Eraye, marquis de Saint-Gelais et de Balon. Originaires du Poitou, en Berry et en Touraine.

Famille considérable par ses emplois, ses honneurs et ses alliances, issue de la maison de Lusignan ainsi que l'attestent des lettres-patentes obtenues en 1580, par Louis de Saint-Gelais. Sa filiation suivie commence par Borgne de Lusignan, seigneur de Saint-Gelais, vivant en 1109, fils puiné de Hugues VII de Lusignan, dit le Brun. Elle a donné une abbesse de Beauvoir en Berry.

Alliances : Bouchard d'Aubeterre, de Fontenay, Chabot-Jarnac, de Brisay, de Lansac, de Nuchèze, de Rochechouart-Mortemart, de Crequy, de Préc, du Puy du Coudray, de Fradet de Saint-Août, de la Loë.

Ecartelé : aux 1 et 4, d'azur, à la croix alaisée d'argent, qui est de Saint-Gelais ; au 2, burelé d'argent et d'azur de dix pièces, qui est de Lusignan ; au 3, burelé de même, au lion de gueules couronné et lampassé d'or. Ces armes se voient encore dans le vieux chapitre de Châteaumeillant qui aujourd'hui est occupé par la mairie. Avant 1580, la maison de Saint-Gelais-Lusignan portait : d'azur, à la croix alaisée d'argent.

La Thaumassière*. — *Histoire des grands officiers de la couronne.* — Vertot. — La Chesnaye-des-Bois. — *Noms féodaux.* — Le Laboureur, *Les tombeaux des personnes illustres.* — Beauchet-Filleau, *Dictionnaire des familles du Poitou.* — Chevillard, *Dictionnaire héraldique.* — *Annuaire de la Noblesse,* 1857. — Archives du Cher. — *Armorial général de la Touraine.* — *Statistique monumentale du Cher.* — *Armorial des principales familles du Berry.*

DE SAINT-JULIEN, seigneurs de Saint-Julien, la Rochette, Saint-Marc, la Geneste, la Chassaigne, le Breuil, la Chezotte, Peyrudet, Valigny-sur-Cher, le Plaix-Jolivet, Soubrevèze, etc..., dans la Marche, en Limousin, en Bourbonnais et en Auvergne ; d'Angibault, Veniers, la Refaire, Fougères, Luzeret, la Charnaye et Vieille-Forest, paroisse du Châtelet, Puy-Barbeau, Cerbois, etc... en Berry ; barons de Maleval ; barons et comtes de Saint-Julien, comtes de Flayat.

Maison d'ancienne chevalerie, connue depuis le XIIe siècle, qui a pris son nom de la terre de Saint-Julien, première baronnie de la Marche. Elle a fourni un grand nombre de chevaliers de l'Ordre de Saint-Jean de Jérusalem, dont plusieurs commandeurs, un abbé de l'abbaye de Notre-Dame de Puy-Ferrand, prieur d'Ardenais, en...

Alliances : De Saint-Marc, de la Roche-Aymon, Loube, de Pierre-Buffière, de Greuille, de Barthon, de Rochefort, de Grailly, de Bridiers, de Biottières, de Savignat, d'Apchon, de Poyenne, d'Aubusson, de la Chassagne, de Saint-Avit, de Vouhet, de Saint-Quentin, Pot, de Courvol, le Groing, de la Marche, de Bethoulat, de Launay, de Mauvise, de la Roche, de la Souche, des Escures, de Montagnac, de Courtais, de Laage de Cerbois, de Bertrand, de Barbançois, de Bigny, de Chalus, d'Assy.

De sable semé de billettes d'or, au lion de même, armé et lampassé de gueules brochant sur le tout.

G. le Bouvier. — La Thaumassière*. — Vertot. — *Noms féodaux.* — La Chesnaye-des-Bois. — *Nobiliaire de la généralité de Bourges,* F. fr. 32273. — Archives de l'Indre. — *Nobiliaire d'Auvergne.* — Tardieu, *Dictionnaire de la Haute-Marche.* — *Armorial du Bourbonnais.* — *Les recherches de Noblesse en Berry.* — Nadaud, *Nobiliaire du Limousin.* — *Statistique monumentale du Cher.* — *Armorial des principales familles du Berry.*

DE SAINT-MARTIN, seigneurs de Baignat, la Roulle, Sarzay, Saint-Simphorien, Bois-Bertrand, paroisse de Fontaugier.

Famille originaire du Limousin que l'on trouve établie au XVIIIe siècle en l'élection du Blanc, en Berry. Elle a été maintenue plusieurs fois et a produit depuis Pierre de Saint-Martin, chevalier, seigneur de Baignat, sénéchal de la Basse-Marche, l'un des cent gentilshommes de la maison du roi en 1541. Elle a donné un page de la grande écurie du roi (1727), un lieutenant colonel du régiment de Rohan, des chevaliers de Saint-Louis.

Alliances : De Bermondé, Papon, Sornin, de Maleret, Courraudin, de Villedon, de Nuchèze, Barbarin, d'Anglars, de Bonneval, Blondeau de Laurière.

D'hermines, à trois bandes de gueules ; *alias* : bandé d'argent et de gueules de six pièces, les bandes d'argent semées de moucheturcs d'hermines.

D'HOZIER. — *Nobiliaire de la généralité de Bourges*, F. fr. 31791 et 32273. — *Noms féodaux.* — *Armorial de la généralité de Limoges.* — LA CHESNAYE-DES-BOIS. — *Les Recherches de Noblesse en Berry.* — Archives de l'Indre.

DE SAINT-MARTIN.

François de Saint-Martin, chanoine du chapitre de l'église de Levroux.
Très probablement de la même famille que la précédente.

D'azur, au chevron d'or, accompagné de trois aigles de même.

Armorial de la généralité de Bourges. D'office.

DE SAINT-PALAIS, seigneurs de Saint-Palais, Issoudun, Châteauneuf-sur-Cher, en partie, Marcuil-sur-Arnon, Primelles, Lunery, Masseuvre, Saint-Léger-du-Bois, Vatan, Buxeuil, Villeneuve-sous-Barillon, en Berry, de Saint-Valérien, en Orléanais ; d'Yguirandes en Bourbonnais, de Combres, au Maine.

Ancienne maison de chevalerie, connue dès le début du XIIIe siècle et éteinte au commencement du XVe siècle. Le seigneur de Saint-Palais était l'un des neuf barons du Berry qui devaient porter l'Archevêque de Bourges lors de son entrée solennelle dans cette ville.

Alliances : De Mery, de l'Isle-Bouchard, de Graçay, de Thianges, du Puy de Barmont, de Crux, de Rochechouart, de Giac, Trancheserp, de la Marche, Trousseau.

D'argent, à trois chevrons de gueules au chef de même.

Il existe à la collection Clairambault un sceau de Jean, seigneur de Saint-Palais, chevalier ; il porte un écu chevronné de six pièces sous un chef, penché, timbré d'un heaume cimé d'une crête en éventail, supporté par deux lions. Guerres de Berry, quittance de gages en date du 18 novembre 1386.

LA THAUMASSIÈRE. — G. LE BOUVIER. — *Généalogie de Saint-Palais*, par le Comte DE MAUSSABRÉ (*Mémoires de la Société des Antiquaires du Centre*, XIIIe vol). — DOUET D'ARCQ, *Inventaire des sceaux des archives de l'Empire.* — *Armorial des principales familles du Berry.*

DE SAINT-PÈRE, seigneurs de Giny, Chaudiou, Culon, Poissons, Villaines, le Mée, Vroux, Louault. Berry et Nivernais.

La famille de Saint-Père était anciennement connue en Berry où elle a contracté des alliances avec plusieurs familles nobles de cette province. L'un de ses membres, François de Saint-Père, fut élu député, pour le Tiers-Etat, aux Etats-Généraux qui se tinrent à Paris en 1593. Elle a produit un *commissaire des guerres*, un secrétaire de la chambre du roi, un contrôleur général des finances à Bourges.

Alliances : De Ganay, le Bourgoing, Alabat, Pajonnet, Paulin, de Bigny, de Bengy, de Chambellan, Fauvre d'Allouis, Bichier, Doullé, de Courvol, Tolozé.

De gueules, à deux clefs d'argent posées en pal. (Armes attribuées à cette famille par l'abbé de Marolles).

Alias : D'or, à la bande d'azur, accostée de deux cotices de même. *(Généalogie de la maison de Couvol).*

La Thaumassière. — *Noms féodaux.* — Archives du Cher. — *Armorial du Nivernais.*

DE SAINT-PIERRE.

Henry de Saint-Pierre fait inscrire les armoiries ci-dessous.

Ne serait-il pas M. de Saint-Pierre, prêtre séculier, nommé prédicateur par le chapitre de Bourges pour l'année 1699, dont il est fait mention dans le journal de Mathieu Perrot (V. *Antiquaires du Centre* XXe vol. p. 251). Ou bien il s'agit d'Henry de Saint-Père, né en 1623, du mariage de Claude de Saint-Père et de Catherine Bengy.

D'azur, à cinq larmes d'argent posées en sautoir.

Armorial de la généralité de Bourges.

DE SAINT-QUENTIN, *alias* DE SAINT-QUINTIN, seigneurs de Saint-Quentin, Beaufort, Cours, Villardeau, Miennes, Bauçay, Fraisse, Brizay, Reignat, Escurolles ; barons des Brosses, barons, puis comtes de Blet, Auvergne, Bourbonnais et Berry.

Ancienne maison dont la filiation s'établit depuis Gervais de Saint-Quentin, chevalier, vivant vers 1350. Elle a produit un chambellan du comte de Montpensier, en 1488, un capitaine de cent gentilshommes de la maison du roi, un capitaine et bailli de Saint-Pierre-le-Moustier, un gentilhomme ordinaire de la chambre du roi. Alexandre de Saint-Quentin, comte de Blet, maréchal de camp, commandant de la forteresse de Berg-op-Zoom, en Hollande, y mourut le 25 février 1748.

Alliances : De Pontgibaud, de Seuly, de Beaufort, de la Roche-Aymon, de Saint-Julien, de Fontenay, du Puy du Coudray, de Puyguyon, de Lestang de Ry, de Villelume, Hurault de Saint-Denis.

D'or, à la fleur de lys de gueules.

Selon la Thaumassière qui donne la généalogie de cette famille, elle aurait écartelé ses armes de celles de la maison de Sully, à la suite du mariage de Pierre de Saint-Quentin avec Alix de Sully qui lui apporta la terre de Blet.

Guillaume REVEL. — LA THAUMASSIÈRE*. — *Noms féodaux*. — VERTOT. — *Nobiliaire d'Auvergne*. — *Armorial général de la Touraine*. — *Histoire des grands officiers de la couronne*. — LA CHESNAYE-DES-BOIS. — *Armorial du Bourbonnais*. — *Statistique monumentale du Cher*. — *Armorial des principales familles du Berry*.

SALAT, *alias* SALLAT, seigneurs de Nuisement, de Vizy, de Boisrond.

Cette ancienne famille a fourni un conseiller au parlement de Paris en 1458, un maître des requêtes de l'hôtel du roi, président au parlement de Toulouse, qui remplit les fonctions de lieutenant-général au bailliage de Bourges (1496-1506), et celles de maire de cette ville pendant cinq années de 1496 à 1512, après avoir été élu échevin en 1479. Elle a fourni également deux chanoines à l'église de Bourges.

Au XVIIe siècle, nous trouvons de ce nom un procureur fiscal et un bailli de Villequiers ; nous ignorons s'ils appartenaient à cette famille.

Alliances : De Gannay, Rat, Georges, de Cambrai, Beraud, Riglet.

D'azur, au chevron d'or, au chef de même.

CHAUMEAU. — *Privilèges de Bourges*. — LA THAUMASSIÈRE. — *Armorial de la généralité de Bourges*. — BLANCHARD, *Les Présidents à mortier*. — Archives du Cher. — *Statistique monumentale du Cher*. — *Armorial des principales familles du Berry*.

DE SALIGNAC, *alias* DE SALAGNAC ou SALAIGNAC, seigneurs de Pars, paroisse de Nouziers.

Cette maison, de race chevaleresque, est originaire du Périgord où elle est connue dès le XIe siècle. Elle s'est illustrée dans la branche de la Mothe-Fenelon à laquelle appartenait l'immortel archevêque de Cambrai. Deux branches de cette famille dont le point de jonction n'a pas été établi, ont existé ; l'une, éteinte au XVIIe siècle et fixée en Berry où elle a possédé la seigneurie de la Roche-Gaudon, dans la paroisse de Chaillac, et connue habituellement sous le nom de Salagnac ; elle portait les armes des Salignac-Fénelon ; l'autre fixée en Angoumois et encore représentée fut maintenue dans sa noblesse à l'intendance de Poitiers, en 1667, avec les armes suivantes : D'azur, fuselé d'or, de trois pièces. A cette branche appartenait Louis de Salignac, seigneur du dit lieu, demeurant en la paroisse de Saint-Martin-Pouligny, en Berry, qui comparut à l'intendance de Bourges en 1669 ; il portait : D'argent, à trois fusées de gueules en fasce.

Alliances : De Naillac, Poute, Girou, de Maumont, de Leffe, du Griffon, de la Porte, d'Aubusson, de la Trémoille, de la Cropte, de Chamborant, Boudet, Auboutet, d'Argier, d'Oiron, d'Alougny, de Crevant, de Preaux, de Maussabré.

Armes (Ecu en bannière) : D'or, à trois bandes de sinople.

LA THAUMASSIÈRE*. — *Annuaire de la Noblesse*, 1897, p. 329. — *Les Recherches de noblesse en Berry*. — *Bulletin héraldique*, 1886.

SALLÉ, seigneurs de Chou, barons de l'Empire.

Ancienne famille. Un Sallé figure au nombre des 236 habitants de Bourges qui signèrent en 1588 la convention par laquelle ils jurèrent et promirent de s'unir tous ensemble pour défendre et maintenir la religion catholique.

Elle a donné dès 1620 des notaires apostoliques et procureurs à l'officialité de Bourges, un docteur agrégé en l'Université de Bourges (1725), des avocats et des juges au présidial de cette ville. Estienne-François Sallé de Chou, conseiller du roi, son avocat au bailliage et siège présidial de Bourges, professeur en droit français, député du bailliage de Berry aux Etats-Généraux de 1789. premier président de la Cour d'appel de Bourges (1811), officier de la Légion d'honneur, fut créé baron de l'Empire par lettres patentes du 6 octobre 1810 et reçut les armes suivantes : De gueules, au chevron brisé d'or, accompagné de trois étoiles d'argent, 2 et 1, à la bordure d'hermines ; au franc-quartier brochant des barons présidents de cour d'appel. Mais ses descendants ont continué de porter les armes primitives de la famille.

Alliances : Ferret, Butet, Fauvre, Servant, Meignant, Brunet, Maigreau, Cirodde, Leblanc de Lespinasse, Rapin, Gay d'Aubilly, Buhot de Kersers, Boyron, Pascaud, Méplain, Michaud, Gomont.

D'argent, à un ancre de sable, les deux anneaux et les deux pointes d'or.

La Thaumassière. — *Armorial de la généralité de Bourges.* — Archives du Cher. — Simon, *Armorial de l'Empire.* — Vicomte Révérend, *Armorial du premier Empire.* — *Notes généalogiques sur la famille Brunet,* par Fernand Brunet, Bourges, Tardy-Pigelet, 1918. — *Notes communiquées par le Comte Vergne de la Borde.* — *Armorial des principales familles du Berry.*

DE SANCERRE (comtes), seigneurs de Sancerre, Saint-Brisson, Châtillon-sur-Loing, Menetou-Salon, Souesmes, Meillant, Sagonne, Augy-sur-Aubois, le Pondy, Charenton, Bomiers, Vailly, Villabon, Précy, Montfaucon, Lury, la Ferté-Loupière.

Cette maison, l'une des plus illustres de France, a joué un rôle considérable dans la province de Berry. Elle a eu pour auteur Etienne de Champagne, comte de Sancerre, troisième fils de Thibaud, IVe du nom, dit le Grand, comte palatin de Champagne et de Brie, de Blois et Sancerre, et qui mourut au siège d'Acre en 1191. Louis Ier, comte de Sancerre, eut entre autres enfants, trois fils qui furent de braves et vaillants chevaliers : son fils aîné Jean III fait prisonnier à la bataille de Poitiers ; Robert, capitaine d'une compagnie d'hommes d'armes, et enfin le maréchal Louis de Sancerre qui se couvrit de gloire et mourut connétable de France en 1307. Cette maison a encore donné un chambellan du roi Charles VI, deux archidiacres de Bourges, dont l'un fut évêque de Tournay en 1333, une abbesse de Charenton.

Alliances : De Donzy, de Soissons, de Melun, de Milly, de Courtenay, de Charenton, de Joigny, de Mayenne, de Mornay, de Bonnay, de Vierzon, de Thouars, de Culant, de Linières, de Brosse, de la Ferté-Chauderon, de Lusignan, de Bomiers, de Vailly, de Châtillon, de Beaujeu-Perreux, de Graçay, Turpin de Crissé, etc...

D'azur, à la bande d'argent, cotoyée de doubles cottices d'or, potencées et contrepotencées de même, au lambel de trois pendants de gueules.

Cri de guerre : « Pass' avant le meillor, pass' avant Thiebaud. » (POUPARD, *Histoire de Sancerre*).

Le comte de Sancerre, son timbre est la teste d'un Roy et à grands cheveux et à grande barbe et crie « Passe avant. » (G. LE BOUVIER).

LA THAUMASSIÈRE*. — *Histoire des grands officiers de la Couronne*. — *Noms féodaux*. — *Recueil d'armoiries des rois, ducs, marquis et comtes*, aux Manuscrits de la Bibliothèque Sainte-Geneviève, n° 526. — Collection Clairambault. — *Histoire de Sancerre*, GOURDET, éditeur, à Cosne, 1826. — *Armorial des principales familles du Berry*.

SANSON, seigneurs de Neurre, Brie, Oulles, etc..., en Bourbonnais, du Colombier, paroisse de Saint-Maur (1560) et de Malicornay, en Berry.

Famille maintenue dans sa noblesse à l'intendance de la généralité de Bourges sur preuves remontant à Louis Sanson, écuyer, seigneur de Brie en 1465.

Alliances : Bertrand, de Byon, Lytault, Burelle.

D'azur, à trois cloches d'or sans battant.

LA THAUMASSIÈRE*. — *Armorial de la généralité de Moulins*. — Archives de l'Indre. — *Armorial du Bourbonnais* — *Les Recherches de Noblesse en Berry*.

DE SANSON, seigneurs de Grandfond, paroisse de Fléré-la-Rivière, élection de Châteauroux.

Famille noble du Maine justifiant de sa noblesse depuis l'an 1545.

Alliances : De Racapé, de Bonvoisin, Goblen, Hay.

Ecartelé d'or et de gueules, au lion de l'un en l'autre.

Noms féodaux. — *Les Recherches de Noblesse en Berry*. — *Armorial de Touraine*. — L'abbé CHAMBOIS et PAUL DE FARCY, *Recherche de la Noblesse dans la généralité de Tours*.

SAPIENS, seigneurs du Plaix, paroisse de Levet, de Chenevières, paroisse de Savigny-en-Septaine (XVIIIe).

Famille consulaire de Bourges, d'origine Florentine (?) François Sapiens, fermier du revenu de l'abbaye de Pleimpied (1689), après avoir été consul en 1700, fut élu deux fois prévôt des marchands (1707 et 1712). Cette famille a donné un chanoine, curé de l'église de Château-les-Bourges, un conseiller du roi en l'élection.

20. — Tome II.

Alliances : Gay, Dubois de la Sablonière, Bonnardel, Rapin.

D'or, à un mûrier de sinople, fruité de sable. *Armorial de la généralité de Bourges.* (D'office).

Alias : D'argent, à trois arbres ou sapins de sinople. (Bibl. nat. F. fr. 32995).

Armorial de la généralité de Bourges. D'office. — Archives du Cher. — Nos papiers de famille.

SARDÉ, seigneurs de Rozay, Marçais, Rousson, les Portaux.

Très ancienne famille originaire de la ville de Vierzon et établie à Bourges dont Nicolas Sardé était prévôt en 1302. Elle a donné un garde du scel de Vierzon (1410), des capitaines de cette ville et du château au commencement du xviie siècle, un lieutenant-général du bailli de Berry (1469), un chevalier de l'Ordre de la Table-Ronde (1490), un secrétaire du roi qui fut conseiller au Grand-Conseil.

Alliances : De la Tric, de l'Hôpital, du Breuil, Fradet, de Sauzay, Chambellan, Girard, Salvi, Bonin du Courpoy, Thiboust de Quantilly, de Cambrai, le Normant, Brodeau-Candé.

D'azur, à trois cerfs rampants d'or, 2 et 1.

LA THAUMASSIÈRE*. — CHAUMEAU. — *Privilèges de Bourges.* — Le P. LABBE. — TAUSSERAT, *Histoire de Vierzon.* — *Statistique monumentale du Cher.* — *Armorial des principales familles du Berry.*

SARRAZIN, seigneurs de Soulangy, paroisse de Levet, Ripières, Vouzay.

Ancienne famille, originaire de la petite ville de Dun-le-Roi à laquelle elle a fourni un lieutenant-général (1552-1592). Etablie à Bourges, elle a donné un échevin (1597 et 1598) et un maire de cette ville (1625 et 1626) ; tous les deux étaient présidents en l'élection de Berry.

Alliances : Jacquet, Bengy, Cousin, Bauchet, Bigot, Gaucher, Tullier, Couladon, Terrasse, Labbe de Champgrand, Pinette, Damours.

D'azur, à la fasce d'or, chargée de trois étoiles de gueules et accompagnée de trois croix pattées d'or, deux en chef et une en pointe.

Privilèges de Bourges. — LA THAUMASSIÈRE. — *Armorial de la généralité de Bourges.* — *Noms féodaux.* — Archives du Cher. — MOREAU, *Histoire de Dun-le-Roi.* — *Statistique monumentale du Cher.* — *Armorial des principales familles du Berry.*

DE SARREBOURSE, seigneurs de Morthomiers, Némont, les Bois ou la Forêt, paroisse de Saint-Germain-des-Bois, en Berry, Mazières, la Bretasche, Boisrivault, la Guillonnière, la Pensée, la Borde-aux-Nobles, Pontleroy, Beaulieu, Mondonville,

la Mothe, Saint-Avy, Beaumont, Hauterive-en-Beauce, Lugère, Audeville, etc... Originaires d'Angleterre. Berry, Orléanais, Bretagne.

La maison de Sarrebourse est connue en Berry dès le XIVe siècle. En 1364, elle rend foi et hommage « pour ses domaines et appartenances de la ville de Molins-sur-Yèvre ».

Girard de Sarrebourse, venu d'Angleterre avec le roi Jean-le-Bon, après le traité de Brétigny, eut pour fils Mathieu de Sarrebourse, secrétaire du roi et maître de la Chambre des Comptes du duc Jean de Berry, qui lui conféra le 10 mai 1410 des lettres de confirmation de noblesse lui reconnaissant la qualité de chevalier, Cette noblesse fut confirmée par lettres de renouvellement accordées en 1434 par le roi Charles VII et en 1518 par le roi François Ier. Elle a été reconnue et maintenue par divers arrêts en 1621, 1622, 1641 et 1661, et enfin par jugement de M. de Machault, intendant de la généralité d'Orléans, rendu le 20 juin 1667.

La maison de Sarrebourse compte parmi ses membres : un chevalier qui « suyvait les armées du roi notre Sire », sous Louis XII, un garde du corps du roi Henri III, un homme d'armes des compagnies d'ordonnance qui fut général des armées du roi Louis XIII, deux maréchaux de camp sous Louis XIV et Louis XV, un maire de la ville d'Orléans en 1715, un grand bailli de l'Ordre de la noblesse à Château-Thierry en 1789, un lieutenant-général qui fut pendant l'émigration gouverneur militaire d'Odessa, un grand nombre d'officiers dans les armées de terre et de mer, des chevaliers de Saint-Louis, des dignitaires de la Croix du Lys, de la Légion d'honneur, de Sainte-Anne de Russie, etc...

La famille de Sarrebourse avait fondé en 1413 une chapelle en l'église Saint-Aoustrille de Bourges : ses armoiries figuraient sur les vitraux, sur l'autel et sur les tombes. Une autre famille appartenant aussi à la noblesse de Bourges les ayant fait effacer pour y substituer les siennes, un procès lui fut intenté et elle fut condamnée à rétablir les écussons de Sarrebourse : « On s'étonne, est-il dit, au cours du procès, qu'un pareil affront ait pu être fait à une famille dont la noblesse a une origine aussi ancienne et aussi illustre. » (Arrêt de MM. les maréchaux de France du 7 août 1698. Signé DURAS).

Alliances : Baulin, Ballant, Prévôt, Rousseau, Geoffreneau, Richard, de Vièvre, Le Fort, Gontier, de Loynes, Miron de Lespinay, de Labriffe, Mesnet de la Cour.

D'azur, à la croix ancrée d'or.

LA THAUMASSIÈRE*. — *Manuscrit du chanoine Hubert.* — *Noms féodaux.* — DE COURCELLES. — D'HOZIER, *Généalogie d'Orléans.* — DE RAYNAL, *Histoire du Berry.* — *Annuaire de la Noblesse*, 1886 et 1896. — *Bulletin héraldique*, VIIe vol., p. 545. — *Rôles des gentilshommes de l'Orléanais.* — *Mémoires de la Société des Antiquaires du Centre*, XXIIIe vol., p. 189. — DE MAGNY, *Nobiliaire Universel*, T. XVII. — *Armorial des principales familles du Berry.* — *Statistique monumentale du Cher.*

SARTON.

Jacques Sarton, avocat à Avexy (l'une des anciennes paroisses de la ville de Graçay), est inscrit d'office à l'*Armorial* de 1696. François Sarton, avocat en parlement, est bailli de la Maisonfort en 1726.

Alliances : Peyrot, de Boislinard.

D'or, au chevron d'azur, accompagné de trois tourteaux de même.

Armorial de la généralité de Bourges. D'office.

DE SATHENAT, seigneurs du Mont, Launay, Vouzeron, en partie, Vaugoin, Gaudebert, Germaigne, paroisse d'Allogny.

Famille établie à Mehun-sur-Yèvre depuis l'an 1293, époque à laquelle vivait Pierre Sathenat, sieur du Mont, alors au service de Philippe d'Artois, seigneur de Mehun-sur-Yèvre. Elle a produit un échanson du duc Jean de Berry (1398-1402) ; un maréchal des logis d'une compagnie de cinquante hommes d'armes des ordonnances, l'un des cent gentilshommes de la garde du roi (1550). En 1597, Jean de Sathenat, écuyer, seigneur de Launay était trésorier et receveur de l'arrière-ban des pays et duché de Berry.

Alliances : Du Breuil, Chambellan, de Billeron, Roland, Patoufleau, de Treignac, de Boisrouvray, Belin, de Buchepot, Bochetel, de Launay, de Baffart, de Gratteménil, Agard, Estevard, de Maubruny, des Bourdiers.

D'azur, à trois lionceaux d'or, deux et un ; les deux du chef affrontés, et supportant une flèche d'argent, le troisième tenant une seconde flèche et senestré d'une troisième.

LA THAUMASSIÈRE*. — BERRY, *Maintenues de Noblesse*, mss. — Archives du Cher. — DE VASSAL, *Table analytique des manuscrits d'Hubert*. — *Les Recherches de Noblesse en Berry*. — *Statistique monumentale du Cher*. — *Armorial des principales familles du Berry*.

DE SAUZAY, seigneurs de Milandres, Thérieux, le Montet, la Clamuye, Boisbriou, paroisse de Pigny, Beaulieu, paroisse de Pleimpied, Boisserin, les Rouachères, Nohan, paroisse d'Oizon, Coulon, paroisse de Soye, la Coudraye, paroisse de Soulangis, Champroy, etc... ; barons de Contremoret ; vicomtes de Chippou et de Villeneuve-sur-Rampenay. Berry, Forez et Bourbonnais.

Cette famille, l'une des plus anciennes de la ville de Bourges, établit sa filiation depuis Guillaume de Sauzay, administrateur de l'Hôtel-Dieu en 1457. Elle a fourni plusieurs échevins de Bourges de 1474 à 1592, dont l'un d'eux remplit les fonctions de maire en 1524 et 1525 ; deux prévôts de cette ville, un receveur général des finances, un aumônier du roi, abbé de l'abbaye de Beaupré, prieur de Saint-Martin-les-Bourges (1632), un prieur de l'abbaye de Meobec (1653), des chanoines de l'église de Bourges, plusieurs officiers des armées du roi.

Alliances : Bricefort, Penin, Pain, du Breuil, le Roy, Sardé, Fradet, Balduin, Barathon, Turpin,

Regnier, le Comte, Bigot, de la Croix, Foucault, Jaupitre, Labbe, du Coing, Sergent, Genton. Anjorrant, de Clèves, Catherinot, Gassot, Thibault, Fouchier, le Mareschal, de la Coste, Riglet, Tardif, Gougnon, Godard, Lecœur, de Culon, Heurtault, de Miray, Boyer, Mosnier.

D'azur, à la tour d'argent, maçonnée de sable, élevée sur une terrasse de sinople et accostée de deux étoiles d'argent en chef.

CHAUMEAU. — LA THAUMASSIÈRE. — *Armorial de la généralité de Bourges.* — *Noms féodaux.* — *Nobiliaire de la généralité de Bourges*, F. fr. 31791. — *Archives du Cher.* — *Les Recherches de Noblesse en Berry.* — *Armorial du Bourbonnais.* — *Armorial des principales familles du Berry.*

SAVART.

Philippe Savart, agent des affaires de Mgr Michel le Tellier, chancelier de France, marquis de Barbezieux et Chaville, baron de Culan, vint s'établir à Culan dont il fut bailli et maître des Eaux-et-Forêts en 1683. Il est qualifié sieur de Geuillers dans plusieurs actes.

Il n'eut qu'un fils, Léonard-Nicolas Savart, prêtre du diocèse de Bourges, qui décéda à Saint-Mandé où il résidait habituellement, en 1768, âgé d'environ 81 ans.

Alliances : Yel de la Cour, Petitjean de Maransange, Maulmond.

D'or, à une fasce dentelée de sable, chargée d'une molette d'argent et accompagnée de trois pommes de gueules, tigées et feuillées de sinople, deux en chef et une en pointe.

Armorial de la généralité de Bourges, élection de Saint-Amand. D'office. — Registres paroissiaux de Culan.

SAVARY, seigneurs de Montbazon, Bois-Robert, Nogent-le-Rotrou, Savonnières, Moncontour, Longhomme, Saint-Martin-le-Beau, Bléré, Alez, Clerfonds, la Grange, l'Hôtel-au-Rifaut, l'Herbay, le Moulin-Robert, les Thibauds, Varennes, Nozières, Badecon, la Pérouille, dit Gratain, les Bouchauds, Fougères, paroisse de Jouhet, etc..., comtes et marquis de Brèves ; barons et marquis de Lancosme, marquis de Maulevrier et de Jarzé ; comtes de l'Empire. Originaires de Touraine. En Berry et en Nivernais.

Maison d'ancienne chevalerie qui a donné un chevalier croisé (1218), des capitaines d'hommes d'armes, des conseillers et des chambellans du roi, des ambassadeurs, un chevalier des ordres du roi, des chevaliers de Malte dont un grand prieur de la Langue d'Auvergne, des officiers généraux, des chevaliers de Saint-Louis, un député de la noblesse de Touraine aux Etats-Généraux en 1789, un pair de France.

Alliances : Pot de Rhodes, de Maillé, d'Alez, de Villaines, de Bressolles, de la Châtre, de Laleuf, de Villequier, de Varennes, de Brécy, Aucapitaine, de Preaux, Gazeau, de Lage de Puylaurens, du Cher, le Roy, de Vaillant d'Avignon, de Menou, de Clermont-Tonnerre, Gaudard de Laverdine.

Bandé d'argent et de sable,

La Thaumassière*. — *Noms féodaux*. — La Chesnaye des Bois. — *Armorial do la généralité de Bourges*. — Lainé, *Dictionnaire des Origines*. — Vertot. — Collection Clairambault. — Archives de l'Indre. — *Armorial de la Touraine*. — *Annuaire de la Noblesse*. — *Armorial du Nivernais*. — *Les Recherches de Noblesse en Berry*. — Vicomte Révérend, *Armorial de l'Empire*. — *Armorial des principales familles du Berry*.

SAVIGNY.

N. Savigny, intendant de la maison de Valençay.

D'azur, au lion coupé d'or et de losanges de sable et d'argent.

Armorial de la généralité de Bourges. D'office.

SCARRON, seigneurs du Chastelier, la Chaise, Bois-Larcher, la Fontaine du Breuil, etc.., en Touraine, de Diors et Sainte-Fauste en Berry.

Ancienne famille originaire du Piémont où elle était connue depuis le milieu du xive sècle. Paul Scarron, mort en 1660, connu par ses poésies burlesques, épousa Françoise d'Aubigné, devenue célèbre sous le nom de Madame de Maintenon.

Charles-Henry Scarron, chevalier, seigneur de Diors et de Sainte-Fauste, lieutenant des maréchaux de France en Berry, fit enregistrer ses armes à l'*Armorial de la généralité de Bourges*, élection d'Issoudun. Il avait épousé Marie du Mesnil qui lui apporta les seigneuries de Diors et de Sainte-Fauste.

D'azur, à une bande bretessée d'or.

Noms féodaux. — Lainé, *Dictionnaire des Origines*. — Archives de l'Indre. — *Annuaire de la Noblesse*. — *Armorial de la Touraine*.

SCOFFIER.

Louis Scoffier, docteur en médecine, fit inscrire à l'*Armorial de la généralité de Bourges*, élection d'Issoudun, les armes suivantes :

D'azur, à un aigle et un coq d'argent affrontés.

François Scoffier, également docteur en médecine à Issoudun, fut imposé d'office au même armorial avec les armoiries suivantes :

D'or, au chevron de sable accompagné de trois cigognes de gueules.

SCOURION, *alias* SCORION, seigneurs de Begaudel, Boismorant, Antigny. Originaires de Picardie ; en Poitou, en Touraine et en Berry.

François Scorion, chevalier, seigneur de Begaudel, en l'élection du Blanc, fut maintenu dans sa noblesse par l'intendant du Berry, en 1715. Il prétendait descendre de Balthazar Scorion, grand d'Espagne et avait déjà fait preuve de noblesse en Picardie. Cette famille a comparu en 1789 aux assemblées de la noblesse du Poitou et de Touraine ; et Marie d'Argier, veuve de Jean de Scorion, était représentée à celles de Berry.

D'azur, à trois gerbes d'or, 2 et 1. Cimier : une gerbe de même.

Nobiliaire de la généralité de Bourges, F. fr. 32273. — *Armorial de la Touraine*. — *Les Recherches de Noblesse en Berry*. — Rietstap.

SEBIZE ou SEBISE ou SÉBIRE, seigneurs de la Motte-Turlin, Primelle, Ivoy.

Jean Sebize fut élu échevin de Bourges en 1651. Jean Sebize, sieur de la Motte-Turlin, était maître des Eaux-et-Forêts de Mareuil (1634).

Alliances : Robert (1629), Dubet, de Brichanteau.

D'azur, à trois tours maçonnées d'or, 2 et 1, accompagnées de trois étoiles d'argent rangées en chef et d'un croissant de même en pointe.

La Thaumassière. — *Les Recherches de Noblesse en Berry*. — Archives du Cher, S. E., F° 152. — *Statistique monumentale du Cher*.

SELLERON, seigneurs de Nohan, la Leuf, paroisse de Montgivray, Crémieux, paroisse de Montlevic, les Raymonds, la Motte-Domerat, près Culan, Chevry, Courtillet, la Croix-Blanche.

Cette famille, qui paraît originaire de la ville d'Issoudun, était établie à la Châtre au xviiie siècle. Elle a fourni des avocats et des officiers à l'élection de cette ville.

Alliances : De Fleury, Pallienne, Neraud de Villegondoux, Dorguin, Cuinat de Villebois, Thomas, Bernard, Chevalier du Coudray, Thabaud de Bellegarde, d'Orsanne de Montlevic, Caron, Perigois.

D'azur, à trois croissants d'argent, à une étoile d'or en abîme.

Noms féodaux. — *Armorial de la généralité de Paris*. — Archives du Cher et de l'Indre. — Duguet, *Histoire de la Châtre*. — De Magny, *Nobiliaire Universel*. — *Armorial des principales familles du Berry*.

SEMELIER. En Nivernais.

Jean Semelier, écuyer, était procureur du roi au bureau des finances de Bourges.

Alliances : De Laspic, Milet, Guyot, le Bourgoing.

D'azur, au chevron d'or, accompagné de deux étoiles d'argent en chef et d'un aigle d'or en pointe.

Armorial de la généralité de Bourges. — Armorial du Nivernais.

DE SENNETÈRE, primitivement SAINT-NECTAIRE et SENECTÈRE, seigneurs de Saint-Nectaire, Claveliers, Fontenilles, la Grôlière ; de Menetou-sur-Cher, Sancergues (1576-1619), Brinon-sur-Sauldre, etc... ; barons de Dionne ; vicomtes de Lestrange, de Cheylane, etc... ; comtes de Senectère, de Saint-Victour, de Brinon, etc... ; marquis de la Ferté-Nabert, Châteauneuf, Pisany, Brésillac, Saint-Georges, Cotteaux, etc... ; ducs de la Ferté-Senectère ; pairs de France.

Cette maison, d'ancienne chevalerie d'Auvergne et l'une des plus considérables de France, s'est illustrée dans la carrière des armes où elle compte deux maréchaux de France (dont l'un plus connu sous le nom de la Ferté, fut l'émule de Turenne et de Condé), plusieurs lieutenants-généraux et maréchaux de camp, cinq chevaliers de l'Ordre du Saint-Esprit, des chevaliers et commandeurs de l'Ordre de Malte ; et un grand nombre d'autres personnages marquants parmi lesquels on peut citer un connétable d'Auvergne en 1231, trois évêques, plusieurs abbés de la Chaise-Dieu et sept chanoines-comtes au chapitre de Brioude.

Françoise-Charlotte de Saint-Nectaire, fille de Henri-François de Saint-Nectaire, duc de la Ferté, pair de France, et petit-fils du maréchal de la Ferté, épousa le 28 juillet 1698 François-Gabriel Thibault, marquis de la Carte, gouverneur de Joinville et capitaine des gardes du duc d'Orléans. Son fils, Philippe-Louis Thibault de la Carte, marquis de la Carte, héritier par sa mère des biens de la Ferté-Senectère, à la charge d'en prendre le nom et les armes, devint ainsi le chef de la nouvelle maison de la Ferté-Senectère.

Thibault de la Carte portait : D'azur, à la tour crénelée d'argent.

Alliances : De Brion, d'Allègre, de Villelume, de Montmorin, de Lastic, d'Estampes, de Saint-Exupery, de Laval, de la Châtre, de la Motte-Hodancourt, de Roffignac, de Chazeron, d'Anglars, de Crussol.

D'azur, à cinq fusées d'argent accolées en fasce.

La Thaumassière*. — *Les grands officiers de la Couronne. — Mémoires de Castelnau. — Noms féodaux. —* G. le Bouvier. — La Chesnaye-des-Bois. — *Histoire des généraux français,* par de Courcelles. — *Nobiliaire d'Auvergne.* — Lainé, *Dictionnaire des Origines. — Biographie des hommes illustres de l'Auvergne,* par Aigueperse. — Collection Clairambault. — *Statistique monumentale du Cher. — Armorial des principales familles du Berry.*

DE SENNEVILLE, seigneurs de Meroux, paroisse de Coulon, le Verger, Boisselou, Mineray, la Pacaudière, paroisse de Faverolle, Cerbois.

Famille noble qui a donné un chevau-léger de la garde du roi en 1634, un page de la reine en

1782, un brigadier des gardes du corps, chevalier de Saint-Louis, qui acquit la seigneurie de Cerbois en 1768.

Alliances : Tripet, de Coulombeaux, d'Auvergne, de la Cube de Lavergne, le Picard de Mittancourt, Tissart du Rouvre.

De gueules, au lion d'or tenant un bâton d'argent en pal.

Nobiliaire de la généralité de Bourges, F. fr. 31791. — Archives du Cher. — *Armorial de la généralité de Bourges.* — *Histoire et Statistique monumentale du Cher.* — *Les Recherches de Noblesse en Berry.* — *Armorial de la Touraine*, supplément. — *Armorial des principales familles du Berry.*

SERGENT, seigneurs de Parsèches, paroisse de Vornay, de la Riche.

Jean Sergent, qualifié successivement greffier au bureau des finances de la généralité de Berry (1612), puis trésorier payeur de la gendarmerie de France (1619), et enfin payeur général des rentes de la généralité de Tours (1632), fut élu échevin de la ville de Bourges pour les années 1636 et 1637.

Alliances : De la Mare, de Sauzay, Gougnon, Salmon, la Joye, de Boislinard.

De gueules, à un aigle d'argent, au chef d'or chargé de deux massues posées en sautoir.

La Thaumassière. — *Armorial de la généralité de Bourges.* — *Noms féodaux.* — Archives du Cher. — *Statistique monumentale du Cher.* — *Armorial des principales familles du Berry.*

SEURRAT, seigneurs des Granges, le Clos-Landry, paroisse de Levet, Soupize, Coulon, paroisse de Soye ; vicomtes de Lissay, en Berry ; le Franc-Rosier, Guilleville, Montvilliers, Ormeville, Villecoulon, Morett, la Boullaye, etc..., en Orléanais.

Cette famille à laquelle la Thaumassière donne pour auteur Guillaume Seurrat, marié à Marguerite Tullier, en 1487, a fourni plusieurs échevins et deux maires de la ville de Bourges (de 1550 à 1632). Etablie au xviiie siècle à Orléans, elle a fourni des conseillers au bailliage et un maire de cette ville ; en 1789, Jacques-Isaac Seurrat de la Boulaye fut élu député de la noblesse aux Etats-Généraux.

Alliances : Tullier, de Castello, le Roy, Mathé, Poisle, Brachet, Crennequin, Tandegué, Maréchal, Girard, de la Touche, Naudet, Laudas, Labbe de Champgrand, de Sauzay, Vaillant de Guélis, de Menou, de Bengy de Puyvallée.

D'azur, au lion d'or, soutenu d'un chien passant d'argent en pointe, soutenant de sa patte dextre une tour carrée, crénelée de trois pièces de même maçonnée de sable.

Chaumeau. — *Privilèges de Bourges.* — La Thaumassière*. — *Noms féodaux.* — Archives du Cher. — *Les Recherches de Noblesse en Berry.* — *Armorial des principales familles du Berry.*

SEVERAGOT, seigneurs de Chastelus (1661).

Famille du Berry que l'on trouve établie au commencement du xviie siècle en la baronnie de Culan. Michel Severagot était notaire tabellion de cette terre en 1626. Etienne Severagot, procureur, fut imposé d'office à l'*Armorial de la généralité de Bourges*.

Alliances : Auclerc, Guillemin, Maulmond, Péron, Bien, Sabardin, Josset, Villatte, Sartin.

D'argent, à deux lièvres courants en bande et contre-bande, l'un d'azur et l'autre de gueules, passés en sautoir.

Registres paroissiaux de Culan.

DE SIGOUGNÉ ou SIGOUGNES, seigneurs de la Millandière en partie (1391), de la Tour de Sigogné, Fretay, Mauvières, la Ferté, la Barillère, la Brenodière-Bournigalle.

Ancienne maison originaire de Touraine, à laquelle appartenait Josbert de Sigougné, chanoine de l'église de Tours qui mourut vers 1311.

Alliances : De Villiers, Gigaut, de Maussabré, du Breuil-Corval, Bertrand du Lys-Saint-Georges, de Beauregard, Moynier.

De sable, à la croix d'argent, chargée d'une croix ondée de gueules et cantonnée de quatre coquilles d'or.

Nobiliaire de la généralité de Bourges, F. fr. 31791. — *Armorial de la Touraine*. — *Les Recherches de Noblesse en Berry*. — RIETSTAP.

DU SILLA ou DE SILLAS, seigneurs des Granges, le Mineray, Prézault.

François du Silla, sieur des Granges et du Mineray, comparut le 15 juillet 1666 devant l'intendant de la généralité de Bourges, pour se faire maintenir dans sa noblesse. Il fut renvoyé au conseil et condamné. Il était gentilhomme servant de la maison du roi en 1641.
René du Silla, écuyer, figure au ban et arrière-ban du Berry convoqué en 1689.

De sinople, à une bande d'argent chargée de cinq canettes de sable et accompagnée de trois croissants de même, deux en chef et un en pointe.

BERRY, *Maintenues de Noblesse*, mss. — *Les Recherches de Noblesse en Berry*. — *Armorial de Touraine*.

SIMON DE CHANCENAY, seigneurs de la Godinière, Brinay, la Roche-Chancenay, Landès, les Brenesins.

Famille paraissant originaire de la ville de Vierzon. Elle a donné un capitaine de la ville de Bourges pendant les guerres de la Fronde, décédé au château de Pesselières, en 1693. (Epitaphe dans l'église de Jalogne), un conseiller au présidial de Bourges, un échevin de cette ville pour les années 1681 et 1682.

Alliances : De Lespinasse, Paulin, Robert de Pesselières, de Laujonnière.

D'azur, à une fasce d'or, accompagnée en chef de deux glands d'argent et en pointe d'une coquille de même.

La Thaumassière. — *Armorial de la généralité de Bourges.* — *Noms féodaux.* — Archives du Cher. — *Statistique monumentale du Cher.* — *Armorial des principales familles du Berry.*

SIMON.

Isaac Simon, procureur à Vierzon.

D'or, à une fasce d'azur, chargée de trois besants d'argent.

Armorial de la généralité de Bourges. D'office.

SIMONNET, seigneurs de la Mothe, le Breuil.

Famille établie dès la fin du xviie siècle à Culan. Elle a donné un greffier au bailliage de cette justice (1724), un archiprêtre de la Châtre.

Alliances : Demenitroux, Le Tellier, Guillot, Yel de la Cour, Magnard de Drulon, Grangeron, Péron, Savy, Chevalier du Coudray.

De gueules, à deux fasces d'argent, chargées chacune de trois moineaux d'azur.

Armorial de la généralité de Bourges, élection de La Châtre et de Saint-Amand. D'office. — Registres paroissiaux de Culan.

SIMONNET.

N. Simonnet, greffier au bailliage et siège présidial de Bourges (appartenant peut-être à la famille précédente) fut inscrit d'office à l'*Armorial de la généralité de Bourges* avec ces armoiries :

D'argent, à un griffon de sable.

DE SOISY, seigneurs de Soizy-sous-Montmorency, Bordebure en Berry. Originaires de l'Ile-de-France.

Thibault de Soisy, fils de Jean de Soisy, écuyer, seigneur de Soisy, fut maintenu dans sa noblesse par sentence des Elus de Paris le 4 mars 1414. François de Soisy, seigneur de Bordebure, s'établit en Berry au commencement du xviie siècle.

Alliances : De Laazard, de Linières, de Chardonnet, le Fuzelier, Morin, Mercier, Gaillard.

Bandé d'or et d'azur, au chef d'azur.

LA THAUMASSIÈRE*. — *Les Recherches de Noblesse en Berry.* — RIETSTAP.

DE SORBIERS, seigneurs de Sorbiers, les Pruneaux, près Châtillon-sur-Indre, Manson, paroisse de Clion, le Breuil, Pouzieux, Paray, Varennes, Maubois, Souhaine, la Marchandière, Chaunay. Berry et Touraine.

Maison noble originaire du Berry où elle est connue dès le commencement du xie siècle. Elle a donné un grand écuyer du duc de Guyenne et de Berry en 1433 et plusieurs officiers distingués.

Alliances : D'Oradour, de Cubière, de la Châtre, le Clerc de Varenne, de Chamborant, Foucault de Saint-Germain, le Jay, Clairet, Isoré d'Hervault, Ancelon, de Laigue, de Bridiers, de Maussabré, de Paray, de Saint-Hilaire, de Preaux, de Lanet, de Musset.

De gueules, au chef d'argent chargé d'un lion passant d'azur, armé, lampassé et couronné d'or.

LA THAUMASSIÈRE. — *Nobiliaire de la généralité de Bourges*, F. fr. 31791 et 32273. — PAILLOT. — *Armorial de la Touraine.* — Archives de l'Indre. — *Les Recherches de Noblesse en Berry.* — *Armorial des principales familles du Berry.*

DE SOUBRAYS ou **DESSOUBRAIS**, seigneurs de Villatte, paroisse du Magny, le Cluseau-Bienassis, Mourière, près Crevant, la Motte, Vicq-sur-Nahon.

Ancienne famille de gentilshommes. Nicolas de Soubrays, sieur de la Motte, fut maintenu dans sa noblesse le 25 septembre 1667, après avoir produit depuis Jacques de Soubrays, écuyer, qui vivait à la fin du xve siècle.

Alliances : De Villatte, de Mareuil, Piat, de la Roche-Aymon, Hélevin du Breuil, du Magnou.

D'argent, au chevron de sable, accompagné de trois trèfles de gueules.

Archives de l'Indre. — *Les Recherches de Noblesse en Berry.* — CHÉNON, *Histoire de Sainte-Sévère*, IIe vol., pp. 324 et 325.

DE LA SOUCHE, seigneurs de la Souche, paroisse de Doyet en Bourbonnais, Salvert, Varennes, Beaumont, Prégirault, paroisse de Saint-Loup-des-Chaumes, en Berry, Bois-Aubin, Saint-Bonnet-du-Désert, Saint-Augustin, Montcoquier, Combette, Mazières, Praviers, Noyant, Abret, Vaubresson, Meslon, paroisse d'Ainay-le-Vieil, etc... Bourbonnais, Berry, Bourgogne et Nivernais.

Maison noble du Bourbonnais, connue depuis Imbault de la Souche, qui vivait en 1322. Un sous-brigadier des mousquetaires du roi (1736), des chevaliers de Malte, etc...

Alliances : De Rochedragon, de Prégirault, de Boisé, Arnoux, de Losme, le Groing, de Chery, Barbarin, des Champs, le Borgne, Maistre, de Courtais, d'Estutt, d'Estampes, de Saint-Quintin de Blet, de Chalus, de Troussebois, de Châteaubodeau.

D'argent, à deux léopards de sable, armés, lampassés et couronnés de gueules.

Noms féodaux. — Guillaume REVEL. — LA THAUMASSIÈRE. — *Armorial de la généralité de Bourges*, élection de Saint-Amand. — VERTOT. — *Nobiliaire de la généralité de Bourges*, F. fr. 31791, 32272 et 32273. — Archives de l'Indre. — *Armoriaux du Bourbonnais et du Nivernais.* — *Les Recherches de Noblesse en Berry.* — LA CHESNAYE-DES-BOIS. — *Dictionnaire de* MORERI.

SOUCIET.

Famille de Bourges qui a donné des avocats, des procureurs, et un savant Jésuite, le P. Etienne Souciet, né à Bourges en 1671, homme de grande érudition, qui a laissé de nombreux écrits sur les sciences les plus diverses ; il mourut en 1744, après avoir été sur la fin de sa vie bibliothécaire du collège Louis-le-Grand. Il avait un frère, également Jésuite, le P. Etienne Augustin Souciet qui professa la théologie scolastique au collège de Paris et a laissé plusieurs ouvrages.

Alliance : Bienvenu.

D'azur, au chevron d'or, surmonté de deux étoiles de même.

Armorial de la généralité de Bourges. — Archives du Cher. — MORERI.

DE SOUFFRAIN, seigneurs de la Vergne, près Lunery, les Taillades, Clidier, la Chaumelle, la Charnaye, paroisse du Châtelet.

Famille qui a donné un lieutenant de la maréchaussée de Berry (1741), un capitaine d'infanterie (1784).

Alliances : Metadier, Perusson, Blereau, Simonnot, des Roziers, Gaillard, Martinet.

D'argent, à la bande d'azur, chargée de quinze besans d'or, trois fois cinq, au chef de gueules, chargé de trois croissants d'argent.

L'*Armorial de la généralité de Bourges* attribue à cette famille le blason de la noble maison de Suffren avec une légère différence dans les émaux : D'azur, au sautoir d'or (au lieu d'argent), accompagné de quatre têtes de léopard d'or. Mais il est bon de remarquer que ce sont là des armes imposées d'office et que c'est sans doute l'analogie du nom qui aura engagé les commis de Vannier à attribuer aux Souffrain les armes des Suffren, de Provence.

Nobiliaire de la généralité de Bourges, F. fr. 31791 et 32273. — Rôle de capitation des nobles de la généralité de Bourges pour 1772. — Archives du Cher. — Les Recherches de Noblesse en Berry. — Statistique monumentale du Cher. — Armorial des principales familles du Berry.

SOULET.

Claude Soulet l'aîné et Claude Soulet le jeune, marchands à Issoudun.

Aveu par Philiberte Soullet de terrages qu'elle a à Vouillon (xve siècle). (Archives de l'Indre).

D'azur, à un soleil d'or, accompagné de quatre croissants cantonnés d'argent, surmontés chacun d'une étoile d'or.

Armorial de la généralité de Bourges.

SOUMART DE VILLENEUVE, seigneurs de Pigny, la Vilette-en-Boucherie' Hery, les Houllières, Boirroux, les Cossons, les Engarands, Villeneuve, Beaulieu, Crosses' Forges, la Grange, en Berry ; Laleuf, en Bourbonnais.

La famille Soumard, ou Somard, est anciennement connue dans la baronnie de Lignières où elle possédait des fiefs et exerçait des charges qu'elle tenait de la munificence du seigneur suzerain. En 1395, Jean Somart, damoiseau, rendait foi et hommage pour le fief de Boisroux qui a été possédé par ses descendants jusqu'à la fin du xviiie siècle. Sa filiation directe s'établit depuis Vincent Soumard, sieur de Pigny, fief situé dans la paroisse de Morlac, marié en 1633 et dont les descendants vinrent s'établir à Bourges où elle a donné des procureurs du roi et des présidents conseillers au présidial, des maires de cette ville (1738 à 1747), des trésoriers de France, etc...

Alliances : Béguin, Cormier, Tondu, Taboüet, Mérigot, Gillet, Robin, Monicault, du Carteron, Bechet, Rossignol de Boisrond, Gaudard de Laverdine, Chabert de Fondville, Baucheron, de Rivière de Riffardeau, Jacquemet, Bouladier, le Normand, Catherinot, Gassot de Ferolles, de la Chastre, de Bengy, Crublier de Miran, Moreau des Breux, Couasnon, Girard de Villesaison, Lassée de Maron, Martin de Marolles, Collin de la Minière, Bernard d'Aubeigné, Mangin d'Ouince.

D'azur, à deux épées d'argent posées en sautoir traversant un aigle de même. Des armes ont été imposées d'office à feu N. Soumard, élu à Issoudun.

LA THAUMASSIÈRE. — *Noms féodaux.* — *Armorial de la généralité de Bourges.* — Archives du Cher. — Registres paroissiaux de Lignières. — Paulin RIFFÉ, *Généalogie de Bengy, Mémoires de la Société des Antiquaires du Centre*, V^e vol. — *Statistique monumentale du Cher.* — *Armorial des principales familles du Berry.*

STUART D'AUBIGNY, seigneurs de Darnley, en Écosse, Concressault, Aubigny, le Crotet, en Berry ; comtes de Beaumont-le-Roger (Eure) ; ducs de Richemond et de Lenox.

Jean Stuart de Darnley, connétable d'une armée d'Écossais, qui vint au secours du dauphin, reçut de celui-ci, en récompense de ses services, la terre de Concressault en 1421 et du même prince devenu roi de France (Charles VII), la terre d'Aubigny en 1422.

Cette illustre maison a donné un maréchal de France, un bailli de Berry, des chambellans, des chevaliers de l'Ordre du roi.

Alliances : D'Apcher, de la Queuille, de Châteaubrun, de Boucard, Braque, de Balsac d'Entraigues, Stuart, de Bueil de Sancerre.

Ecartelé : aux 1 et 4, de France, à la bordure de gueules chargée de huit fermeaux d'or ; aux 2 et 3, d'or, à la fasce échiquetée d'argent et d'azur de trois traits, à la bordure engreslée de gueules ; sur le tout, d'argent, au sautoir de gueules, cantonné de quatre quintefeuilles de même. Cri de guerre : Avant Darnley.

Ce sont les armes de Robert Stuart d'Aubigny, maréchal de France, et elles sont conformes à celles représentées sur son sceau. Celui de Béraud Stuart, seigneur d'Aubigny, bailli et gouverneur de Berry en 1488, porte un écartelé : aux 1 et 4, à trois fleurs de lys, aux 2 et 3, un échiqueté à la bordure.

G. LE BOUVIER. — LA THAUMASSIÈRE*. — *Histoire des grands officiers de la couronne.* — LA CHESNAYE-DES-BOIS. — *Bulletin héraldique,* catalogue des généraux français. — Collection Clairambault. — Archives du Cher. — *Statistique monumentale du Cher.* — *Armorial des principales familles du Berry.*

MARIE STUART.

Reine d'Ecosse, fille de Jacques Stuart et de Marie de Lorraine, mariée en 1558 avec le dauphin de France, depuis le roi François II, et qui eut la tête tranchée en 1585, possédait en Berry les seigneuries de Fougères, Ménas et Villebomiers, dont elle fit faire foi et hommage le 15 janvier 1563 par son procureur Jean de Beaucaire, seigneur de Puyguillon.

D'or, au lion de gueules, au double treschair fleuronné et contrefleuronné de même.

HUBERT, *Le Bas-Berry,* canton d'Ardentes.

DE SULLY, anciennement DE SEULY, seigneurs de Sully-sur-Loire, la Chapelle-d'Angillon, les Aix, Ennordres, Argent, Clémont, Boisbelle, Orval, Montrond, Epineuil, Bruères, Ainay-le-Vieil, Charenton, Beaujeu, Blet, la Chapelotte, Herry, Sancergues, la Motte-Sully, Vouillon, Sassierges, Saint-Aoust, Bouesse, Magnac, Bussière-d'Aillac, Cluis-Dessus, Cors, Romefort, Gargilesse, etc...

Cette maison, l'une des plus anciennes et des plus puissantes de la province de Berry, tire son nom de la baronnie de Sully-sur-Loire. Elle remonte à Hercenaud, sire de Seuly, de la Chapelle et des Aix vivant au commencement du IXe siècle. Elle a donné quatre archevêques de Bourges, dont deux au moins furent cardinaux, un prieur de la Charité, XIIe abbé de Cluny, une prieure du couvent d'Orsan vers 1113, deux boutcillers de France, en 1280 et 1317, un capitaine d'une compagnie de cent hommes d'armes des ordonnances, 1317, un chambellan du roi (1535).

La branche aînée de cette illustre maison finit en la personne de Marie de Seuly, qui fut fiancée à Charles de Berry, fils du duc Jean, mais par suite de la mort prématurée de ce prince, elle épousa Guy de la Trémoille, chambellan du roi, et, devenue veuve elle se remaria à Charles d'Albret, comte de Dreux, connétable de France.

Alliances : De Bourges, Arpin, de Champagne, de Déols, de Montfaucon, de Culant, de Bourbon, de Charenton, de Vierzon, de Bomez, de Chauvigny, de Lusignan, de Graçay, de la Porte-Issertieux, de Rochechouart, de Linières, de la Trémoille, d'Albret, de Magnac, de Thianges, Pot, de Céris, de Beaujeu, d'Aumont, Guérin, de Vouhet, de Saint-Quentin, de Carbonnet.

D'azur, semé de molettes d'or, au lion de même brochant sur le tout.

La Thaumassière*. — G. le Bouvier. — *Histoire des grands officiers de la Couronne.* — *Noms féodaux.* — La Chesnaye-des-Bois. — Collection Clairambault. — Archives de l'Indre. — *Statistique monumentale du Cher.* — *Armorial des principales familles du Berry.*

TABOÜET, seigneurs de Fontbelaire, les Monts, Frapesle, Fontaines, la Foy-Gauthier, Saint-Chevrais, les Fosses. Originaire du Maine.

Très vieille famille qui établit sa filiation depuis Pierre Taboüet, médecin à Issoudun en 1450. Elle a fourni aux xvie et xviie siècles plusieurs échevins, prévôts, et un gouverneur de cette ville (1602).

Alliances : De Valentiennes, Robert, Prevost, Robinet, Taureau, Perrot, Girard de Vorlay, Soumart de Pigny, de Lestang, Labbé de Montveron, Chapus d'Arnaise, Peynier, de Bize, Heurtault, Barré de Nieul, Mérigot, Godeau, Maugenest, Bechet, Chenu de Pierry, de Montferrand, Péarron, Bernard, Regnault de Champdeuil, Rollet, Dantigny, Gobin, le Tellier, des Champs de Blot, Bouquet de la Grye, de Villentroys.

Ecartelé : Aux 1 et 4, d'azur, à la fasce d'or, accompagnée de trois palmes de même, 2 et 1[1] ; aux 2 et 3, d'argent, à un pégase de sable, frappant d'un de ses pieds de derrière un rocher d'azur duquel sort une fontaine de même [2-3].

La Thaumassière, *Généalogie Girard.* — *Armorial de la généralité de Bourges.* — De Magny, *Nobiliaire Universel,* XVIe vol. — *Armorial du Bourbonnais,* 2e édition. — Notes communiquées par M. Edmond Tabouet, de Saint-Désiré (Allier). — *Armorial des principales familles du Berry.*

---

1. (Qui est d'Augerius Taboüet, seigneur croisé du Maine 1158-1162.)
2. (Qui est Taboétius, poète de Gaston d'Orléans.)
3. (Accompagné de trois étoiles de gueules posées deux et une, d'après un ancien cachet de famille.)

TACQUENET, seigneurs de Villelot, Neufville, Villely, le Cros, Lavause, etc., dans la Marche ; de la Mothe de Villarnoux, près Argenton (1440).

Famille de la Haute-Marche qui remonte à Jean Tacquenet, écuyer, sieur de la Chèze, qui fit hommage au comte de la Marche en 1485. Elle a donné des élus et un président en l'élection de Guéret, un premier président en la cour des aides de Clermont, un capitaine aide-major au régiment d'Agenais (1711).

Alliances : De Fricon, d'Assy, de Baslon, Bertrand, Filloux, Rollin, de Saint-Maur, de la Celle, de Montaignac, de Bize, Huard du Plessis de la Mothe.

D'or, à une tête de more de sable bandée d'argent, *alias* : d'argent, à la tête de more de sable.

Noms féodaux. — *Nobiliaire de la généralité de Bourges,* F. fr. 31791. — Archives de la Creuse et de l'Indre. — *Les Recherches de Noblesse en Berry.* — TARDIEU, *Dictionnaire de la Haute-Marche.*

TAILLON.

Jean Taillon était chanoine du Château-les-Bourges et chapelain de la Sainte-Chapelle de Bourges. Son neveu, Jean-Marie Taillon, chanoine du Château-les-Bourges fit enregistrer ses armoiries que nous donnons ci-dessous.

Nous trouvons encore de ce nom : Jean Taillon, conseiller au siège présidial de Bourges (1648), Jean Taillon, sieur de Gyonne, sans doute le même que le précédent.

D'azur, à trois cubes ou billettes carrées d'argent, écartelé d'or à un lion de gueules.

Armorial de la généralité de Bourges. — Archives du Cher. — *Statistique monumentale du Cher.*

TAILHANDIER DU PLAIX, seigneurs du Plaix, paroisse de Saint-Hilaire-en-Lignières (1768).

Il existe encore en Auvergne une ancienne famille noble du nom de Taillandier ou Tailhandier et il se peut que la famille Tailhandier du Plaix ait une origine commune avec la précédente. Quoi qu'il en soit, nous la trouvons établie au XVIIe siècle dans la baronnie de Culan. Noble homme Claude Tailhandier est lieutenant au bailliage de cette ville (1650) ; Gilbert Tailhandier est curé de Vesdun en 1657 et Blaise Tailhandier, curé de la paroisse de Puy-Ferrand du Châtelet est inhumé dans l'église en 1641.

Lors des recherches de noblesse en Berry en 1666, Ursin Taillandier, sieur de la Brosse et Toussaint Taillandier, son frère furent renvoyés comme nobles ; peut-être appartenaient-ils à la famille Tailhandier du Plaix.

N... Tailhandier du Plaix, scelleur héréditaire en la grande chancellerie de France, comparut à l'assemblée de la noblesse de Berry pour le bailliage d'Issoudun en 1789.

Alliances : Le Cointe, Chaignon, de Saincthorent, Bien, Joubert, Chabert de Fondville, des Ligneris, Foucher de Careil, de la Ferté-Meun, de Vauzelle, de Menou, Darcel, Brunet Laperelle, Pallienne.

D'argent, à l'aigle éployée de sable, crêtée et becquée de gueules, au chef d'azur chargé de trois étoiles d'argent.

Note communiquée. — Registres paroissiaux de Culan et du Châtelet. — *Les Recherches de Noblesse en Berry.* — *Statistique monumentale du Cher.* — *Armorial des principales familles du Berry.*

DE TALLEYRAND-PÉRIGORD.

Charles de Talleyrand-Périgord, prince de Chalais, marquis d'Endeuil, baron de Mareuil, grand d'Espagne de première classe, lieutenant-général des camps et armées du roi, grand bailli et gouverneur de la province, pays et duché du haut et bas Berry, gouverneur particulier des villes de Bourges et d'Issoudun, etc... (1763).

De gueules, à trois lionceaux d'or, armés, lampassés et couronnés du même, 2 et 1.

Guigard, *Nouvel Armorial du Bibliophile.*

TANDEGUÉ ou TANDEGUAY, seigneurs de Clerendry.

Famille qui a donné un échevin de la ville de Bourges en 1565 et 1566, 1601, 1602, 1621 et 1622, un conseiller du roi en l'élection de Berry.

Alliances : Meignan, Davril, Agard, Seurrat, Léveillé.

D'azur, à la fasce d'or, accompagnée de trois étoiles d'argent en chef et de deux roses de même en pointe.

Le P. Labbe. — *Privilèges de Bourges.* — La Thaumassière. — Archives du Cher.

TARDIF, seigneurs de Boisaucourt, de la Motte-Sury (1681).

D'argent, au chevron d'or, accompagné de trois trèfles de même. A enquerre.

Armorial de la généralité de Bourges. — *Statistique monumentale du Cher.*

TARDIF, seigneurs de Cheniers, Neuvy-Pailloux.

Famille très ancienne de Touraine.

Jean Tardif acquit la seigneurie de Neuvy-Pailloux en 1574 et la revendit en 1582 à Jean Fineau, de Buzançais.

D'or, à trois branches (ou palmes) de fougère de sinople, 2 et 1.

Archives de l'Indre. — LA THAUMASSIÈRE. — *Armorial de la Touraine.*

TASSIN, curé d'Allogny.

De.., à trois étoiles, *alias* molettes.

Cachet en cire rouge sur une lettre qu'il adressait, le 5 septembre 1788, à M. Lesourd, secrétaire de l'Intendance de Bourges ; Archives du Cher, C 156.

TAVARIN, seigneurs de Chantaubrun, Vieille-Forest, la Boère, Puy-Ferrand, paroisse du Châtelet, les Riaux, paroisse d'Ids-Saint-Roch.

Famille qui paraît originaire d'Issoudun, établie au XVIIᵉ siècle en la justice du Châtelet à laquelle elle a donné un lieutenant en 1623.

Alliances : Thierry, Locquineau, Perrot, Bernard, de Massé, Biesses, Grazon, d'Avesne, de la Breuille, Rougier, Roux, Baucheron, Béguin, de Belleville, Mery du Coudreau, Gérouilhe.

Registres paroissiaux du Châtelet. — Nos archives. — *Statistique monumentale du Cher.*

TAYON, seigneurs de Cosnet, paroisse de Laz, des Sauzaies.

Famille de la Châtre qui a donné cinq générations de notaires depuis 1550 et dont la filiation suivie s'établit depuis cette époque. Paul Tayon rendit hommage de son fief de Cosnet à Mme d'Aumont, dame de la Châtre (1607).

Alliances : Piat, Pallienne, Pasquet, Selleron de Laleuf, Perrault, Chevalier du Coudray, Simonnet, Pelletier, Carcat, Baucheron, Desfousses de la Charpagne, Neraud, Pouradier.

DUGUÉ, *Histoire de La Châtre.* — *Généalogie mss. de la famille Baucheron.* — Note communiquée par M. François ROGER, de Bourges.

DU TEIL ou DUTEIL, seigneurs de Noriou, la Chesnaye, paroisse de Foëcy, Laune, près Méry.

Cette famille, qui paraît originaire d'Issoudun, a donné des avocats au bailliage de cette ville, des officiers des armées du roi, un chevalier de Saint-Louis. Elle a pris part aux assemblées de la noblesse du Berry et de l'Orléanais en 1789.

Alliances : Le Boiteux, Carry, d'Avesne, de Bonnafau, Corbin, de la Varenne, Chenu de Mangou.

D'or, au chevron de sable, accompagné à dextre et à senestre d'une rose de gueules et d'un arbre de sinople en pointe ; au chef d'azur chargé de trois étoiles d'or.

Noms féodaux. — *Famille Corbin*, par Paul Moreau, Bourges, 1885. — *Statistique monumentale du Cher.* — Tausserat, *Chroniques de la Châtellenie de Lury.* — *Armorial des principales familles du Berry.*

DU TEILLET, seigneurs de Rouziers, paroisse de Rouziers. Originaires du Berry ?

Charles du Teiller fut maintenu dans sa noblesse en 1715 ; il fit preuve depuis Henry du Teiller, dont le fils Jean vivait en 1522.

Bouillet, dans son *Nobiliaire d'Auxergne*, mentionne deux familles de ce nom existant dans cette province les xiie et xive siècles.

Alliances : D'Argy, de Noblet.

Nobiliaire de la généralité de Bourges, F. fr. 31791 et 32272. — *Les Recherches de Noblesse en Berry.* — Archives du Cher.

LE TELLIER, seigneurs de Préveranges, Culant, la Roche-Guillebaut, la Prugne-au-Pot, la Tour-de-Vesvres, Neuvy-deux-Clochers, Baugy, Villequiers, en Berry (xviie et xviiie siècles) ; marquis de Louvois, de Barbezieux, de Chaville, de Courtenvaux, de Villequiers, etc...

Famille originaire de Paris qui a fourni plusieurs conseillers d'Etat, un chancelier de France, un grand trésorier des Ordres du roi, un ministre et secrétaire d'Etat, commandeur de l'Ordre du Saint-Esprit, des lieutenants-généraux des armées du roi, un archevêque de Reims en 1671, des chevaliers de Malte, etc...

Alliances : De Souvré, de la Rochefoucauld, Turpin de Vauvredon, d'Aumont, de Neuville-Villeroy.

D'azur, à trois lézards d'argent posés en pal, rangés en fasce, au chef de gueules chargé de trois étoiles d'or. A enquerre.

La Thaumassière. — Archives du Cher. — La Chesnaye-des-Bois. — Lainé, *Dictionnaire des Origines.* — *Statistique monumentale du Cher.* — Guigard, *Nouvel Armorial du Bibliophile.* — *Mémoires de Castelnau.* — Moreri.

LE TELLIER, seigneurs d'Angibault, du Montet, de Villaine.

Ancienne famille de la Châtre qui a fourni des receveurs des tailles en l'élection de cette ville, des officiers au grenier à sel, un subdélégué de l'intendance de Berry.

Alliances : Guery, Chauveton, Dorguin, Trumeau, Audoux, Renaudet, Chabenat, Duris, Baucheron, Thabaud de Belair, Peyrot de Monneroux, Pouradier de la Motte, Peron d'Acre, Tixier du Cluzeau, Pataud du Mas, Neraud, de Dampierre de Millancourt, Desjobert, Tabouet.

De gueules, à trois lézards d'argent, 2 et 1.

Armorial de la généralité de Bourges. D'office. — DUGUÉ, *Histoire de La Châtre.* — Note communiquée par M. François ROGER, de Bourges.

LE TELLIER DE LA VARABLIÈRE.

Guillaume-Denis le Tellier, écuyer, seigneur de la Varablière, fit inscrire ses armoiries à l'*Armorial de la généralité de Bourges.* Il appartenait à une famille de Normandie dont la filiation remonte à Girard le Tellier, sieur de la Varablière, la Mancellière, etc... qui produisit ses titres lors de la recherche de la noblesse dans la province de Normandie, ordonnée par Louis XI en 1463.

De gueules, à une fasce d'argent, accompagnée en chef de deux molettes de même et en pointe d'une main dextre apaumée aussi d'argent.

Armorial de la généralité de Bourges. — LAINÉ, *Dictionnaire des Origines.* — RIETSTAP.

TENON, seigneurs de Nauvignes, Azy, Fontfay, le Chautay, etc... ; barons de la Guerche et de Jouet.

Ancienne famille du Nivernais dont la filiation s'établit depuis Jean Tenon, maître des comptes à Nevers en 1406. Guillaume Tenon était trésorier général de France à Bourges (1580). Antoine Tenon fut conseiller du roi en ses conseils d'Etat et privé.

Alliances : Berthier, de Corbigny, de la Theillaye, Turpin-Vauvredon, Brisson, Bolacre, Challudet, Briçonnet, Brinon, de Saulieu, Gascoing, Babute, d'Orléans, de Bragelonne, Chassaigne, de Contremoret.

Ecartelé : aux 1 et 4, de sable, à la fasce d'or ; aux 2 et 3, d'azur, à deux lions léopardés d'or.

Supports : deux ours d'or au naturel, une boucle d'argent passée dans le nez.

Antérieurement cette famille portait (1575) : D'azur, à la tête de femme d'argent, chevelée d'or, surmontée d'un croissant de même et accompagnée de trois étoiles d'or.

Armorial de Challudet. — LA THAUMASSIÈRE. — *Nobiliaire de la généralité de Bourges*, F. fr. 31791 et 32273. — *Armorial du Nivernais.* — *Les Recherches de Noblesse en Berry.* — DE VASSAL, *Table analytique des manuscrits d'Hubert.* — *Statistique monumentale du Cher.*

TERRASSE, seigneurs de Saint-Julien-sur-Osmery, Rolant, le Marais, les Vaslins, la Brosse, les Billons, le Pavillon, Acon et Villers-sur-Chalivoy-Milon.

Ancienne famille, connue dès le milieu du xvie siècle et dont la filiation est établie depuis Etienne Terrasse, bourgeois à Dun-le-Roy. Elle a fourni à cette ville des échevins dès 1566, des maires perpétuels, un lieutenant général, des subdélégués de l'intendant de Berry, un célèbre Jésuite, le P. Desbillons, un abbé de l'abbaye royale de Chezal-Benoît, 1753.

Alliances : Sarrazin, Lelarge, Poncet, Busson, Gallerand, Bureau, Velluet, Gillet, Dabert, Bergeron, du Peyroux, Michel, Ruby, de Bosredont, Massé, Dubois de la Sablonière.

D'azur, à une foi d'argent, posée en fasce et accompagnée en chef de trois étoiles de même et en pointe d'un croissant aussi d'argent.

Armorial de la généralité de Bourges. — MOREAU, *Histoire de Dun-le-Roy.* — *Le P. Desbillons*, par P. DUBOIS DE LA SABLONIÈRE (*Mémoires de la Société des Antiquaires du Centre*, XIVe vol.). — Cachet scellant le testament de demoiselle Jeanne Terrasse (1758). Archives du Cher, B. 2551. — *Armorial des principales familles du Berry.*

DE TESPES, seigneurs de Saint-Julien, Varigny, la Forêt-de-Chaulme, Parnay.

Famille du Nivernais qui remonte sa filiation à Jean de Tespes, écuyer, sieur de Saint-Julien qui fit foi et hommage de cette seigneurie en 1478. Guillaume de Tespes fut maintenu dans sa noblesse en 1596. François de Tespes, écuyer, sieur de Parnay, paroisse de Vinon, élection de Bourges, âgé de 40 ans, son fils Nicolas de Tespes, ses frères Anne et Charles de Tespes, écuyers, sieurs de Nonnay et Arnay, Anne, généralité d'Orléans, et Charles, généralité de Paris, comme issus de germain, Jean de Tespes, généralité de Moulins. Renvoyé au conseil, 14 octobre 1666. Extrait du registre des comparutions pour la recherche des usurpateurs du titre de noblesse par devant François Perrotin, sieur de Barmond, subdélégué de M. l'intendant de la généralité de Bourges, Berry, maintenues de noblesse, mss. en notre possession.

Alliances : Des Gentils, Hodeneau, des Ulmes.

D'or, à trois fasces de gueules, celle du milieu chargée d'une fleur de lys de même.

L'*Armorial de la généralité de Bourges* attribue à Nicolas de Tespes des armes imposées d'office : De sable, à une tête humaine d'argent.

Les Recherches de Noblesse en Berry. — *Armorial du Nivernais.*

TEXIER.

Louis Texier, président en l'élection de Berry, fut élu échevin de la ville de Bourges pour les années 1610 et 1611.

Alliance : Grasset.

D'azur à la fasce d'or, chargée d'une étoile de gueules, accompagnée de trois roses d'or, 2 et 1.

Le P. LABBE. — LA THAUMASSIÈRE. — Cachet en cire scellant le testament de Claude Texier, bourgeois de Bourges en 1652, Archives du Cher, liasse B. 425.

DE TEXIÈRES ou TESSIÈRES, seigneurs de Texières et Beaulieu, en Périgord, Boisbertrand, Formiers, Remoreau, Election du Blanc. Originaires du Limousin.

Famille noble maintenue en 1667 à l'Intendance du Berry.

Alliances : Bouchard, de la Vergne, de Fayolles, de la Faye.

Losangé de gueules et d'argent.

D'Hozier. — *Nobiliaire de la généralité de Bourges*, F. fr. 31791. — *Les Recherches de Noblesse en Berry.*

THABAUD-DESHOULIÈRES, seigneurs d'Archis, la Terrée, Claverolles, les Oulches, Belair, la Forest, le Breuil, Charçay, Villaumiers, le Portal, Chantosme, Loche-au-Loup, le Colombier, la Roche, Bussière, Ville, Bois-la-Reine, l'Allemandière, les Houlières, la Touche, etc...

Cette famille est originaire de Neuvy-Saint-Sépulcre, en Berry, dont l'église renfermait ancien-nement un tableau représentant Blaise Thabaud, sicur de la Forest et Jean Thabaud, son fils. Elle établit sa filiation depuis N. Thabaud, père de Michel Thabaud, sieur d'Archis et de Blaise Thabaud, sieur de la Terrée, né en 1618, auteurs des deux branches principales qui ont donné lieu à de nombreux rameaux.

Elle fourni à la ville de Neuvy-Saint-Sépulcre de nombreux ecclésiastiques, curés et chanoines, des notaires, des procureurs fiscaux et un bailli ; des présidents aux traites foraines de Châteauroux et en l'élection de La Châtre, trois présidents trésoriers de France, un garde du corps du roi, deux députés de l'Indre, l'un, Guillaume Thabaud de Boislareine, à la Convention et au Conseil des Cinq Cents, créé baron de Surins, de l'Empire, et l'autre Joseph Thabaud de Linetière, de 1830 à 1837 et de 1846 à 1848.

Hyacinthe-Joseph-Alexandre Thabaud, connu sous le nom de Henri de la Touche, littérateur, était de cette famille (1785-1851). Il publia les œuvres d'Henri Chenier. Poète lui-même il fut l'un des précurseurs du romantisme.

Alliances : Denis, Grazon, Daubourg, Mosnier, Godin, Debrielle, Tournyol, le Tellier, Dubuisson, Augay, Montet, Bonnin, Esterlin, Beraud, Dupuy, Ragon de Besse, Barbadault, Péron de la Forest, Baraton, Patault du Portal, Duris, De Riglet, Dudoussat, Rochoux de la Bouige, Baucheron, Jouslin de Noray, Porcher de Villechère, Thomas de Laleuf, Robin de Varennes, Tixier, Grillon, Martinet, Estève, Desfousses de la Charpagne, Cuinat, De Boislinard, de Bize, Selleron, Dorguin, D'Orsanne, de Lestang, Faucheron de la Pallonière, Barré, Brunet-Laperelle, Esneau, Royon Varennes, Renaud d'Avène des Méloizes, Petitjean de Maransange, Gaillard, Marvaud, de Chalus, Schaffers, Peltereau, Siry.

D'azur à un chevron d'or, accompagné de trois trèfles tigés de même, les queues en bas, contour-nés, posés deux en chef affrontés, et un en pointe. *Alias* : D'azur à un chevron d'or, accompagné de trois trèfles d'argent, 2 et 1.

On trouve également : D'or à un aigle de sable, armes imposées d'office à Guillaume Thabaud, sieur de Chantosme et Pierre Thabaud, sieur de Charsay, tous les deux officiers en l'élection de La Châtre.

Noms féodaux. — Armorial des généralités de Bourges et de Paris. — Registres paroissiaux du Châtelet. — Massereau, Histoire de Neuvy-Saint-Sépulcre, La Châtre, 1859. — Duguet, Histoire de La Châtre. — Armorial des principales familles du Berry. — Annuaire de la Noblesse, 1922. — Notes communiquées par M. Raymond Desjobert de Prahas, de Châteauroux.

DE THAIS. V. GEDOUIN.

THAUMAS DE LA THAUMASSIÈRE ou THOMAS DE LA THOMASSIÈRE,

seigneurs du Buisson, les Perrières, Hauteborde, le Lys-Saint-Mesmin, l'Olivette, Puy-Ferrand, paroisse d'Arçay, Gerissay, la Clamecye, vicomtes de Lasteuf.

La Thaumassière, le célèbre auteur de *l'Histoire de Berry*, ayant publié dans son nobiliaire une généalogie complète et détaillée de sa famille, nous croyons superflu de lui consacrer une notice étendue. Disons seulement qu'il se prétendait d'une famille noble de Champagne, que son père était docteur en médecine et médecin ordinaire de Mgr le prince de Condé, son aïeul Maître des Eaux-et-Forêts à Beaugency et son bisaïeul, homme d'armes des ordonnances du roi, mort prisonnier de guerre à Orléans. Lui-même, avocat distingué et érudit, fut nommé échevin de la Ville de Bourges en 1665.

Alliances : Guichard, de la Martinière, Badin, Thinat, Bengy, Nibelle, Champion, de Maussabré, Damours de Boisaujeu.

D'azur semé de molettes d'or, au lion de même, armé et lampassé de gueules, au chef cousu de gueules, chargé d'un croissant d'argent.

La Thaumassière. — Noms féodaux. — Archives du Cher. — Société des Antiquaires du Centre, Ier vol., La Thaumassière, sa vie, ses relations et ses œuvres, par E. de Robillard de Beaurepaire. — Les Recherches de Noblesse en Berry. — Armorial des principales familles du Berry.*

THEAULT.

Philippe Théault, lieutenant de la milice bourgeoise de Selles.

D'argent à une bande d'azur, cotoyée de deux filets de gueules, et accompagnée de deux tourteaux d'azur chargés chacun d'un sautoir d'or, un en chef et l'autre en pointe.

Armorial de la généralité de Bourges. D'office. — Romieu, Histoire de la ville de Selles.

THEBAULT.

René Thébault, procureur au siège présidial de Bourges.

D'or à un sautoir de gueules.

Armorial de la généralité de Bourges. D'office.

THERET.

Jean Theret, procureur au présidial de Châtillon-sur-Indre.

D'argent à un aigle de sable.

Armorial de la généralité de Bourges. D'office.

THEVENAT.

François Thévenat, garde-marteau.

D'azur à une foi de carnation parée d'or et tenant un marteau de même emmanché d'argent.

Armorial de la généralité de Bourges, élection de Saint-Amand. D'office.

THÉVENIN, seigneurs du Chezal-Meslon.

Cette famille à donné un conseiller du roi en l'élection de Saint-Amand qui a fait enregistrer ses armoiries, un président trésorier de France au bureau des finances de Bourges.

Alliances : Grangeron, Auclerc, Fouquet, Baucheron, Bourdaloue, Becquas, Tullier, Badin, Perrotin de Barmont, Heurtault, de Beaucaire, Boin, Ragon, Moreau, Martin de Marolles.

De gueules à trois grappes de raisin d'argent.

Noms féodaux. — Armorial de la généralité de Bourges. — Archives du Cher et de l'Allier. — MALLARD, *Histoire de Saint-Amand.*

DE THIANGES, seigneurs de Thianges, Souvigny, Valigny, Bussières-d'Aillac (1435), le Creuzet, paroisse de Coust, Saint-Georges-sur-la-Prée, Chaillou, la Beuvrière, le Coudray, Teillet, Champallement, Chemaux, Puygirault, les Renards, Lussat, etc... Nivernais, Bourbonnais, Berry.

Maison d'ancienne chevalerie qui prit son nom d'une terre située près de Decize en Nivernais.

Guillaume de Thianges, chevalier, seigneur de Souvigny, en Bourbonnais, rendit hommage au sire de Bourbon en 1218, et sa descendance directe subsista jusqu'en 1453, époque à laquelle, l'héritière de cette maison, Beleasse de Thianges, épousa Charles de Villelume, dont la postérité prit le nom et les armes de Thianges.

Alliances : De Sully, de Saint-Palais, de Courtenay, de Villelume, de Bigny, Turlin, de Couhé de Lusignan, d'Aureuil, du Peyroux, de Roland, Merigot, Rousset, de Montaignac, de Fontenay, de Chéry, Dallonneau.

D'or, *alias* d'argent, à trois tiercefeuilles de gueules 2 et 1. Certains auteurs remplacent les tiercefeuilles par des roses et même des trèfles. Supports : Deux sauvages.

Noms féodaux. — La Thaumassière. — Vertot, Histoire des Grands Officiers de la Couronne. — Nobiliaire de la généralité de Bourges, F. fr. 31791 et 32273. — La Chesnaye-des-Bois. — Armorial de la généralité de Bourges. — Inventaire des titres de Nevers. — Nobiliaire d'Auvergne. — Armoriaux du Nivernais et du Bourbonnais. — Les Recherches de Noblesse en Berry. — Archives de l'Indre. — Inventaire des sceaux des Archives de l'Empire, par Douet d'Arcq. — Armorial de la Touraine. — Armorial des principales familles du Berry.*

THIBAUD DE LA ROCHETHULON, seigneurs de la Roche, Thulon, Thorigny, le Mont-de-France, Chevagny-le-Lombard, le Terreau, Baudiment, Allemagne, le Rivault, la Rochechevreux, etc... Barons des Prez ; marquis de la Rochethulon. Poitou, Touraine, Berry.

Cette maison d'ancienne noblesse est originaire du Beaujolais où étaient situés les châteaux et seigneuries de la Roche et de Thulon. Sa filiation suivie commence par Jacques Thibaud, écuyer, seigneur de Thulon, la Roche, né en 1540, Claude Thibaud, baron des Prez, maréchal de bataille dans les armées du roi, fut maintenu dans sa noblesse par arrêt du Conseil du 3 octobre 1667. Cette famille a également fait ses preuves pour les pages de la grande écurie du roi en 1721, et pour l'école militaire en 1760.

Par suite de l'alliance de Philibert Thibaud, seigneur de la Roche et de Thulon, gouverneur de Lyon, avec Isabeau de Noblet des Prez, la famille de la Rochethulon a ajouté à son nom celui de Noblet et a longtemps écartelé ses armes de celles de Noblet, qui sont : D'azur au sautoir alaisé d'or. C'est également dans la maison de la Rochethulon que s'est éteinte celle des Couraud de la Rochevreux, l'une des plus anciennes familles du Berry.

Alliances : Charreton, de Noblet des Prez, de Beaumanoir Lavardin, de Martel, de Saulx-Tavannes, de Beaupoil de Saint-Aulaire. de Tudert, Couraud de la Rochechevreux, de Durfort de Lorges, Isoré de Plumartin, Taillepied de Bondy, de Goulaine.

D'argent au chevron d'azur et au chef de même.

D'Hozier. — Noms féodaux. — La Chesnaye-des-Bois. — Annuaire de la Noblesse. — Armorial de la Touraine. — Armorial des principales familles du Berry.

THIBAULT, seigneurs du Carroy, de Saint-Igny, de l'Etandray.

Famille qui a donné plusieurs échevins, le premier en 1582, à la ville de Bourges et des conseillers à son présidial.

Alliances : Picault, de Sàuzay, Gassot, Chenu, Boucher de la Baume.

D'azur, au lion d'or, au chef cousu de gueules, chargé de trois fers de cheval d'argent.

Privilèges de Bourges. — LA THAUMASSIÈRE. — *Armorial de la généralité de Bourges.* — Cachet scellant le testament de la dame Paule Boucher de la Baume, veuve de Mᵉ Gille Thibaut, vivant conseiller du roi au présidial (1712), Archives du Cher, liasse B. 425. — *Armorial des principales familles du Berry.*

THIBAUD DE GUERCHY, seigneurs de Mirebeau-sur-Indre, paroisse de Mehun (1446), Bessé (1508), la Perouille (1558), le Colombier (1595), Villegenon, Guerchy, Vieil-Moulin, Mézières, Pontigny, les Petits-Bois.

René de Thibaud, écuyer, seigneur de Guerchy fut déclaré noble et issu de noble race depuis l'an 1400 par arrêt de la cour des Aides à Paris le 9 mars 1660.

François Thibaud, écuyer, gentilhomme ordinaire de la chambre du roi, fit hommage au seigneur de Châteauroux d'une rente sur le fief du Colombier en 1572, et sa veuve Anne de Troussebois, du fief du Colombier en 1595.

Alliances : Guérin, de Puygirault, de la Touche, de Greaulme, de Grailly, de Troussebois, de Rochechouart, Monnot, de Bar, Turpin de Lespinière.

De gueules, à trois tours d'or, posées 2 et 1.

D'HOZIER. — LA CHESNAYE-DES-BOIS. — *Armorial de la généralité de Bourges.* — Archives de l'Indre. — *Inventaire des titres de Nevers.* — *Armorial de la Touraine.* — *Armorial du Nivernais.* — *Statistique monumentale du Cher.* — DE VASSAL, *Table analytique des manuscrits d'Hubert.* — *Armorial des principales familles du Berry.*

THIBOUST, seigneurs de Quantilly.

Famille originaire de la Brie, Jacques Thiboust, sieur de Quantilly, secrétaire du roi, valet de chambre de Marguerite de Valois, duchesse de Berry, et élu de Berry, tient une place honorable dans l'histoire littéraire de cette province. M. Boyer a fait paraître, dans les *Mémoires de la Commission historique du Cher*, Iᵉʳ vol., 2ᵉ partie, une étude très intéressante sur ce personnage, intitulée : *Un ménage littéraire en Berry au XVIᵉ siècle.*

Alliances : De Rusticat, de la Font, Sardé, Dumoulin, Pajonnet, Bigot.

Écartelé : Aux 1 et 4, d'argent à la fasce de sable chargée de trois glands attachés à leurs couppettes et branchettes d'or, accompagnée de trois feuilles de chêne de sinople, deux en chef et une en pointe, qui est de Thiboust ; au 3 d'argent, à une anille de moulin de sable, qui est Dumoulin ; au 4 d'or à deux perroquets adossés de sinople, membrés et becqués de gueules, qui est de Rusticat, sur le tout d'azur à une comète d'or qui est de Villemer.

Alias : Écartelé de Villemer et de Rusticat, sur le tout de Thiboust.

La Thaumassière. — Archives du Cher. — *Statistique monumentale du Cher.* — *Armorial des principales familles du Berry.*

THIERY.

Nicolas Thiery, conseiller du roi, maire perpétuel de Selles-en-Berry.

D'azur à une fasce d'or chargée d'une vivre de gueules et accompagnée de trois bâtons alaisés d'or, posés en pal, deux en chef et un en pointe.

Armorial de la généralité de Bourges. D'office.

THIERRY.

Renaud Thierry, né en 1391, fut attaché à la maison du Dauphin en qualité de chirurgien et reçut des lettres de noblesse en 1425. Devenu veuf, il entra dans les ordres et devint doyen de la collégiale de Mehun-sur-Yèvre, l'on peut voir ses armoiries à la voûte d'une chapelle qu'il fit construire dans l'église. En 1455, dans le procès en réhabilitation de Jeanne d'Arc, il déposa en sa faveur, il était seigneur du Courpoy, terre qui passa dans la famille Bonin, par suite du mariage de sa fille, Marie Thierry, avec Renaud Bonin, seigneur de Ripière, Ferolle, Urtebize, Maître des requêtes des rois Charles VII et Louis XI.

D'argent au chevron d'or, accompagné de trois perdrix d'argent, membrées et becquées de gueules, posées 2 et 1.

La Thaumassière. — *Mémoires de la Société des Antiquaires du Centre*, XXIIe vol., p. 186. — *Statistique monumentale du Cher.*

THILLOYS.

Piot Thilloys, commissaire ordinaire de l'artillerie de France.

D'azur, à un tilleul d'or, sur une terrasse de même, accosté aux pieds de deux oies affrontées d'argent. Armes parlantes.

Armorial de la généralité de Bourges. D'office.

THINAT ou TINAT.

Jean Thinat, marchand, demeurant à Bourges, paroisse de Saint-Jean-des-Champs, en 1617 est peut-être le père de Louise Thinat. veuve de Jacques Blanchard, marchand et bourgeois de Bourges. qui se remaria avec La Thaumassière, le célèbre historien du Berry, lui-même veuf de Catherine Badin,

Catherine Tina, veuve de Nicolas Douard, procureur au présidial de Bourges, est inscrite d'office à l'*Armorial* de 1696 avec ces armoiries : De gueules, à trois roses d'or, posées en pal.

Archives du Cher. — *Armorial de la généralité de Bourges.*

THINIER.

François Thinier, bourgeois et lieutenant de milice bourgeoise (à Vierzon).

D'or à un coq d'azur, crêté, becqué et onglé de gueules, et accompagné de huit clochettes de même, bataillées d'azur et posées en orle.

Armorial de la généralité de Bourges. D'office.

DE THOBIE, seigneurs de la Perrière, terre mouvante de la baronnie de Lignières.

Alliance : De Béthoulat.

D'azur, à la bande engreslée d'or, chargée d'une cotice de gueules, accompagnée de deux molettes à huit pointes.

Le Comte de la Vauguyon, par A.-F. AUDE, Paris, Edouard Champion, 1921.

THOMAS DES COLOMBIERS, seigneurs de Boischentel, de Boisgirault, de Pénclaine, des Colombiers.

Ancienne famille que certains de ses membres ont cru issue de celle des Thaumas de la Thaumassière dont ils ont porté les armoiries. Mais il semble que cette prétention n'est pas justifiée, pas plus d'ailleurs que l'origine de cette famille donnée dans une généalogie établie en 1763 par Antoine Thomas, sieur de Pénelaire, qui porte en note de sa main : « MM. Thomas tirent leur origine de deux Thomas frères, gentilshommes verriers, qui sortirent d'Angleterre avec saint Thomas, leur parent, archevêque de Cantorbéry lorsqu'il fût avec sa famille disgracié d'Henry second roy d'Angleterre. L'un s'établit à Tours, l'autre en Berry en onze cent soixante et tant ;........

Quoiqu'il en soit nous trouvons cette famille établie à la Chapelotte vers la fin du xve siècle. Elle a donné des notaires et procureurs fiscaux à la Chapelotte et à Saint-Palais, un avocat général de la principauté de Boisbelle, un procureur à l'officialité de Bourges dont le fils fut conseiller du roi au présidial de cette ville et le petit-fils trésorier de France. Louis Thomas de la Lionnerie, filleul de ce dernier était secrétaire à Paris du marquis de Monthyon, directeur des Archives du Comte d'Artois. Par décret du 4 mars 1868, MM. Georges et Christian Thomas des Colombiers ont été autorisés à ajouter à leur nom patronymique celui de de Boismarmin.

Alliances : Deschamps, Beaubois, Margueritte, Prévost, Champion, de Bongards, Girard, Nibelle, Gassot, Benoist, Ragueau, Fournier de Boismarmin, Bonnesset, Martin de Marolles.

De gueules, à une croix fleuronnée d'argent.

Armorial de la généralité de Bourges. — Noms féodaux. — Archives du Cher. — Riffé, *Généalogies Gassot et de Bengy* (*Mémoires de la Société des Antiquaires du Centre*)... — Note communiquée par M. S. Buchet, du Noyer.

THOMAS, seigneurs de Bellegarde, paroisse de Jeu-les-Bois, La Leuf, la Presle.

Jean Thomas est qualifié chancelier du bourg de Saint-Gildas (1315) ; Gabriel Thomas est greffier de la principauté de Déols (1648) ; Philippe Thomas, écuyer, sieur de Bellegarde, est écuyer de la grande écurie du roi, (1666) ; Jean Thomas, sieur de Bellegarde contrôleur des traites foraines à Châteauroux, fait enregistrer ses armoiries.
Citons encore, Jacques Thomas, sieur de la Leuf, receveur de la terre et seigneurie de Nohant, (1700) et Joseph Thomas de Bellegarde, Lieutenant de la Maréchaussée de la Châtre en 1750.

Alliances : D'Isles, Bernard, Daubourg, Thabaud, Selleron.

D'azur au lion d'argent.

Armorial de la généralité de Bourges. — Les Recherches de Noblesse en Berry. — Archives de l'Indre.

THOMAS.

François Thomas, prêtre, curé de Jeu-les-Bois. (Très probablement de la famille Thomas de Bellegarde).

D'azur à un chiffre d'or, composé d'un F et d'un T entrelacés.

Armorial de la généralité de Bourges.

THOMAS.

Philippe Thomas, conseiller du roi, son procureur aux traites de Saint-Benoist-du-Sault.

D'azur, au chef d'or, chargé de trois roses de gueules.

Armorial de la généralité de Bourges, élection du Blanc. D'office.

THOMAS.

Gabriel Thomas conseiller du roi, et son procureur au bailliage de Vierzon.

D'azur, semé de tau d'argent, à un mât d'or, garni de ses cordages de même, et mouvant de la pointe.

Armorial de la généralité de Bourges. D'office.

THOMAS.

N. Thomas, conseiller du roi, lieutenant de robe longue de la maréchaussée provinciale de Bourges.

De gueules, à un dextrochère d'or, tenant un sabre d'argent.

Armorial de la généralité de Bourges. D'office.

THOMASSEAU.

Guillaume Thomasseau, contrôleur général des finances, fut élu échevin de Bourges en 1562. D'après LA CHESNAYE-DES-BOIS, il appartenait à une famille d'Anjou répandue en Poitou et en Berry.

De sable, à cinq pointes pyramidales d'argent, mouvantes de la pointe de l'écu, armes blasonnées anciennement : Enté en pointe d'argent et de sable de onze pièces.

Jusques vers l'an 1500 cette famille aurait porté : D'azur à trois losanges en bande attenantes d'argent.

LA THAUMASSIÈRE. — LA CHESNAYE-DES-BOIS. — *Armorial des principales familles du Berry.*

DE THOUARS, ou plutôt DE THOUAR ou TOUARD, seigneur des Forges, paroisse de Montier-Mallet, etc..., de la Callare, Poitou.

Jean de Thouar fut convoqué au Ban de Berry en 1569, Gabriel de Thouar était gendarme de la garde du roi Henri IV.

Alliance : De Gigault.

D'azur, à trois chevrons d'argent, parti de gueules à la fasce d'or

Dossiers bleus 633. — *Les Recherches de Noblesse en Berry.*

TIERCELIN, seigneurs de la Roche-du-Maine, Ballon, la Chapelle-Bariou, Bazelac, Saint-Sébastien, la Pouge, le Châtelier, paroisse de Pomiers et le Mondurier, paroisse de Crozon, en Berry, Sarcus, Pocé, Montpoupon ; vicomtes et marquis de Brosses, en Picardie ; marquis de Saveuse et de la Roche-du-Maine. Originaires du Poitou, Berry, Touraine, Picardie.

Maison d'origine chevaleresque dont la filiation suivie commence à Lancelot Tiercelin qui épousa Jeanne d'Amboise de 18 août 1223. Elle a donné un capitaine de cinquante hommes d'armes des ordonnances, des maréchaux de camp, des chambellans du roi, des conseillers d'État, des gouverneurs et capitaines des villes de Chinon, Loches, Amboise, etc..., des chevaliers de l'ordre du roi.

_ *Alliances* : D'Amboise, de Brosses, Turpin de Crissé, d'Appelvoisin, de Gaucourt, de Rancé, Foucault de Saint-Germain-Beaupré, de Damas, de Longbost.

D'argent, à deux tierces d'azur en sautoir, cantonnées de quatre merlettes de sable.

LA THAUMASSIÈRE*. — *Noms féodaux.* — *Histoire des Grands Officiers de la Couronne.* — LA CHESNAYE-DES-BOIS· — BLANCHARD. — CHEVILLARD, *Dictionnaire héraldique.* — Collection Clairambault. — *Armorial de la Touraine.* — CHENON, *Histoire de Sainte-Sévère*, IIe vol., p. 454. — *Armorial des principales familles du Berry.*

TISSOT.

N. Tissot, bourgeois.

De gueules, à un chevron d'argent chargé de deux roseaux de sinople et accompagné de trois navettes d'argent, deux en chef et une en pointe.

Armorial de la généralité de Bourges. D'office.

TIXIER, seigneurs du Cluseau-Sainte-Sévère, la Vaupillère, Crevant, Chassignoles, Saint-Aubin, Breuillebault, Fontancier, Bouturault, Villaine.

Famille établie à la Châtre au XVIIe siècle. Elle a fourni un receveur des tailles en l'élection de cette ville, dont le fils fut subdélégué de l'intendant de la généralité de Bourges, puis président trésorier de France au bureau des finances de cette ville.

Alliances : Le Tellier, Godard, Dorsanne de Montlevic, de Villaines.

D'azur, à trois têtes de levrettes d'argent, accolées de gueules, ayant un anneau d'or et posées deux et une.

Les armes imposées d'office à Louis Tixier, conseiller du roi, receveur des tailles de la Châtre, sont : D'azur, à trois fasces ondées d'argent.

Armorial de la généralité de Bourges. — DUGUÉ, *Histoire de La Châtre.* — CHENON, *Histoire de Sainte-Sévère*, IIe vol., p. 316. — *Armorial des principales familles du Berry.*

TIXIER DE LIGNY, seigneurs de Peudun.

Il y a tout lieu de croire que cette famille a une communauté d'origine avec la précédente. Dans ces conditions, il y aurait donc lieu de lui attribuer les armes imposées d'office à Louis Tixier, receveur des tailles, ce que, d'ailleurs, a fait M. Paulin Riffé, dans ses essais généalogiques sur la famille Hodeau, (*Mémoires de la Société des Antiquaires du Centre*, 1879, *VIII⁰ vol.*).

Alliances : Desfousses, Petitjean du Cluzeau, Brossier, Biarnois, Peyret de Pommeroux, de la Varenne, Septier de Rigny, d'Aussigny, Gruet de Bacquencourt.

Chenon, *Histoire de Sainte-Sévère*, T. II, p. 354. — *Armorial des principales familles du Berry.*

DE TOLLET, *alias* DE THOLLED, seigneurs de Bois-sir-Amé, Chezal-Chauvier, Soix, Palin, le Breuillet.

Ancienne famille qui a donné un gentilhomme de la maison du roi et écuyer de ses écuries, dont le fils fut capitaine de cent hommes d'armes des ordonnances et maître d'hôtel du roi, deux abbés de Pleimpied et de Noirlac, Pierre et Jean de Tollet, le dernier aumônier de la reine, mère du roi. En 1720, Charles de Tollet était cadet au régiment de Touraine.

Alliances : De Maupuy, de Clérac, de la Grange-d'Arquian, Ragueau, de Gamaches, du Coing.

De gueules, à la tour crénelée d'argent.

La Thaumassière*. — *Noms féodaux.* — *Armorial de la généralité de Bourges.* — Extrait du Registre des Comparutions, Berry, maintenues de noblesse, mss. — Archives du Cher. — *Statistique monumentale du Cher.* — *Armorial des principales familles du Berry.* — *Les Recherches de Noblesse en Berry.*

TONDU, seigneurs de Taillisvert.

Cette famille a pour auteur Roger Tondu, originaire de Nangis en Brie, qui vint s'établir à Lignières où il fit partie de la maison du seigneur de cette terre. Il est qualifié successivement « homme de chambre », capitaine du château de Lignières, maître d'hôtel et intendant de la maison de Mme de Brichanteau. Il avait épousé en 1620 Anne Bonnet, originaire de Montereau dont il eut entr'autres enfants Philippe Tondu, sieur de Taillisvert, exempt des gardes du corps du duc d'Orléans, dont la veuve fit enregistrer les armoiries ci-dessous, et sans doute noble François Tondu, sieur de Cordaillats, capitaine des Eaux et Forêts de la baronnie de Meillant 1668).

Alliances : Coullaud, Soumard, Dorguin, Fouquet de Rodais.

D'azur, à deux épées d'argent posées en sautoir.

Armorial de la généralité de Bourges. — Archives du Cher. — Riffé, *Essais généalogiques, Famille de Bengy,* Bourges, Pigelet, 1875.

TORCHON.

Famille consulaire de Bourges qui a fourni un receveur de la ville en 1655, deux prévots des marchands, un procureur au présidial, un bailli de la terre de Châteauneuf (1771).

Le 30 septembre 1643, noble Pierre Torchon, sieur des Cormiers est parrain à Lignières (Inventaire des Archives du Cher, série E. supplément, T. I. 1913).

Alliances : Godefroy, Ragu, Dubreuil, Chenu, Godard, Bonnet, Luzarche, Charlemagne.

D'après l'*Armorial de la Généralité de Bourges* :

Etienne Torchon, père portait : D'azur, à un cœur de carnation supportant un 4 de chiffre d'or et accompagné de trois étoiles de même, deux en chef et une en pointe, accosté d'un E et d'un T aussi d'or.

François Torchon, marchand : D'azur, à une claie d'argent, mouvante de la pointe, surmontée de trois torches allumées d'or.

Selon un manuscrit de la Bibliotèque nationale, F. fr. 32255 : Le blason d'Étienne Torchon, prévot des marchands, était : D'azur à trois torches d'or soutenues de deux fasces ondées d'argent, celle du dessous chargée d'un rat de sable, à un soleil d'or en chef, et celui de François Torchon, également prévot des marchands : D'azur, à trois torches d'or, 2 et 1 ; au soleil de même en chef.

La Thaumassière. — Archives du Cher.

DE LA TOUANNE. V. BIGOT.

TOUBEAU DE MAISONNEUVE, seigneurs du Gué-de-Buffion, Pigny, Boisbriou, Maisonneuve, vicomtes de Villeneuve-sous-Rampenay.

Cette famille a pour auteur Jean Toubeau, qui vint d'Allemagne, s'établir à Bourges en 1520, comme libraire-imprimeur.

Elle a donné un personnage marquant dans l'histoire de Bourges, Jean Toubeau, célèbre imprimeur-libraire du roi, prévot des marchands, qui fut élu échevin de Bourges, en 1684 et 1695, année où il mourut à Paris où il avait été député par la ville de Bourges.

En 1643, il avait donné un Recueil des *Privilèges de Bourges* et il imprima lui-même en 1682 un traité des « *Institutes du droit Consulaire* ».

La Thaumassière nous a transmis son épithaphe composé par M. Pinsson des Riolles, avocat en parlement « son bon amy ».

Son fils François Toubeau, lui succéda comme imprimeur et fut également prévot des marchands et échevin de Bourges.

Cette famille a encore produit un secrétaire en chef (1700) et un docteur agrégé (1771) en l'Université de Bourges, un directeur des postes en Berry (1670), des magistrats distingués.

Alliances : Lauverjat, Couriou, Robert, Boyer, Busson de Lavèvre, Geoffrenet de Champdavid, Rossignol de la Ronde, Neyron, Ruet de la Motte, Pocquet de la Mardelle.

D'azur, à une fasce d'argent, chargée de trois roses de gueules, surmontée d'un soleil d'or et accompagnée de trois chicots de même, deux en chef et un pointe.

LA THAUMASSIÈRE. — *Armorial de la généralité de Bourges.* — *Noms féodaux* (Voir Loubeau au lieu de Toubeau). — MORERI. — *Statistique monumentale du Cher.* — Archives du Cher. — *Armorial des principales familles du Berry.*

DE LA TOUCHE ou DE LA TOUSCHE, seigneurs de la Touche, Vauzelles, paroisse de Velles, la Mazerolle, les Roches-Tranchelyon, la Guittière, les Forges, etc...

Maison d'origine chevaleresque, originaire du Poitou et répandue en Berry et en Touraine.

Nous trouvons deux religieux de l'Abbaye de Saint-Gildas, Fr. François de la Touche, chantre de l'Abbaye et prieur de Neret (1540) et Fr. Jacques de la Touche, aumônier de l'Abbaye (1576) et ensuite (1596), Vicaire général de l'abbé, M. de Chennevière.

Cette famille a été maintenue à l'intendance du Berry en 1670 sur preuves remontant à Pierre de la Tousche, écuyer, lieutenant pour le roi en la capitainerie du bois de Vincennes, qui épousa en 1555, Anne Bizeau.

Alliances : D'Aloigny, de Maillé, Frotier, de Massé, de Montgommery, de Menou, de Préaux, de Nuchèze, de Coué.

D'or, au lion de sable, armé, lampassé et couronné de gueules.

Archives de l'Indre. — *Armorial de la généralité de Bourges.* — *Noms féodaux.* — *Nobiliaire de la généralité de Bourges*, F. fr. 31791 et 32273. — BEAUCHET-FILLEAU, *Nobiliaire du Poitou.* — *Les Recherches de Noblesse en Berry.* — *Armorial de la Touraine.* — *Recherche de la Noblesse dans la généralité de Tours.* — *Armorial de la généralité de Poitou.* — *Armorial de la Noblesse du Poitou en 1789*, par Armand DE LA PORTE.

DE LA TOUR.

N. de la Tour, écuyer, sieur de la Ronde, imposé d'office à l'Armorial de la généralité de Bourges, élection de la Châtre avec les armes ci-dessous :

De gueules à une tour d'argent.

TOURTIER, seigneurs de Lutz, de la Vesvre.

Famille qui a donné un échevin de la ville de Bourges, années 1656 et 1657, Nicolas Tourtier, écuyer, sieur de Lutz, conseiller et maître d'hôtel ordinaire du roi. Anne Tourtier, écuyer, sieur de la Vesvre, était enseigne au régiment de Clairambault en 1665.

Alliances : Madé, Cougny de Marandé, Busson de Villeneuve.

D'azur, au chevron d'or, chargé de trois molettes de sable, accompagné de trois besants d'argent, 2 et 1.

La Thaumassière. — *Noms féodaux.* — *Armorial de la généralité de Bourges.* — Moreau, *Histoire de Dun-le-Roi,* IIe vol., p. 354. — Archives du Cher.

DE TREIGNAC ou TREIGNAT, seigneurs de Fontillay, Soulangy, près Levet, Cerbois, Villemenard, vicomtes de Chipou.

Etienne de Treignac, lieutenant-général à Bourges (1453), eut pour fils Jacques de Treignac, également lieutenant-général à Bourges, conseiller du roi et de Mme la duchesse de Berry en ses grands jours (1460).

Alliances : De Sathenat, Gougnon, Fradet, de l'Hôpital, de Cambray.

D'argent, au chevron de gueules, accompagné en pointe d'une coquille de sable, au chef d'azur chargé d'un lion léopardé d'or.

La Thaumassière. — *Statistique monumentale du Cher.*

DE LA TREMBLAYE.

François et Gabriel de la Tremblaye, écuyers, furent inscrits d'office tous les deux à l'*Armorial de la Généralité de Bourges* avec les armes ci-dessous :

D'azur, à un chêne d'or sur une terrasse de gueules, accosté de deux molettes d'argent, au chef de même, chargé de trois feuilles de houx de sinople.

DE LA TRÉMOILLE ou DE LA TRÉMOUILLE, seigneurs de la Trémoille, Lussac-les-Églises, Château-Guillaume, Ambrault, Bomiers-l'Eglise, Boisramier, le Breuil, Planches, Pympinard, paroisse de Saint-Gaultier, Bienassis, Lavau, paroisse de Rivarennes, Rochefort, la Barre, la Bruère, paroisse de Saint-Nazaire, Toulangier, etc..., en Berry, Fontmoraud, Montrichard en Touraine, Usson, etc..., barons de L'Isle-Bouchard, d'Amboise, de Sully, de Craon, de Semblançay, de Dours, de Bourbon-Lancy, etc... ; vicomtes de Tours, comtes de Guines, de Ligny, etc... ; ducs de la Trémoille, de Thouars et de Noirmoutiers ; princes de Talmont et de Tarente ; pairs de France.

Maison des plus illustres de France, originaire des confins de la Marche, et dont la filiation remonte au xie siècle. Plusieurs chevaliers croisés. — Elle a fourni un gouverneur de Berry en 1426, un député du Cher en 1815.

Alliances : De Lezay, de Razès, de Preuilly, d'Aloigny, de Jaucourt, de Rochefort, de Vouhet, de Sully, d'Amboise, Guénand, de Montmorency, d'Oradour, d'Anjou-Mézières, du Bueil, de Bourbon, Borgia, de Rochechouart, de Culant, de Salignac, Pot, d'Aubusson, de Boislinard, de Verisne, de la Vergne, etc...

D'or, au chevron de gueules, accompagné de trois aiglettes d'azur, becquées et membrées de gueules.

Une branche cadette établie au xviie siècle dans la paroisse de Saint-Nazaire, élection du Blanc, comparut lors des recherches de noblesse et fut maintenue. Elle portait : D'argent au chevron de gueules accompagné de deux aiglettes de sable en chef et d'une étoile d'azur en pointe.

LA THAUMASSIÈRE*. — *Histoire des Grands Officiers de la Couronne.* — *Noms féodaux.* — BEAUCHET-FILLEAU, *Nobiliaire du Poitou.* — *Les Recherches de Noblesse en Berry.* — *Armorial de Touraine.* — Archives de l'Indre. — *Annuaire de la Noblesse,* 1843.

TRIBOEIL.

Jean-Baptiste Tribocil, sieur de Couldray, curé de Valon.

D'azur, au chevron d'or, accompagné de trois œillets de même, deux en chef et un en pointe.

Armorial de la généralité de Bourges, élection de Saint-Amand.

TRIBOUDET DE MAIMBRAY, seigneurs de Marcy, Boisvert, les Essards, Maimbray, Nozay.

Cette famille serait originaire de la ville de la Charité, en Nivernais, à laquelle elle a fourni un président au grenier à sel. En 1670, Jacques Triboudet était procureur fiscal à Sancerre.

Elle a donné un garde du corps du roi en la compagnie écossaise, président au grenier à sel de Bourges, dont le fils Jacques Triboudet, écuyer, seigneur de Maimbray et de Nozay, conseiller du roi, lieutenant particulier au bailliage de Berry et siège présidial de Bourges (1749), remplit les fonctions de maire de cette ville (1755-1759), et fut, à ce titre, maintenu dans sa noblesse par lettres patentes du roi, datées du 22 juin 1759. Il était président trésorier de France à Bourges en 1767.

MM. Triboudet de Marçy et Triboudet seigneur de Boisvert, ont comparu aux assemblées de la noblesse de Berry en 1789.

Alliances : Bernot de la Pointe et de Charant, de Lespinasse, Pinet, Jahan des Lotières, Lherminier, Chenu de la Motte, de Montagu, Decencière, Danié, d'Haranguier de Quincerot, Massé, d'Anglars, de Bony de la Vergne, de Rancourt de Mimerand, de Bodin de Galembert.

D'azur, au chevron d'or, accompagné de trois macles de même. Dans l'*Armorial de la Généralité de Bourges*, on trouve les armes suivantes imposées d'office à N. Triboudet, chanoine de l'Eglise Cathédrale de Bourges : D'or, à un ours debout, coupé de sable et d'azur, emmuselé de gueules.

Les Recherches de Noblesse en Berry. — Archives du Cher. — *Généalogie de la famille Corbin*, par Paul MOREAU Bourges, Pigelet, 1885, p. 153. — *Bulletin héraldique*, VIIIe vol., p. 231. — DE MAGNY, *Nobiliaire universel*, T. XVII. — *Armorial des principales familles du Berry.*

TRILLON.

Jean Trillon, exempt de la maréchaussée de Châtillon-sur-Indre.

D'azur, à trois chênes d'argent, posés deux et un.

Armorial de la généralité de Bourges, élection de Châteauroux.

DE TRIPIÈRES, *alias* TRIPIER, seigneurs de Chassy, Villers, Pierry,

Charles de Tripier, sieur de Pierry, produisit pour être maintenu dans sa noblesse en 1666. Il fut renvoyé au Conseil.

Alliances : Thizard, Bonin, de Rigault, Calvin.

D'azur à une fasce de gueules surmontée d'un chevron d'or bordé de gueules, accompagné de deux étoiles d'argent en chef et d'un croissant aussi d'argent en pointe. (armes dites à enquerre), elles figurent sur l'inventaire de production de Charles de Tripières.

Les Recherches de Noblesse en Berry. — Extraits des registres de comparution, mss. — LA THAUMASSIÈRE.

DE TRISTAN, seigneurs de Houssoy, Montpoupon, la Tour, Verderel, etc... en Beauvoisis ; de Soupise en Berry (1751) ; comtes et marquis de Tristan, Beauvoisis, Orléanais, Berry.

Maison d'ancienne chevalerie qui serait issue des seigneurs de Maignelais, en Picardie, qui ont donné un grand échanson de France, par Jean Tristan, seigneur de Cardonnois, près Montdidier. que l'on dit fils de Jean de Maignelais, dit Tristan, capitaine de Creil.

Elle a donné des lieutenants généraux au bailliage de Beauvoisis, un bailli et des présidents en l'élection de la ville de Beauvais, des chanoines de ses églises, des officiers distingués, dont Louis-Nicolas de Tristan, dit le comte de la Tour, maréchal de camp, (1748), inspecteur général de l'infanterie et gouverneur de Dunkerque, décédé sans postérité et un lieutenant-colonel, maire d'Orléans en 1790, chevalier de Saint-Louis.

Cette famille qui a été maintenue dans sa noblesse d'ancienne extraction en 1716 à l'intendance de Paris sur preuves remontant à 1479 a comparu en 1789 aux Assemblées de la noblesse de l'Orléanais et du Berry.

Alliances : De Jouy, de Lèvremont, de Hédouville, de Bos, le Boucher, d'Ary, Langlet, des Champs, de Labadie, de Chaulieu, Bigot de la Touànne, de Montaudoin, de Tascher de Pouvray, Penet de Monterno, Goislard de Villebresmc, Barret de Rouvray, Renard de la Ferrière, d'Orléans de Rère.

De gueules à la bande d'or.

Le P. Anselme, *Histoire de la Maison de France.* — D'Hozier. — La Chesnaye-des-Bois. — *Annuaire de la Noblesse.* — *Bulletin héraldique*, XIe vol., p. 373. — *Armorial de la Touraine.* — *Statistique monumentale du Cher.*

DU TROCHET, seigneurs de Launay, la Tourterie, Saint-Georges, Boisrond, Charnay, Nions-sur-Creuse, etc..., comtes du Trochet. Originaires du Poitou. En Berry et en Touraine.

Ancienne famille qui a justifié de la possession du titre de noblesse depuis l'année 1453. Gilbert Trocher, écuyer, sieur de Launay, appelé au ban de Berry en 1503, déclara être exempt comme ayant été homme d'armes des ordonnances du roi.

Alliances : Ribault, de Rolland, de Mathefelon, de Blet, Gallois de Bezay, de Longueval.

D'azur, à cinq pals d'or.

Armorial de la généralité de Poitou. — La Thaumassière. — *Rôle de capitation des nobles de la généralité de Bourges*, élection du Blanc, pour l'année 1772 (en notre possession). — *Les Recherches de Noblesse en Berry.* — *Armorial de la Touraine.* — L'abbé Chambois et Paul de Farcy, *Recherche de la Noblesse dans la généralité de Tours.* — *Armorial de la Noblesse du Poitou en* 1789, par Armand de la Porte, Poitiers, 1874.

LE TROING ou LE TROIN, seigneurs de la Charnaye, Maclou, Druges, le Crotet.

Julien le Troin, secrétaire de M. l'archevêque de Bourges, fut élu échevin de cette ville pour les années 1535 et 1536.

Alliances : Saultereau, Gougnon,

D'azur, à deux demi-vols d'or, les ailerons en bas, surmontée d'une étoile de même en chef, à un tronc d'arbre noueux de même en pointe.

Le P. Labbe. — *Privilèges de Bourges.* — La Thaumassière.

TROTIGNON DE MONTENAY, seigneurs d'Argier, Senaudone, la Jarrerie, la Marmaigne, Fontaines, Thery, Montenay, le Minhy, la Grande-Brosse, l'Epinière.

Famille établie à Buzançais à la fin du XVIe siècle. Elle a donné des grenetiers au grenier à sel de cette ville, des officiers distingués dont un capitaine de cavalerie, brigadier de la garde écossa se, chevalier de Saint-Louis. A la suite d'une alliance avec la famille Piquois, M. Antoine-Abel-Alexandre Piquois de Montenay, membre de la société archéologique de Touraine, fut adopté le 3 mars 1864 par son oncle maternel, M. André-Jacques-Isaac Trotignon de Montenay du Minhy.

Alliances : Gendre, Godin, Moreau, de Nieul, de Cougny, Bonneau de la Porte, Aubespin de Razay, Blanchard de la Grande-Croix, Bertrand de Greuille, Chabridon de Théry, d'Auvergne, Piquois, Renault, des Mercières, Rossignol de la Ronde.

D'or au sanglier de sable bandé d'argent, passant de face et accompagné de six glands de sinople, leurs bonnets de gueules, trois rangés en chef et trois en pointe.

Armorial de la généralité de Bourges. D'office. — HUBERT, *Le Bas-Berry*, canton de Buzançais. — *Armorial de la Touraine*.

TROUSSEAU, seigneurs du Bois-sir-Amé, aussi dénommé le Bois-Trousseau, Quincy, Cocuyn, les Granges, Soulangy, Saint-Michel-de-Volangis, le Puy-de-Molon, Chambon, Saint-Just, Mareuil-sur-Arnon, Thauvenay, Nancray, Saint-Palais, etc..., en Berry ; de Rosemont et de Saint-Vérain-des-Bois, Marsy, en Nivernais ; vicomtes de Bourges et de Saint-Georges-de-Moulon.

Maison du Berry dont la filiation suivie remonte à Guy Trousseau, ou Trossel, vivant en l'an 1158. Elle a produit un garde du scel de la prévôté de Bourges, en 1272, qui devint bailli de Touraine, des maîtres d'hôtel du duc de Berry et des rois Charles VII et Louis XI, des échansons du roi, une abbesse de Saint-Laurent de Bourges en 1536.

Pierre Trousseau, archidiacre de Saint-Etienne de Bourges, puis de Notre-Dame de Paris, Maître des requêtes de l'hôtel du roi, évêque de Poitiers et ensuite archevêque de Reims fit édifier en 1404 dans la cathédrale de Bourges la chapelle dite des Trousseaux où il fut inhumé en 1413.

Alliances : Champion, de la Charité, de Clamecy, de la Porte, de Linières, de Saint-Palais, d'Aubusson, Chevrier, de Châteauneuf, de la Châtre, de Maleret, Cœur, Bonin, de Sully, de Damas, le Groing, de Brillac, de Saint-Avit, de Vierzac, Fumée, de Canduc.

De gueules à trois balles ou trousseaux d'or liés de sable, à la fasce d'azur chargée de trois fleurs de lys d'or brochant sur le tout. (A enquerre).

Primitivement cette famille portait : De gueules à trois trousseaux d'or liés de sable. Mais sans doute, par concession royale, elle ajouta à ses armes une fasce d'azur, chargée de trois fleurs de lys d'or.

G. LE BOUVIER. — LA THAUMASSIÈRE*. — CATHERINOT, *Tombeaux généalogiques*. — BLANCHARD. — *Inventaire des Titres de Nevers*. — *Noms féodaux*. — Archives du Cher. — Collection Clairambault. — *Généalogies berruyères*, par le comte DE MAUSSABRÉ (*Mémoires de la Société des Antiquaires du Centre*, XXIe volume). — *Les Vitraux de la Cathédrale de Bourges*, par Albert DES MÉLOIZES. — *Armorial du Nivernais*. — *Armorial des principales familles du Berry*.

DE TROUSSEBOIS, seigneurs de Rousson, Ourouer, Charentonnay, Chanteloup, Villiers, Alarde, paroisse de Givardon, Coulons, près Graçay, le Vivier, paroisse de Léré, Villegenon, la Motte-Sury, Belleville en partie, Champaignes près Saint-Pierre-le-Moustier, le Ris, Faye, Maleray, Gautret, Passy, Beaumont, Breuil, etc... ; comtes et marquis de Troussebois. Originaires du Berry, en Bourbonnais et en Nivernais.

Maison d'ancienne chevalerie ainsi qu'en font foi les cartulaires, des abbayes de Chalivoy et de Fontmorigny. La Thaumassière en donne la filiation suivie depuis Sadon Troussebois qui vivait en 1150. Elle a fourni un capitaine d'une compagnie des ordonnances (1299), un capitaine d'une compagnie d'écuyers en 1338, des gouverneurs et capitaines de villes, des chevaliers de Malte.

Alliances : De Charenton, de Villelume, de Graçay, de Lamoignon, Chenu de Charentonnay, de Maraffin, de Thibault, de Sury, Baulin, Chevrier, de Bar, de Courvol, de Guibert, de la Grange-Montigny, de la Porte-Pesselières, de Fontenay, de Chery, de Roland, des Roches, d'Assy, Fouchier de Salles, de la Ferté-Meun, de Montboissier-Canillac.

D'or au lion de sable, lampassé et armé de gueules.

On trouve les armes des Troussebois décrites de diverses manières ; quelquefois le lion est couronné de gueules, quelquefois il est lui-même d'azur ou de gueules.

Notons aussi que Jean de Troussebois-Passy, fit inscrire à l'Armorial de la généralité de Bourges, élection de la Charité, les armes suivantes : D'or à deux lions affrontés d'azur.

G. LE BOUVIER. — LA THAUMASSIÈRE*. — Guillaume REVEL. — *Noms féodaux.* — *Inventaire des Titres de Nevers.* — PALLIOT. — VERTOT. — *Mémoires de Castelnau.* — Collection Clairambault. — *Armoriaux du Bourbonnais et du Nivernais.* — LA CHESNAYE-DES-BOIS. — *Statistique monumentale du Cher.* — *Armorial des principales familles du Berry.*

TRUMEAU, seigneurs des Limards, les Bordes, les Fontaines, Bélair, Châtoule, Tuzeau.

Famille d'Issoudun.

Alliances : Parnajon, Joly, Perisse, Desormeaux, Bijotat, Chapuzet, Lebrun, Regnault de la Motte, Vilatte, Boyer.

D'azur à un arbre d'argent et un serpent de même, entortillé autour du tronc.

Armorial de la généralité de Bourges, élection d'Issoudun. — Archives du Cher. — Henry DE LAGUÉRENNE, *Les Dubreuil*, Saint-Amand, 1910.

TULLIER, seigneurs de Mazières, Ripières, Boisjassier, Bouy, Veauces, Marigny, Guilly, Vasselay, le Reau.

Famille établie à Bourges dès les premières années du xve siècle. Elle a donné à cette ville deux maires en 1479 et en 1528, trois prévots, des conseillers au présidial, des chanoines de ses églises dont un doyen du Chapitre en 1528.

Alliances : Gendrat, Houet, Bonin, de la Berthomière, de Castello, Poncet, Seurrat, Mathé, de Boisrouvray, Penyer, Vulcob, Esterliu, Beuille, de la Grange-Montigny, Bonnet, Sarrazin, Regnier, Gassot, Bourdaloue, Le Large, Mocquet, Thévenin, Heurtault, Desjardins, Guyot, Charlemagne, Gallus, Nérault, Lebègue, Dubet, Monicault, Gay, Gibieuf, Léveillé, Turpin de Lespinières, Anjorrant, de Préville, de Margat, de la Porte-Issertieux.

D'azur, au chevron d'or, accompagné de trois étoiles d'argent posées deux et une.

CHAUMEAU. — LA THAUMASSIÈRE*. — Le P. LABBE. — *Noms féodaux*. — *Armorial de la généralité de Bourges.* — Archives du Cher. — *Vitraux de la Cathédrale de Bourges*, par le marquis DES MÉLOIZES. — *Les Recherches de Noblesse en Berry*. — *Généalogie de la famille Tullier*, par Paulin RIFFÉ (*Mémoires de la Société des Antiquaires du Centre*, IVe vol.).

DE TURENNE, seigneurs de Soursac, Ursel, le Breuil, le Vernet.

Ancienne maison du Limousin qu'il ne faut pas comfondre avec l'illustre maison de Bouillon à laquelle appartenait le grand Turenne.

Louis de Turenne, sieur du Breuil fut maintenu à l'intendance de Berry en 1715 sur preuves remontant à Pierre de Turenne vivant en 1519.

Alliances : D'Anglars, de Rillac, de Brie, de Vallencé, de Sartige, d'Escorailles, de Poujoulat, Lachenal.

Ecartelé : Aux 1 et 4 d'argent à la bande d'azur, accompagné de six roses de gueules en orle qui est de Beaufort-Turenne ; aux 2 et 3 de gueules, à cinq cotices d'or.

Nobiliaire de la généralité de Bourges, F. fr. 31791 et 32272. — *Noms féodaux*. — *Armorial de la généralité de Bourges*, élection de Saint-Amand. — *Nobiliaire d'Auvergne*. — *Les Recherches de Noblesse en Berry*. — LA CHESNAYE-DES-BOIS. — TARDIEU, *Dictionnaire de la Haute-Marche*. — *Statistique monumentale du Cher*.

TURPIN DE CRISSÉ, seigneurs de Crissé, Tallemont, Semblançay, Montrousseau, Montoiron, Villiers, Azay-le-Féron, Boussay, etc... comtes de Vihiers, de Sanzay et de Crissé ; marquis de Crissé. Originaires de Touraine. Maine, Anjou, Berry, Bretagne.

Maison d'ancienne chevalerie. Guillaume Turpin est cité comme témoin dans une charte d'Hugues de Naillac qui se reconnait homme lige d'André de Chauvigny (1203).

Cette maison a produit des chambellans des rois Charles V, Charles VI, Charles VII et Louis XI, un bailli de Touraine (1278), un brigadier des armées du roi, un maréchal des camps et armées, commandeur de Saint-Louis, et nombre d'officiers distingués.

Charles de Turpin de Crissé fut nommé chevalier du Saint-Esprit en 1594, mais il mourut avant d'être reçu.

Alliances : De Thouars, de Sancerre, de Montmorency, de Laval, de Blanchefort, de la Roche, de Crevant, de Chenu, Tiercelin de Rancé, de la Châtre-Breuillebault, du Bueil, de Nuchèze, de Rochechouart, de Lezay-Lusignau, de Boislinard, de Coulange, de Crux.

Losangé d'argent, *alias* d'or et de gueules.

G. LE BOUVIER. — LA THAUMASSIÈRE*. — *Noms féodaux.* — LA CHESNAYE-DES-BOIS. — *Armorial de la généralité de Bourges.* — Archives de l'Indre. — *Recherche de la Noblesse dans la généralité de Tours.* — POTIER DE COURCY, *Nobiliaire de Bretagne.* — *Armorial de la Touraine.* — *Annuaire de la Noblesse* (1889). — *Inventaire des sceaux*, par DOUET D'ARCQ. — *Armorial des principales familles du Berry.*

TURPIN DE VAUVREDON, seigneurs du Bouchet, Nozay, la Chaussée Vaufreland, Vauvredon, les Bordes, Brosselair, le Briou, Liffermeau.

Cette ancienne famille originaire du Sancerrois, fut anoblie en la personne de Jean Turpin, sieur du Bouchet et en celle de son fils, Antoine Turpin, sieur du Bouchet et de Nozay, par le roi Louis XII par lettres données à Gênes au mois d'août 1511. Cet Antoine Turpin, receveur général, du duché de Milan, acquit du petit-fils de Jacques-Cœur, le fief de la Chaussée (hôtel Jacques-Cœur) en 1501. Elisabeth Turpin, épousa Michel le Tellier, chancelier de France, marquis de Louvois, baron de Culan.

Cette famille qui a donné un conseiller au grand Conseil, un intendant de la province de Languedoc, conseiller d'Etat ordinaire, s'est établie en la ville d'Orléans au commencement du XVIe siècle.

Alliances : De Ville, Escoriol, Chambellan, de Sauzay, Herbelot, Compaing, Acarie, Tenon, Le Tellier, Habert, Garrault.

Losangé d'or et d'azur.

Suivant la THAUMASSIÈRE : D'azur à trois fasces d'or, à une tête humaine au profil tortillé d'argent en chef.

LA THAUMASSIÈRE*. — LA CHESNAYE-DES-BOIS. — DE VASSAL, *mss. d'Hubert.* — *Statistique monumentale du Cher.* — *Armorial des principales familles du Berry.*

TURPIN DE LESPINIÈRES, seigneurs de Longchamp, Louhant, Sauldre, les Montaignes, le Moulin-de-Grossous, Lespinières.

Famille a qui été maintenue à l'intendance de Berry en 1669, que nous croirions issue de celle des Turpin de Vauvredon originaire de Sancerre.

En 1635 Mathieu Turpin, sieur de Sauldre, se déclare dans l'impossibilité de servir le roi par sa mauvaise santé ; il a trois frères à l'armée et il présente à sa place le sieur de Girardeau, sieur de la Rillardière.

La famille Turpin de Lespinière compte des gentilshommes servants de la maison du roi.

un exempt des gardes de Sa Majesté, demeurant en la paroisse de Vailly en 1633, et de nombreux officiers.

Alliances : Millet, d'Herris, Montagu, Thibaud, Agard, Marpon, Gassot, de Bonnault.

Losangé d'or et de gueules.

Nobiliaire de la généralité de Bourges, F. fr. 32272. — *Noms féodaux.* — *Armorial de la généralité de Bourges.* — Archives du Cher. — *Les Recherches de Noblesse en Berry.*

TURPIN.

André Turpin, contrôleur ordinaire des guerres, échevin de Bourges en 1580 et 1501, était peut-être de la même famille que la précédente.

D'argent, à une aigle de sable, au chef de gueules chargé de trois molettes d'éperon d'or.

La Thaumassière.

TURPIN.

Ludovic et Etienne Turpin, marchands.

D'argent, à un pin arraché d'azur, accosté de deux roses de gueules, à la bordure de même, chargé de huit pommes de pin d'argent.

Armorial de la généralité de Bourges. D'office.

TURQUET DE MAYERNE, seigneurs de Mayerne, la Noraie, Longefont.

Famille établie à Buzançais qui a donné plusieurs baillis de cette ville aux xviie et xviiie siècles, et un célèbre médecin, Théodore Turquet de Mayerne. Celui-ci, né à Genève en 1573, et docteur de la faculté de Montpellier, fut médecin de Henri IV et de Louis XIII ; dépité de ne pas devenir premier médecin du roi, à cause de sa qualité de protestant, il accepta en 1620 les offres de Jacques Ier roi d'Angleterre, qui le choisit pour son premier médecin. En 1635, il devint également premier médecin de Charles Ier et mourut chargé d'années, d'honneurs et de richesses à Chelsea en 1655.

Pierre-François Turquet de Mayerne fut élu député de l'Indre à l'Assemblée législative de 1791.

Alliances : Texier, Aubépin, Rullault, Nicolay, Dupuy, Navelet.

Fauconneau-Dufresne, *Histoire de Châteauroux.* — Hubert, *Le Bas-Berry*, canton de Buzançais. — Moreri. — Archives Nationales, Série M, carton 596. — Cabinet d'Hozier, 325, dossier 3078.

DES ULMES, seigneurs des Ulmes, Fernandé, Trougny, Montifault, etc... ; comtes des Ulmes, marquis de Torcy.

Ancienne maison du Nivernais, connue depuis Regnauld des Ulmes qui vivait en 1336. Jean des Ulmes, seigneur de la Maison-Fort, était maître d'hôtel du roi et bailli de Montargis en 1468.

Alliances : De Boisselet, du Verne, de Bréchard, de Tespes, de la Venne, de Chery, de la Platière, Léveillé du Fournay.

D'argent, au lion de gueules, armé et lampassé de sable, au chef de pourpre. (*Armorial de la généralité de Bourges*, élection de la Charité).

Alias : De sinople, au lion morné d'argent. Ou encore : D'azur au lion d'or, armé et lampassé de gueules.

Noms féodaux. — Nobiliaire de la généralité de Bourges, F. fr. 31791. *— Armorial de la généralité de Moulins.* *— Armoriaux du Nivernais et du Bourbonnais. — Les Recherches de Noblesse en Berry.* —Preuves de Malte, aux Archives du Rhône.

VAILLANT DE GUÉLIS seigneurs de Metz-le-Comte, en Nivernais, dès le XIIe siècle, Bretignelles, Châtel en Château-Dunois, la Motte-aux-Bourgeois, les Aubels, Lissay, Nozet, les Ecuyers, Neuville.

Cette famille d'ancienne noblesse, originaire de Metz-le-Comte, aurait paraît-il, au XIIIe siècle, porté le nom « de Guel » qui, plus tard se transforma en « de Guélis », et enfin en Vaillant de Guélis vers le milieu su XIVe siècle.

Elle a produit deux baillis du comté de Dunois, dont l'un en 1503 ; des conseillers au parlement de Paris, un conseiller du roi en son grand conseil, un évêque d'Orléans (1586), un subdélégué du roi dans la ville de Sancerre, des officiers distingués, des chevaliers de Saint-Louis. La branche de cette famille établie en Orléanais s'éteignit avec Jean III Vaillant de Guélis, bailli du comté de Dunois, conseiller au parlement et président aux enquêtes. Celle établie à Brétignelles, paroisse de Pougny, dans le Nivernais, a pour auteur Jacques Vaillant de Guélis, frère du premier bailli de Dunois. Elle existe encore en Sancerrois.

Alliances : De Noisy, du Puy, de Moulins de Rochefort, Nyvart, le Tellier de Chaville, de Varades, le Voix, Vallot, Prévost de Saint-Cyr, de Flecelles, de la Mouche, de Doublet, Compaing, de Culon, Seurrat de Lissay, de la Bussière, de François de Boisgisson, Billacois, de Charmoy, de Marpon, d'Hucque, Jarry, Du Bois de Poisson, de Pilles, de Fougières, Millin, du Houssaye, Thuault, de Vailly, Gallon, etc...

D'azur, à l'ancre d'argent, surmontée d'un cœur d'or, accosté de deux étoiles d'argent.

Alias : D'azur, à deux molettes d'éperon d'argent en chef, et en pointe une ancre de navire aussi d'argent, au cœur d'or péri en abîme. Cachet de Jacques Vaillant de Guélis (1660-1740), capitaine au Royal-Piémont, conseiller du roi et son subdélégué en la ville de Sancerre. Certains cachets ne portent pas de cœur dans les armes.

Armorial de la généralité de Bourges. — La Chesnaye-des-Bois. — Mss. du Chanoine Hubert à la bibliothèque d'Orléans. — Moreri. — Segoing, *Mercure armorial.* — Blanchard, *Les Présidents à mortier.* — *Statistique monumentale du Cher.* — La Thaumassière. — *Armorial des principales familles du Berry.*

DE VAILLANT D'AVIGNON, seigneurs d'Avignon, l'Islette, Beaugé, la Tour-de-Rivarennes, Bechignoux, Montaigu, la Grange-Saint-Lioffort, la Linière, les Fourneaux. Originaires du Berry, en Touraine.

La Thaumassière a donné la généalogie de cette famille dont il commence la filiation à Jean Vaillant, seigneur d'Avignon qui vivait l'an 1455. François Vaillant, sieur de Baugé fut renvoyé comme noble le 27 septembre 1667 lors des recherches d'usurpation de noblesse.

Alliances : De Maugivray, Mesnard, de Boisbertrand, de Mauléon, Millon, de Boislinard, Girard de Champignelles, de Bouchardière, Auberi du Maurier.

D'argent, à deux fasces de sable, au chef émanché, *alias* denché, d'azur.

La Thaumassière*. — *Nobiliaire de la généralité de Bourges,* F. fr. 31791 et 32273. — *Noms féodaux.* — *Armorial de la généralité de Bourges.* — Archives de l'Indre. — *Généalogie de la famille de Boislinard,* par M. Christian de Boismarmin (*Mémoires de la Société des Antiquaires du Centre,* XVIIIe vol.). — *Armorial de la Touraine.* — *Les Recherches de Noblesse en Berry.* — *Armorial des principales familles du Berry.*

LE VAILLANT DE CHAUDENAY, seigneurs de Saint-Mars, Chaudenay, près Châtillon-sur-Indre, Orfond, paroisse de Saint-Cyran. En Berry et en Touraine.

Cette famille remonte à Louis Vaillant, écuyer, seigneur de Saint-Mars, qui vivait en 1480.

Charles le Vaillant, chevalier, comparut par fondé de pouvoir, en 1789, à l'assemblée de la noblesse de Touraine convoquée pour l'élection des députés aux États généraux.

Alliances : D'Alès, de Beauvolier, du Four, de Fremary, Dupuy de Chaudenay, Parent, Dubet, de Blet, de Boislinard.

D'azur, à la fasce fuselée d'argent de quatre pièces et deux demies.

La Thaumassière*. — *Nobiliaire de la généralité de Bourges,* F. fr. 31791. — Archives de l'Indre. — La Chesnaye-des-Bois. — *Armorial de la Touraine.* — *Les Recherches de Noblesse en Berry.* — *Armorial de la généralité de Bourges,* élection de Châteauroux (Armes inscrites au nom de N... Chaudenet, écuyer). — *Armorial des principales familles du Berry.*

VALÉE ou **VALLÉE,** seigneurs de Puy-Vallée, primitivement la Motte-du-Puy, Ivry, paroisse de Vasselay. (xiiie et xive siècles).

Cette famille a donné un prudhomme élu au gouvernement de la ville de Bourges en 1429, un prévot (1465) et un échevin de cette ville en 1474.

Alliances : Barberin, d'Auron, de la Loë, Bouffet.

D'azur, à trois lys de jardin, sans tiges, d'argent, 2 et 1.

Le P. Labbe. — La Thaumassière. — Archives du Cher. — *Statistique monumentale du Cher.*

DE VALENCIENNES, seigneurs de Veauce, Ormoy, la Grange, les Couppeaux, Villabé, Villoison, les Tuilleries, la Petite Dixmérie, les Prunes, la Mage, Lépinat, Les Mersans, Bournazeau, la Barre.

La Thaumassière commence la filiation de cette famille à Jean de Rieux, dit de Valenciennes, valet de chambre ordinaire du roi Charles VIII. Perrinet de Valenciennes fut élu prudhomme pour le gouvernement de Bourges en 1452. Étienne de Valenciennes reçu chevalier de la Table-Ronde en 1489, fut exclu de l'ordre pour ne vouloir obéir, en 1508. Il avait été élu échevin pour l'année 1505.

Cette famille a encore fourni un lieutenant au siège royal d'Issoudun (1573), des gardes du scel d'Argenton, des notaires et des procureurs en cette ville, des chirurgiens, des docteurs en médecine, un maire de Châteauroux en 1633, un capitaine au régiment de Champagne (1704)

Alliances : Janoilhat, le Maire, de Cybonne, Maubué, Arnault, Tabouet, d'Orsanne, Bernard, Chappus, Dubet, Girard, Herpin, de Greuille, Dareau, de Forges, de Betoulat, Perrotin, Berthier, de la Chastre, Baron du Palis, Brunet, Duportuis, Chardon, Godin, Lavendrier, Mars, Pataud, Barbe, de la Rivière, de Poix.

D'azur, à la fasce d'or, accompagnée de trois têtes de licorne, coupées d'argent, 2 et 1.

Il semble que le rameau établi à Issoudun avait modifié ses armoiries ainsi que l'indique l'Armorial de 1696 : D'azur, à trois têtes de licorne coupées d'argent, deux et une, et une étoile en abîme de même.

Privilèges de Bourges. — La Thaumassière*. — Armorial de la généralité de Bourges, élection d'Issoudun. — Noms féodaux. — Nobiliaire de la généralité de Bourges, F. fr. 32273. — Archives de l'Indre. — Les Recherches de Noblesse en Berry. — Hubert, Le Bas-Berry, cantons d'Argenton et de Buzançais. — Armorial des principales familles u Berry.

VALLOIS, seigneurs de Douard, la Pouge, la Chaussaye, la Savarière, Boisrenault, le Vivier, l'Aubrette, les Gats, paroisse de Loreux, (Loir-et-Cher), l'Aunaye, Picot, le Grand-Luth, Boismartin, Bastarde, le Grand-Bois, Marcilly-en-Gault.

Cette ancienne familleoriginaire de Picardie, vint s'établir à Romorantin au XVIIe siècle ; noble homme Pierre Vallois, officier de bouche du roi, y contracta alliance en 1663.

Elle a donné un président en l'élection de Romorantin en 1707, des lieutenants-généraux de cette ville, un secrétaire du roi, Claude Vallois, seigneur de la Savarière, dont le fils Claude-Philippe Vallois, sieur du Vivier, fut représenté à l'assemblée de la noblesse de Berry en 1789 par M. Girard de Villesaison, seigneur de Moulin-Neuf. Guillaume Vallois des Gats et Philippe Vallois du Vivier, convoqués à celle des bailliages de Blois et Romorantin, n'y comparurent pas.

Cette famille a encore produit un capitaine au régiment de Champagne qui émigra en 1792, un sous-Préfet de Romorantin (1842), un secrétaire général de la Préfecture du Cher, des chevaliers de la Légion d'honneur.

Alliances : Dubois, Gallus, Turmeau, Thorin, de Breuillart, de Carn, Tournyer, Lecomte, Guillaume de Bellevalle, Becuau, Hernault, Carré de l'Héreau, Pineau, Brillaud de Laujardière, Huet de la Tour-du-Breuil, Poya de l'Herbay, Deu de Vieux-Dampierre, Simonneau de la Voûte, du Tremblay de Saint-Yon, Paillard de Clermont, de Regnault de Bellescize, Desormeaux, Croizette-Desnoyers, Gomard, Loizeau-Saint-Martin, de Garnier des Garets, de Grassin.

D'azur, au chevron d'or, accompagné de deux molettes d'argent en chef et d'un croissant de même en pointe.

L'*Armorial de la Généralité d'Orléans* contient des armes différentes imposées d'office à Jacques Vallois, conseiller du roi, president à l'élection de Romorantin : D'azur à la fasce d'or chargée d'un croissant de gueules.

Mémoires de la Société des Antiquaires du Centre, VIIIe vol., *Notes sur Mennetou-sur-Cher*, par G. VALLOIS. — *Armorial des principales familles du Berry*. — Archives de famille.

DE VALZERGUE, ou VALLEZARGUE, seigneurs de Cerez, le Coudray, le Chastellier, le Gué, le Virollant, la Chassagne, paroisse de Vie-sur-Saint-Chartier, le Peudun en partie, la Fontidier, Conchin.

Ancienne famille maintenue en 1715 à l'Intendance du Berry sur preuves remontant à Genicot de Valzergues, écuyer, seigneur du Gué qui vivait en 1586. Il était le second fils de Begot de Valzergue l'un des cent gentilshommes de l'hôtel du roi, lieutenant-général de robe-courte du sénéchal de Rouergue et était lui-même gentilhomme de la maison du maréchal de Brissac et homme d'armes de sa compagnie. Son frère aîné, Louis de Valzergue, était lieutenant-général de l'Artillerie de France.

Alliances : Jabault, du Creuzet, de Bethoulat, de Chambord, De Cerez, de Chabannais, de Bridiers, de la Rochefaton, de Polignac, de Maulmont, de Cribleau, d'Arnac.

Écartelé: Aux 1 et 4 de sable au lion d'or, aux 2 et 3 d'argent à trois tourteaux de gueules, 2 et 1.

Armorial de la généralité de Bourges, élection de La Châtre. — Archives de l'Indre. — *Nobiliaire de la généralité de Bourges*, F. fr. 31791 et 32273. — *Histoire de Vaudouan*, par le vicomte Oscar DE POLI. — CHÉNON, *Histoire de Sainte-Sévère*. — *Les Recherches de Noblesse en Berry*. — *Armorial des principales familles du Berry*.

DE LA VARENNE, seigneurs du Pont-de-Launoy, Fontenelle, la Forge-Maillet, Montcorneau, paroisse de Marmond, la Godinière, paroisse de Brinay, la Pionnerie, paroisse de Foëcy, la Roche-Chancenay, paroisse d'Allouis, Fougery, Verdeaux, Tierceville.

Famille établie à Vierzon dès le milieu du xvie siècle. Elle a donné à cette ville depuis 1612 plusieurs échevins, deux maires (1711 et 1761), un procureur du roi au grenier à sel, plusieurs lieutenants généraux au bailliage de Mehun-sur-Yèvre.

Alliances : Butet, Moyret, Jourdin, Goutelle, Fleurant, Lebas, Rousseau, Tribard, Gourdon, Bailly, Blondeau, Noiron, Gaultier, Lauverjat, de Laujon, du Teil, Corbin, Auger, Chappus, de Villantroys, Fouquet, Goury, Pocquet de la Mardelle, Pallienne, de Lespinasse-Langeac, Heurtault de Lammerville.

D'argent, à la rose de gueules, tigée et feuillée de sinople, au chef cousu d'or, chargé de trois chabots de sable.

Noms féodaux. — Armorial de la généralité de Bourges. — Archives du Cher. — Tausserat, *Chroniques de la Châtellenie de Lury et Histoire de Vierzon. — Statistique monumentale du Cher. — Armorial des principales familles du Berry.*

DE VARENNES, seigneurs de Varennes, paroisse de Lourouer, Arthon, la Rivière, Rochefolle, la Fa, le Casson, la Garde, Forges.

Maison d'ancienne chevalerie qui a pris son nom du « lieu, ville et village » de Varennes-le-Maréchal en Bas-Berry.

En 1285, Jean de Varennes, damoiseau, et Denise, son épouse, vendent à Humbaud, prieur de Villedieu, un arpent de pré situé sur l'Indre. Pierre de Varennes, damoiseau, seigneur d'Arthon et de la Rivière, était capitaine du château de Châteauroux (1313). Mery de Varennes servait comme archer exempt dans la garde française du roi (1547).

François de Varennes, gentilhomme servant du duc d'Alençon (1576), institua son héritier Balthazard de Bressolle, son petit-fils, à la charge que lui et ses descendants porteraient le nom et les armes de la maison de Varennes (1588).

Alliances : Savary, de la Châtre, Esgrin, de Laigue, de Prunelay, Oneil, Prévost, Gibieuf, de Menou, Bernard, de Bressolle.

D'or, au sautoir de sable, chargé de cinq fleurs de lys d'or.

La Thaumassière. — Archives de l'Indre. — Hubert, *Le Bas-Berry*, canton d'Ardentes.

DE VARIE, seigneurs de l'Isle-Savary, Feulardes, Veretz, la Brosse, la Lande-Sauzay, Saint-Loup, l'Isle-sur-Arnon, Azay-le-Féron, le Châtelier. Vicomtes de Bridiers. Berry et Touraine.

Guillaume de Varie, valet de chambre du roi, l'un des principaux facteurs de Jacques Cœur, général des finances, puis bailli de Touraine (1490) fit construire le château de l'Isle-Savary et une jolie maison à Bourges, dont on peut déplorer la démolition récente.

Alliances : De Bar, de Brillac, Frotier, de Rilhac, de Prie, de Couhé de Lusignan, de Thianges, de la Barre, de Culant, de Grailly, de la Châtre, de la Brosse, de Mauriat.

De gueules, à trois heaumes d'argent, grillés et posés de profil.

La Thaumassièrez. — *Armorial de la Touraine.* — *Statistique monumentale du Cher.* — *Le Château de l'Isle-sur-Arnon et ses seigneurs*, par François Deshoulières (*Mémoires de la Société des Antiquaires du Centre*, XXIIe vol.). — *Armorial des principales familles du Berry.*

DE LA VARRO, seigneurs de Lestang, Maransanges.

Alliances : De Bridiers, d'Areau, de Longhost.

La Thaumassière. — Archives de la Creuse. — *Statistique monumentale du Cher.*

DE VAUDENAY, *alias* DE VOUDENAY, seigneurs de la Mothe-Feuilly, Neret, Mennetou-sur-Cher, la Ferté-sous-Reuilly.

Claude de Vaudenay, chambellan du roi, maître d'hôtel de Charles IV, duc de Berry et son sénéchal en Berry (1452-1466), était fils de Dreux ou Droin de Vaudenay, seigneur de la Mothe-Feuilly.

Alliances : De Lignières, de Bar, de Châteauneuf, de Blanchefort, de Chamborant.

D'or, à trois portails donjonnés de sable. *Alias* : De sable, au chevron d'argent.

G. le Bouvier. — La Thaumassière. — Archives de l'Indre. — *Revue du Centre*, année 1892, Châteauroux, *Mennetou-sur-Cher*, par le comte de Toulgoet-Tréanna. — Collection Clairambault. — *Armorial des principales familles du Berry.*

DE VAUX, seigneurs de Vaux, les Prugnerattes, Notz.

Maison d'origine chevaleresque. Dans les aveux faits en 1292 au seigneur de Châteauroux figurent Pierre de Vaux, damoiseau, pour sa maison de Vaux, paroisse de Jeu et Philippe de Vaux, damoiseau, en la paroisse de Mouhers pour la dîme de la Bernardière.

Alliance : De Nieul.

D'azur, au lion d'argent, armé et lampassé de gueules.

Archives de l'Indre. — *Les Recherches de Noblesse en Berry.*

DE VAUX.

N... De **Vaux**, chanoine, curé de l'église du **Château**, de Bourges.

D'azur, à une fasce ondée d'argent.

Armorial de la généralité de Bourges. D'office.

VEILLAT.

Jean **Veillat** l'aîné, marchand à Châteauroux.

D'argent, au soleil de gueules.

Armorial de la généralité de Bourges. D'office.

DE VELARD, seigneurs des Bordes, Salles, paroisse de Meillers en Bourbonnais, Paudy et Availles en Berry, Laugère, Diou, Saint-Romain, Vic, la Moustière, etc...

La famille de Vélard est originaire de Champagne et s'est établie en Bourbonnais au commencement du xvie siècle ; elle s'est répandue en Auvergne, en Berry et dans l'Orléanais. Jehan de Vélard était receveur du comté de Rethel pour le duc de Bourgogne en 1395.

Cette famille a produit un maréchal de camp, capitaine des gardes du duc de Mayenne en 1580, un gentilhomme de la chambre du roi, aide de camp du maréchal de Créquy (1674), qui fut subdélégué de MM. les maréchaux de France en la province de Berry, un page de la Grande-Ecurie reçu en 1687, un chevalier de l'Ordre de Malte, des chevaliers de Saint-Louis.

Alliances : Treille, de Montcoquier, de Chevrier, Heurtault, d'Orléans de Rère, de Bar, d'Oiron, de François d'Epagne, de Bigny, de Montbel, de Cornulier-Lucinière, Terrasson de Senevas, Hénin de Cherel, de Collasson.

D'azur, semé de croisettes d'or, au chef de même.

LA THAUMASSIÈRE*. — D'HOZIER. — *Noms féodaux.* — *Nobiliaire de la généralité de Bourges*, F. fr. 31791 et 32272. — *Armorial de la généralité de Moulins.* — *Les Recherches de la Noblesse en Berry.* — *Bulletin héraldique*, VIIe vol., 1888. — LA CHESNAYE-DES-BOIS. — *Armorial du Bourbonnais.* — *Armorial des principales familles du Berry.*

DE VENDOME, comtes de Vendôme, seigneurs de Bomès et de Buxières d'Aillac, (xe au xve siècles).

Pierre de Vendôme, chevalier banneret, était seigneur de Charost (1404-1415).

Alliances : De Maillé, de Chauvigny, de Sully.

D'argent, au chef de gueules, au lion d'azur brochant sur le tout.

La Thaumassière. — Collection Clairambault.

DE VENDOME, barons de Preuilly, princes de Chabanais, vidames de Chartres, seigneurs du Blanc (1544).

Jean de Vendôme, seigneur de Chabannais, de Lassay, paroisse d'Etrechy en Berry, conseiller et chambellan du roi, était gouverneur et bailli de Berry (1462-1482).

Ecartelé : Aux 1 et 4, d'argent, au chef de gueules, au lion d'azur brochant sur le tout, qui est de Vendôme ; aux 2 et 3, d'azur, semé de fleurs de lys d'or.

La Thaumassière. — Collection Clairambault. — *Histoire des Grands Officiers de la Couronne.* — *Armorial de la Touraine.*

DE VENDOME, ducs de Vendôme, d'Etampes, de Mercœur, de Penthièvre ; comte de Buzançais (1615), barons de Boussac (1640), seigneurs de Châtillon-sur-Indre, Chenonceau, Azay-le-Féron.

Cette branche des derniers ducs de Vendôme eut pour auteur César, duc de Vendôme, fils naturel de Henri IV et de Gabrielle d'Estrée, légitimé par lettres données à Paris au mois de janvier 1595. Elle s'éteignit en la personne de Louis-Joseph, duc de Vendôme, en 1712.

De France, au bâton de gueules en bande, chargé de trois lionceaux d'argent brochant sur le tout.

La Thaumassière. — *Armorial de la Touraine.* — *Histoire des Grands Officiers de la Couronne.* — *Armorial du Bourbonnais.*

DE VENTADOUR, seigneurs de Douzenac, Bossay, Jeu-les-Bois et Obterre, en Berry, Joserand, Beauregard, Granges, en Auvergne ; vicomtes, puis comtes de Ventadour en Limousin.

Maison illustre, issue de Ebles de Comborn, IIe du nom, fils d'Archambaud II, vicomte de Comborn, en Bas-Limousin, et de Roberte de Rochechouart, qui reçut en apanage, à la fin du XIe siècle, la vicomté de Ventadour.

Cette puissante maison s'est fondue en 1472, en celle de Lévis, substituée dès lors aux nom et armes de Ventadour.

Alliances : D'Aubusson, de Chauvigny.

Échiqueté d'or et de gueules.

La Thaumassière. — *Noms féodaux.* — Archives de l'Indre. — Bouillet, *Nobiliaire d'Auvergne.* — Collection Clérambault.

DU VERDIER, seigneurs du Verdier, Champroy, Niherne, Mehun-sur-Indre, Vaux, Tilly, la Joussardière, Beaumont en partie, la Chapelle-Ortemale, la Gaillardière.

Maison d'origine chevaleresque connue depuis l'an 1200. Girard du Verdier, damoiseau, fut l'un des bienfaiteurs de l'abbaye de Massay, en 1247. Robert du Verdier, chevalier, seigneur du dit lieu, jura la trêve à l'Archevêque de Bourges en 1262 avec les sires de Culan et de Saint-Germain. François du Verdier fut maintenu à l'intendance du Berry en 1715 et l'un de ses fils fut brigadier des armées du roi.

Alliances : Pot, de Pons, des Roches, de la Châtre, du Puy, Mailloche, de Maussabré, de Montigny, de Marafin, du Mont du Breuil-Yvain, de Barathon, Sintier, Jourdain, de la Trémoille, Savary de Lancosme, de Villars, du Buisson.

D'azur, à deux lions passants d'argent, armés et lampassés de gueules.

La Thaumassière*. — *Nobiliaire de la généralité de Bourges*, F. fr. 31791 et 32273. — Archives de l'Indre. — *Armorial de la généralité de Bourges*. — Hubert, *Le Bas-Berry*, canton de Buzançais. — *Statistique monumentale du Cher*. — *Les Recherches de Noblesse en Berry*. — *Armorial de la Touraine*. — *Armorial des principales familles du Berry*.

DE VERDILLAC, seigneurs des Roches, Paulmet, Salomont, Saint-Marsault, la Brosse, la Roeze.

Joachim de Verdillac, écuyer, sieur des Roches, baptisé le 7 novembre 1640, demeurant paroisse de Vic, élection du Blanc, produisit depuis Jean de Verdillac, écuyer, sieur de Paulmet, qui vivait à la fin du xvᵉ siècle et avait épousé demoiselle Marie de la Vigerie.

Alliances : De la Vigerie, de Lavault, de Ricoux.

D'argent, à trois merlettes de sable.

Les Recherches de Noblesse en Berry. — Dossiers bleus, vol. 662, dossier 17116.

DE VERDON.

René de Verdon, écuyer du roi, son conseiller et commissaire aux revues et logements des troupes de Sa Majesté, seigneur du Pont-de-Mons, fit enregistrer les armoiries ci-dessous.
Il avait épousé Catherine Bâtonneau, dame du Pont-de-Mons.

D'azur, à un cœur d'argent duquel sortent trois palmes d'or, accompagné en chef de deux étoiles de même, une à chaque canton.

Armorial de la généralité de Bourges, élection de La Châtre.

DU VERGIER ou DUVERGIER, seigneurs de Silly, Luet, paroisse de Marmagne, la Périsse.

Famille citée par la Thaumassière, comme l'une des plus anciennes de Dun-le-Roi. Elle compte un lieutenant-général au bailliage de cette ville (1506), des avocats du roi au bailliage de Berry à Bourges, un conseiller au parlement de Toulouse qui devint évêque de Lavaur, un trésorier général des finances à Toulouse.

Les armes de cette famille sont sculptées sur la clef de voûte de la chapelle de la Vierge à Dun-le-Roi.

Alliances : Gassot, de Vulcob.

D'azur, à la fasce d'argent, chargée d'une escarboucle de gueules, accompagné en chef d'un lion passant d'argent et d'une rose de même en pointe.

La Thaumassière. — Moreau, *Histoire de Dun-le-Roi.*

VERGNE, *alias* **DE LAVERGNE**, seigneurs de Chastenet, la Borde, la Maisonneuve, Vijon, les Berts ; comtes romains. Originaires du Limousin. Dans la Marche et en Berry.

La tradition de cette famille est d'avoir une communauté d'origine avec les seigneurs de Marginier, d'Estivaux et de Lavaud-Bousquet, de la maison de la Vergne, l'une des plus anciennes du Limousin, qui porte : D'azur, à trois cygnes d'argent.

Elle établit sa filiation directe depuis Charles Vergne, seigneur de Chastenet qui rendit aveu au roi pour ce fief sis dans la Marche en 1669.

Nous trouvons encore de ce nom, Philibert Vergne, notaire royal en Combrailles qui épousa Hélène de Bosredon (1586) et Claude Vergne qui reçut des commissions de lieutenant au prévôt de Montargis et de greffier à la maréchaussée en 1667.

M. Arthur Vergne, conseiller d'arrondissement, maire de Trouy, chevalier de Saint-Grégoire-le-Grand, a reçu le titre de comte romain héréditaire, par bref de SS. Léon XIII, du 25 avril 1879.

Alliances : De Louche, Angot, Gallinat, Biarnois, Aupetit, de Saint-Loup, Cyrodde, Mayet, de Ribault de Laugardière, Prudhomme de la Perelle.

D'azur, à trois cygnes d'argent ; au chef de même, à trois étoiles d'azur.

Note communiquée. — *Noms féodaux.* — De Magny, *Nobiliaire universel.* — *Armorial des principales familles du Berry.*

DE VÉRINE, seigneurs de Saint-Martin-le-Mau, Boubon, la Roche, Fursac, Lambertière, Solignac, la Maisonneuve, le Clou, la Noraye, les Tribardières, la Vaupillère. Originaires du Limousin, en Berry.

Cette ancienne famille de gentilshommes remonte à Hugonin de Vérines, écuyer, sieur de Vèvre, qui fit hommage au roi en 1410. Elle a été maintenue dans sa noblesse en 1715 à l'Intendance du Berry. Jacques et Charles de Vérine étaient gendarmes de la garde du roi en 1694 et 1698.

Alliances : Courault, de Rechignevoisin, du Breuil, de Boislinard, de la Trémoille, Audebault, de Lanet, de Faulle, de Moussy, Chardebeuf, Thibaudin, Mathéron, de Nollet, de Forges, du Peschin, de Vouhet, Martel.

D'argent, à trois bandes de gueules, celle du milieu chargée de trois besans du champ. *Alias* de trois coquilles d'or, d'après l'*Armorial de la généralité de Bourges*.

Nobiliaire de la généralité de Bourges, F. fr. 31791 et 32273. — *Généalogie de la Maison de Boislinard*, par M. Christian DE BOISMARMIN (*Mémoires de la Société des Antiquaires du Centre*, XVIIIᵉ vol.). — *Les Recherches de Noblesse en Berry*. — RIETSTAP. — *Armorial des principales familles du Berry*.

VERMEIL.

Famille établie à Mehun-sur-Yèvre, dont Charles Vermeil était lieutenant particulier en 1670.

François-Michel Vermeil, né à Mehun en 1730, juge à la cour de cassation (1801-1810), fut créé chevalier de l'Empire par lettres patentes de mai 1808. Il était fils de Joseph Vermeil, avocat du roi à Bourges en 1789, et juge au tribunal civil de Paris (1790).

Alliances : Bourdaloue, Béchereau, Bery, Dubois, Tixier, Bonnet de Chantaloue, Giraut, Charlemagne.

D'argent à la bande de gueules, chargée du signe des chevaliers légionnaires, accostée de deux roses de même.

Noms féodaux. — Archives du Cher. — *Armorial du premier Empire*, par le vicomte A. RÉVÉREND.

DE VERNAGE, seigneurs de Montlevic, en la châtellenie de la Châtre (1292)

Guillaume, Aymon, Emeric et Humbaud de Vernage, damoiseaux, vivaient à la fin du XIIIᵉ siècle.

Jeanne Pélairde, veuve d'Hélion de Vernage rend foi et hommage de la seigneurie d'Ardentes au seigneur de Châteauroux 1460.

Inventaire des Archives de l'Indre, série A., rédigé par Eugène HUBERT, archiviste, 1901, p. 182.

DE LA VERNE, seigneurs de Vauvrille, Sury-es-Bois, Gamaches.

Famille noble, connue dès le XVᵉ siècle, qui a fourni plusieurs chevaliers de Malte dont François de la Verne de Vauvrille, reçu le 20 juin 1572. Jean Philibert de la Verne était prieur d'Aubigny (1482-1489). Jean de la Verne, sieur de Vauvrille assista à la rédaction des Coutumes du Berry en 1539.

Alliances : De Gamaches, d'Assigny, Chertier. de Grasset, d'Estut, d'Avau, de la Verne-Dannery.

De gueules à trois étoiles d'argent en chef et un croissant de même en pointe.

La Thaumassière*. — Vertot. — *Histoire et statistique monumentale du Cher.* — Berry, *Maintenues de Noblesse*, mss. — *Armorial des principales familles du Berry.*

DE VERNUSSE, seigneurs de Vernusse, Corbilly, les Chézeaux, Varennes, la Bordchule, Rochefolle, Mainville.

Famille d'ancienne noblesse qui tire son origine du fief et manoir de Vernusse, sis/ paroisse de Velles et dont ses membres sont qualifiés de damoiseaux dès l'an 1292.

Alliances : D'Arthon, Affray, de Barbançois, de Buxières.

Archives de l'Indre. — Hubert, *Le Bas-Berry*, canton d'Ardentes.

DE VERTON.

Famille originaire de Normandie.
Louis de Verton, receveur général des finances à Bourges, fit enregistrer ses armoiries.

D'azur à une fasce d'argent, chargée d'une mouche de sable, miraillée d'or.

Armorial de la généralité de Bourges. — Rietstap.

DE LA VÉVRE. V. BUSSON.

DE VEZIEN, seigneurs du Riveau-Champagne, de Boursignon, des Ombrages du Cluzeau, de Montgarnaud, des Forges, de Montmartin, en Bas-Berry.

Famille connue à Montmorillon dès 1494. Jacques Vezien, sieur de Champel, fut anobli par lettres de 1644 et en obtint confirmation en 1665, en raison de ses services.

Au XVIIe siècle, une branche de cette famille était établie en Bas-Berry, à Saint-Benoît-du-Sault où Gabriel Vezien sieur des Ombrages et du Cluzeau, licencié-es-lois, était directeur des postes.

Alliances : De Colar, Chasseloup, de Pons, de Fougères, Montois, Nivert, Dubrac, Menu, Soumard de Pigny, de Lauzon, de Champeaux, Chénon.

D'azur à trois flèches d'or, ferrées d'argent, posées en fasce, une sur l'autre, la première et la troisième contournées, accompagnées en chef d'un coq d'or et en pointe d'une rose de même.

Noms féodaux. — Armorial de la généralité du Poitou. — Les Recherches de Noblesse en Berry. — HUBERT, *Dictionnaire de l'Indre.* — Notes communiquées par M. Raymond DESJOBERT DE PRAHAS, de Châteauroux. — Registres paroissiaux de Saint-Benoît-du-Sault.

DE VIERZON, seigneurs de Vierzon, Lury, la Ferté-Imbaud, la Ferté-Gilbert, Mennetou-sur-Cher, Théniou, Menetou-Salon, Souesmes, Rochecorbon, près Tours.

La maison de Vierzon remonte à Humbaud-le-Tortu qui vivait sous le règne de Hugues Capet et sous le pontificat de Dagbert, archevêque de Bourges. Elle s'est éteinte avec Hervé, IIIe du nom, qui mourut au siège de Tunis en 1270 ne laissant qu'une fille, Jeanne de Vierzon, de son mariage avec Jeanne de Brenne.

Alliances : De la Ferté-Imbaud, de Clermont, de Linières, de la Châtre, de Dampière, de Joigny.

Écartelé de sinople et de gueules.

LA THAUMASSIÈRE*. — Comte DE MAUSSABRÉ, *Généalogie de la Maison de Vierzon (Compte rendu des travaux de la Société du Berry, 4e année, 1856-1857).* — *Armorial des principales familles du Berry.*

VIGAN.

François Vigan, conseiller du roi, président en l'élection du Blanc.

D'argent, à trois grappes de raisin d'azur, deux en chef et une en pointe.

Armorial de la généralité de Bourges.

VIGNAULDON.

Henry Vignauldon, sieur de la Bellinière, fut élu échevin de la ville de Bourges pour les années 1646 et 1647. Il avait rempli en 1637 et 1638 les fonctions de receveur des deniers communs de cette ville.

De gueules, à deux brindilles de sarment de vignes estoquées et passées en sautoir d'or, au chef d'azur soutenu d'or et chargé de trois étoiles rangées d'argent.

Le P. LABBE. — LA THAUMASSIÈRE.

VIGNET.

N. Vignet, procureur fiscal au Duché et Pairie de Châteauroux.

D'or, à trois grappes de raisin de sable, tigées et feuillées de deux feuilles, chacune de sinople, deux en chef et une en pointe.

Armorial de la généralité de Bourges. D'office.

DE LA VIGNE, seigneurs de Maransange (1494), du Puy-la-Bosse, paroisse de Tercillat.

Noble demoiselle Marguerite de ..., femme de Loys de la Vigne, écuyer, seigneur de Maransange, fit hommage pour elle du fief et lieu noble du Puy en 1509 à Jean de Rieux, seigneur de Sainte-Sévère.

Alliance : Savary.

Archives de l'Indre. — *Statistique monumentale du Cher.* — CRÉNON, *Histoire de Sainte-Sévère,* II⁰ vol., p. 413.

DE LA VIGNE, *alias* **DES VIGNES**, seigneurs de Bulcy, Chiffort, Clérinon.

Famille du Nivernais qui a été maintenue à l'Intendance du Berry en 1715. Elle a donné un gentilhomme de la chambre du roi de Pologne, décédé en son château de Chiffort le 5 mai 1724 et un écuyer chez la Reine (1726).

Alliances : De la Barre, du Verne, Carpentier, de Croisy.

D'azur, à trois cailloux d'argent et au fusil d'or en chef.

Alias : Écartelé aux 1 et 4 d'argent à la fasce de gueules, chargée de trois besans d'or et accompagnée de sept merlettes de gueules, quatre en chef et trois en pointe et un lambel de cinq pendants d'azur, qui est des Vignes ; aux 2 et 3, d'azur à une étoile d'or, accompagnée de trois croissants d'argent qui est de Carpentier.

Armorial de la généralité de Bourges, élection de La Charité. — *Noms féodaux.* — *Nobiliaire de la généralité de Bourges,* F. fr. 31791 et 32273. — LA CHESNAYE-DES-BOIS. — *Armorial du Nivernais.* — *Les Recherches de Noblesse en Berry.*

DE VIGNOLLES, seigneurs de Pouligny, les Ternes, Peudun, le Rys, Besses, Beuvron, la Grange, Orcenais, la Mothe-Fleury, la Barre et Laumoy, paroisse de Morlac, les Couraux, la Rochère, etc... ; barons de Vignolles.

Famille d'ancienne noblesse originaire du Languedoc, et possessionnée en Berry dès le xvᵉ siècle. Elle a donné un célèbre capitaine, Étienne de Vignolles, plus connu sous le nom de « la Hire », qui fut un des fidèles compagnons de Jeanne d'Arc. En 1509, Christophe de Vignolles seigneur de Pouligny, fait foi et hommage de ce fief au seigneur de Sainte-Sévère en Berry. Gaspard de Vignolles, écuyer, seigneur des Ternes, Pouligny et le Rys comparaît en personne à la rédaction des coutumes du Berry en 1539.

Alliances : De Céris, Bertrand, de Saint-Maur, Breschard, de Moussy, de la Cour.

D'argent au cep de vigne de sinople, fruité de trois grappes de raisin de sable, accolé à un échalas du même.

Le capitaine la Hire écartelait : D'azur, au paon rouant d'or.

D'Hozier. — *Armorial de la généralité de Bourges.* — Recueil de plusieurs armoiries aux manuscrits de la Bibliothèque Sainte-Geneviève, n° 859. — Palliot. — Segoing. — Chénon, *Histoire de Sainte-Sévère.* — Collection Clérembault. — *Statistique monumentale du Cher.* — *Armorial des principales familles du Berry.*

DE VIGNOLLES, seigneurs de Mautour, la Tour-du-Bouex, Argent, Clémont, le Haultbourg, la Pacaudière.

Famille noble du Berry dont la Thaumassière a donné la filiation depuis Julien Aubin de de Vignolles, écuyer, sieur de Mautour qui fait foi et hommage de son fief à Adam du Boys, seigneur de Verneuil le 5 octobre 1494.

François de Vignolles, seigneur de Mautour et de la Tour-du-Bouex, fut gouverneur pour le prince de Condé des châteaux de Montrond, Saint-Amand, le Châtelet, Culant, la Roche-Guillebault et la Forest-Grailly. Décharge lui est donnée de la garde des objets d'or et d'argent conservés au château de Montrond (1647). Nicolas de Vignolles était maréchal des logis général de la cavalerie légère de France (1666). Il aurait été bailli de Berry.

Alliances : De Noirfontaine, de Mauvage, de Gousseville, de Vétus, Nizier, Marceau, de Louan de Coursays.

Écartelé : aux 1 et 4 d'azur, à trois étriers d'or, surmontés chacun d'un besant d'argent; aux 2 et 3 d'azur, au lion d'or, surmonté d'une croix de même.

Nicolas de Vignolles, chevalier, seigneur de Mautour, demeurant à Bourges, scelle son testament (6 mars 1674), de seize cachets de ses armes, disposées différemment : Écartelé : au 1 d'azur à trois roses, au 2 d'azur à une croix; au 3 d'azur à trois étriers surmontés chacun d'un besant, au 4 d'azur au lion. L'écu surmonté d'une couronne de comte..Archives du Cher ; B. 425.

La Thaumassière*. — La Chesnaye-des-Bois. — *Noms féodaux.* — Archives du Cher. — *Statistique historique et monumentale du Cher.* — *Armorial des principales familles du Berry.*

DE VILJOVET. Voir AUDOUX.

DE VILLAGES, seigneurs des Margots, Fougeray, le Génetoy en partie, en Berry. Marquis de la Salle, en Provence.

Ancienne famille de Bourges où elle était connue dès l'an 1407. Jean de Villages, beau-frère et associé de Jacques-Cœur, et son frère Thomas de Villages, lors des persécutions exercées envers le célèbre argentier, allèrent s'établir en Provence où eux-mêmes et leurs descendants tinrent un rang distingué parmi la noblesse de cette province. Elle a fourni quatorze chevaliers de Malte, dont plusieurs furent titulaires de commanderies.

Dans le courant du xvie siècle, des membres de cette famille quittèrent la Provence pour venir à Bourges leur pays d'origine et quoique pauvres, ils furent accueillis avec honneur par la noblesse du Berry. Louis de Villages, chanoine de Saint-Ursin de Bourges, fit enregistrer ses armoiries. La famille de Villages s'est éteinte, il y a peu d'années, dans une commune du département du Cher, voisine des Aix-d'Angillon, où habitait le dernier du nom.

Alliances : Cœur, Le Seurre, Chambellan, d'Amours, de Brielles, Hodeau.

D'argent, à un double delta ou deux triangles entrelacés l'un dans l'autre de sable, renfermant un cœur de gueules, *alias* d'or.

La Thaumassière. — Vertot. — *Armorial de la généralité de Bourges.* — La Chesnaye-des-Bois. — Palliot. — Archives du Cher. — Artefeuille, *Histoire héroïque de la Noblesse de France.* — *Annuaire de la Noblesse.* — Riffé, *Essais généalogiques sur la famille Hodeau.*

VILLAIN.

Ancienne famille qui a fourni un bachelier en lois, notaire du scel de la châtellenie de Neuvy en 1540, et quatre notaires à la Châtre. Guillaume Villain rend compte (1517) des revenus de la seigneurie de Neuvy-Pailloux à Jean d'Aumont dont il était le receveur.

Anne Villain fait foi et hommage au seigneur de Châteauroux de son fief de Lesbordes, paroisse de Jeu (1633).

Alliances : Broussault, Aujay, Frapy, Lamy, Darchis, Rochoux, Alabat, Pasquet de Lavau, de Ligny, Dupuy de la Villatte, Thabaud de Bois-la-Reine.

Archives de l'Indre. — Note communiquée par M. François Roger, de Bourges.

DE VILLAINES, seigneurs de Villaines, Menetou-Couture, la Vesvre, Chantemerle, Ourouer-le-Chambrier, la Motte-Bérault, Presle, la Motte-les-Sagonne, la Maison-Fort, le Franchet, la Condamine, Bouy, Fleury-sur-Loire, Saint-Pardoux, la Biottière, le Moulin-Porcher, Chalivoy-les-Noix, Bercy, les Touzelains, les Rongiers, Breuillault, Paray, Briantes, Crevant, Chassignoles, Saint-Aubin, etc... ; barons de Givry et de Thory ; marquis de Villaines.

La maison de Villaines est originaire du Berry d'où elle s'est répandue en Bourbonnais et en Nivernais. En 1592 Guillaume de Villaines, damoiseau, faisait foi et hommage au seigneur de Châteauroux, à cause d'Agathe, son épouse, de son hébergement de Villaine avec fossés et garennes.

Sa filiation directe se justifie depuis noble homme Jean de Villaines, écuyer, seigneur de la Vesvre, de Villaines et de Chautemerle, vivant en 1434.

Cette famille a produit des chevaliers de Malte, des officiers de valeur, chevaliers de Saint-Louis.

Alliances : Pelourde, de Mailloche, de la Mousse, de Bar, Andras de Changy et de Marcy, du Peschin, de Chevrier, Cousin, du Buysson, des Prés, Beraud, Tixier du Cluseau, de Saint-Julien, de Montsaulnin, Talon, Chapelle de Jumilhac, de la Saussaye, de Maistre.

Écartelé : aux 1 et 4 d'azur, au lion d'or, armé et lampassé de gueules ; aux 3 et 2 de gueules à neuf losanges d'or, posés 3, 3, et 3.

D'HOZIER. — LA THAUMASSIÈRE*. — *Noms féodaux*. — LA CHESNAYE-DES-BOIS. — PALLET, *Nouvelle Histoire de Berry*. — Archives de l'Indre. — *Armorial de la généralité de Moulins.* — *Armoriaux du Bourbonnais et du Nivernais.* — *Armorial des principales familles du Berry.*

DE VILLANTROYS, seigneurs de la Pyonnerie, la Giraudière, la Louette, Puy-Rateau, le Hautpuys, paroisse de Vouzeron.

Cette famille dont le nom primitif était Villantras, est originaire de Mehun-sur-Yèvre et a possédé depuis un temps immémorial le fief de la Pyonnerie situé en la paroisse de Foëcy et relevant de la grosse tour de Mehun.

Elle établit sa filiation depuis Jean Villantras qui fut payeur des œuvres du duc Jean de Berry (château de Mehun) pendant les années 1408 et 1409. On le trouve à Mehun comme notaire en cette ville (1410-1415). (Comptes du duc Jean à la Bibliothèque nationale.)

Elle a fourni à la ville de Vierzon des échevins, un maître des Eaux-et-Forêts (1683) un greffier en chef au grenier à sel, au comté de Romorantin un procureur du roi, subdélégué en l'intendance d'Orléans, un commissaire des guerres, trésorier de France général des finances en cette généralité, un secrétaire du roi (1753), des officiers distingués, des chevaliers de Saint-Louis, un commandeur de la Légion d'honneur, etc...

Alliances : De la Varenne, Lombus, Moret, Rousseau, de la Rippe, Corbin, Langlois, Lauverjat, Geoffrenet de Champdavid, Pronard, de Bonnault, Souchet, Gombault, Durlieux, Clerjault, de Vaucocour, Carbon, Nully de la Carelle de la Roche-Poncié, Taboüet, etc...

De sinople, à trois pals d'argent, chargés chacun d'un lézard de sinople.

Alias : D'argent, au chevron d'azur, accompagné de trois tours de même.

Armorial de la généralité de Bourges. D'office. — *Noms féodaux.* — Archives du Cher. — *Armorial de la Touraine.* — Notes généalogiques de M. TAUSSERAT, auteur d'une *Histoire de Vierzon*, dont nous devons la communication à l'obligeance de ses filles, Mesdames Lestourgie. — *Généalogie de la famille Corbin*, par M. MOREAU, Bourges, 1885. — *Armorial des principales familles du Berry.*

DE LA VILLATTE, seigneurs de Fouchon, les Feuillettes.

Hugues de la Villatte comparaît au ban du Berry en 1635.

Jean de la Villatte, écuyer, sieur des Feuillettes, fait enregistrer les armoiries ci-dessous :

D'argent, au chevron d'azur, chargé de cinq losanges d'or et accompagné de trois roses de gueules, deux en chef et une en pointe.

Armorial de la généralité de Bourges, élection de Châteauroux. — Archives du Cher.

VILLATTE, DE PEUFEILHOUX ET DES PRUGNES, seigneurs de Coutines, les Bizets, Peufeilhoux, Marquefaille, le Cluzeau, Gouttemore, la Roussille, le Peux, la Boué, Septfonds. Berry et Bourbonnais.

Cette famille établit sa filiation depuis Denis Villatte, notaire à Saint-Amand en 1640. Elle a donné des procureurs aux bailliages de Culan et de la Chapelaude, des officiers en l'élection de Saint-Amand et d'Issoudun, des procureurs du roi en 'a châtellenie de Montluçon, un chapelain conventuel de Malte, Jean-Gilbert Villatte de Coutines, mort en 1846, dont la tombe se trouve près de Néris-les-Bains, dans la propriété du comte de Saint-Georges.

Alliances : De Fleuriet, l'Heureux, de Bizet, Severagot, Coffin, Desjobert, Pagès, Busson, Meillet, Libault, Josset, de Lavergne, Petitjean du Cluzeau, Bignon, Luylier du Plaix, Bujon des Brosses, Vauvret, Geoffrenet de Champdavid, Dantigny, Prugnol, Deschamps de la Varenne, Methenier, Chapuzet, Magnard de Cornançais, Tardet du Mousseau, Theurault, Lecointe, Grozieux de Laguérenne, de Hédouville, Aubespin de la Motte-Dreuzy, Revenaz, Huard du Plessis, etc...

D'argent, à l'arbre terrassé de sinople, au chef d'azur chargé de deux étoiles d'or — Cachet de Jean Gilbert Villatte de Coutines, chapelain conventuel de Malte.

Noms féodaux. — Archives départementales du Rhône, preuves de Malte. — Archives de l'Allier. — Archives du Cher. — *Armorial du Bourbonnais.* — Tisseron, *Annales historiques*, 55e année, LXIIIe vol., 2e série, Paris, 1901. — *Armorial des principales familles du Berry.*

DE VILLE.

N. de Ville, chanoine du chapitre de Saint-Ursin de Bourges.

D'azur, au chevron d'or, chargé de trois croissants de sable et accompagné de trois mitres d'or, deux en chef et une en pointe.

Armorial de la généralité de Bourges. D'office.

DE LA VILLE, seigneurs de la Chezotte (1507), Villebuxières (1539).

Famille noble du Bas-Berry.

Alliances : De Pannevère, Bertrand de Villemor, de Vouhet.

D'argent, à la bordure engrelée de gueules.

La Thaumassière. — Archives de l'Indre.

DE VILLELUME, seigneurs de Villelume, Barmontet, Châteaubrun, Bobière, Marcheval, Monbardon, la Roche-Othon, Mazières, Chamfort, Neuville ; barons du Bâtiment et de Vassel, comtes de Villelume et de Sombreuil, marquis de Chamboret. Marche, Limousin, Bourbonnais, Berry, Bourgogne.

Cette ancienne et illustre famille de chevalerie, l'une des plus considérables d'Auvergne, tire son nom d'une terre située près de Mérinchal et d'Herment.

Guillaume Ier, seigneur de Villelume, suivit Godefroy de Bouillon à la première croisade et se signala à l'assaut de Jérusalem. Aussi reçu-til de ce prince un des drapeaux enlevés aux infidèles et portant dix besans d'argent sur un fond d'azur et Godefroy de Bouillon voulut que son brave compagnon prit ces armes pour lui et ses descendants.

Cette maison qui a fourni plusieurs branches, entre autres celle de la Roche-Othon en Bourbonnais a fourni de vaillants chevaliers et nombre d'officiers de valeur, un chambellan du roi Louis XI, des chevaliers de l'ordre du roi, de Malte et de Saint-Louis. Nicolas de Villelume, seigneur de la Roche-Othon, était capitaine des gardes du maréchal de Chulemberg, gouverneur du Berry en 1666.

Charles-Louis de Villelume, gouverneur de la succursale des Invalides à Avignon, chevalier de Saint-Louis, ayant épousé Mlle de Sombreuil, si célèbre par son dévouement pour son père, gouverneur des Invalides, leur postérité a été autorisée à relever le nom de Sombreuil en vertu d'une ordonnance royale du 15 novembre 1814.

Alliances : De Saint-Nectaire, Troussebois, le Borgne, de Monestay, de Montmorency, de Saint-Julien, de Fontanges, de Contremoret, de Thianges, de Grivel de Grossouvre, d'Oradour, de Sauzay, Chevrier de Chouday, Foucault de Saint-Germain-Beaupré, de Biottière, de la Marche, de Bigu de Chery, Lignaud de Lussac, de Vireaux de Sombreuil, d'Harambure, de Roffignac, de la Celle.

D'azur, à dix besans d'argent, posés quatre, trois, deux et un.

LA THAUMASSIÈRE*. — Guillaume REVEL. — VERTOT. — *Noms féodaux.* — *Nobiliaire d'Auvergne.* — *Annuaire de la Noblesse,* 1870. — *Armorial du Bourbonnais.* — *Bulletin de la Société héraldique,* années 1886, 1890 et 1898. — *Armorial de la généralité de Bourges.* — TARDIEU, *Dictionnaire des anciennes familles de l'Auvergne.* — *Armorial des principales familles du Berry.*

DE VILLEMENARD, seigneurs de Cheron-Girard, en la châtellenie de Gargilesse Dreville, le Plessis-Mousseau, le Breuil, paroisse de Tendu.

Alliances : Garnier, de Piégu, Guérin, de Lanet.

D'azur, à trois mains coupées au naturel, 2 et 1.

LA THAUMASSIÈRE*. — Archives de l'Indre. — LA CHESNAYE-DES-BOIS. — *Les Recherches de Noblesse en Berry.*

DE VILLEMUZEAULT, voir BASTIDE.

DE VILLIERS.

Jean de Villiers, doyen des églises de Bourges (1493) et Étienne de Villiers, son neveu, également doyen des églises de Bourges en 1524, appartenaient à l'illustre maison de Villiers de l'Isle-Adam qui a donné un grand-maître de l'ordre de Saint-Jean de Jérusalem.

D'or au chef d'azur, chargé d'un dextrochère d'argent, mouvant de senestre, revêtu d'un manipule d'hermines pendant sur l'or.

La Thaumassière. — *Histoire des Grands Officiers de la Couronne.* — La Chesnaye-des-Bois. — Jouffroy d'Eschavanne, *Armorial universel.* — Grandmaison, *Dictionnaire héraldique*

VILLOT.

Lionard Villot, chanoine de la Sainte-Chapelle de Bourges.

Il appartenait sans doute à la famille Villot de Boisluisant, d'Auvergne, qui porte : d'azur au chevron d'argent, accompagné de trois étoiles de même.

D'azur, à un chevron d'or, chargé de trois roses de gueules et accompagné en chef de deux étoiles d'or et en pointe d'une gerbe de même.

Armorial de la généralité de Bourges. — Tardieu, *Dictionnaire des familles d'Auvergne.*

DU VIVIER, seigneurs du Vivier, de la Chaume, paroisse de Jeu-les-Bois, la Coquinerie, paroisse de Saint-Maur, le Claveau, Bellevue.

Ancienne famille de chevalerie. Perrin et Guillaume du Vivier, damoiseaux, et Jean du Vivier, également damoiseau, faisaient hommage de leurs possessions en 1292, les deux premiers au seigneur de Châteauroux et le troisième au seigneur d'Argenton. Le 3 septembre 1609, Jean de la Tour, seigneur de Châteauroux, exempte du droit de franchise Charles, Auclon et Christophe du Vivier, écuyers, et leur postérité en ligne directe, à cause de leurs bons services.

Cette famille qui a été maintenue à l'Intendance du Berry en 1715, a fourni un homme d'armes de la compagnie de Monsieur le Prince (1625), un capitaine des grenadiers royaux, chevalier de Saint-Louis (1749).

Alliances : De Breuillebault, de Gauguin, de Chappuzet, de Gannes, de la Chastre, Bernot.

D'azur, à cinq chevrons d'or, accompagnés en pointe d'une étoile de même.

Armorial de la généralité de Bourges. — Archives de l'Indre. — *Nobiliaire de la généralité de Bourges,* F. fr. 31791 et 32273. — Hubert, *Le Bas-Berry,* canton d'Argenton. — *Les Recherches de Noblesse en Berry.* — *Armorial des principales familles du Berry.*

VIVIER DE LA CHAUSSÉE, seigneurs de Boisray, Bouille, la Chaussée (1752).

Cette famille, originaire de Saint-Georges-sur-le-Prée, en Bourbonnais, y est citée depuis Jean Vivier, notaire et procureur fiscal, garde du scel de la seigneurie de Saint-Georges (1631-1656). Son petit-fils fut trésorier des maréchaussées de Berry et greffier en chef.

Elle a donné un maire de la ville de Bourges, Paul-Marc Vivier de Boisray (1769), président en l'élection ; un président-trésorier de France au bureau des finances de la généralité de cette ville.

François-Hyacinthe-Benoit Vivier de la Chaussée, avocat en parlement, conseiller, puis président de Chambre en la cour d'appel de Bourges, conseiller général du Cher, fut autorisé à ajouter à son nom de Vivier celui « de la Chaussée » par ordonnance du 22 avril 1822 et anobli par lettres patentes du 28 juin 1822, avec réglement d'armoiries (celles ci-dessous).

Alliances : Sagordet, Viau, Alasseur, Allouy de Grandfont, Jourdain de Grandmaison, Musnier, de Goy, Jouslin, Peschart d'Ambly, de Lajamme de Belleville.

D'azur, à trois poissons d'argent rangés en fasce, 2 et 1, au chef d'or chargé de deux roses de gueules.

Archives du Cher. — Vicomte RÉVÉREND, *Anoblissements de la Restauration.* — *Armorial des principales familles du Berry.*

VOILE.

Jacques Voile, écuyer, président-trésorier général de France en la généralité de Bourges.
Il avait épousé une demoiselle Gorillon de Longchamps.

De gueules, à une bande d'argent chargée de trois fourmis de sable posées en pal.

Armorial de la généralité de Bourges.

VOILLE.

Famille établie dans la châtellenie de Donzy.

François Voile, chanoine, Charles Voille, bourgeois et Pierre Voille, notaire royal, frères, furent inscrits d'office, à l'*Armorial de la généralité de Bourges*, élection de la Charité.

D'argent, à un vaisseau équipé, les voiles enflées d'azur, voguant sur une mer de sinople.

Armorial du Nivernais, 2e édition.

DE VOUDENAY. Voir DE VAUDENAY.

DE VOUHET, seigneurs de Vouhet, Boubon, paroisse d'Oulches, Barreneuve-Courant, Pazay, Vauvre, Villeneuve la Forest-aux-Guyons, la Rivière, l'Estang, le Gratin, paroisse de Chezelles, le Puy-aux-Bouchards, près Villedieu, l'Ejasseau, la Roche-d'Anjoin, etc...

Famille d'ancienne noblesse et bien alliée. Guillaume de Vouhet, chevalier, servait sous P. de Buzançay, capitaine de la Rochelle et de Rochefort, ainsi qu'en fait foi une quittance de gages du 24 février 1346, avec un sceau à ses armes. Antoine de Vouhet fut tué au siège de la Rochelle le 28 octobre 1627.

Alliances : Le Groing, de Bridiers, du Puy du Coudray, de Saint-Julien-Veniers, de la Châtre, de Sully, de la Trémoille, de Boislinard, de Patoufleau, Germain de la Gaillardière, de la Vergne, Martin, de Crémone, du Tertre, de Fadate, Perussault, Truchon, Bonneau, de Forges, de Bernot, de Bonnafau.

D'azur, au chevron d'argent, accompagné de trois fleurs de lys d'or, deux en chef et une en pointe.

G. le Bouvier. — La Thaumassière*. — Palliot. — La Chesnaye-des-Bois. — Archives de l'Indre. — *Généalogie de la maison de Boislinard*, par M. Christian de Boismarmin (*Mémoires de la Société des Antiquaires du Centre*, XVIIIe vol.). — *Les Recherches de Noblesse en Berry*. — Hubert, *Le Bas-Berry*, canton de Buzançais. — Collection Clairembault. — *Armorial des principales familles du Berry*.

DE VOULSY ou VOULZY, seigneurs de Bussy, Malçay.

Charles de Voulsy était seigneur de Bussy et de Malçay en 1485.
Charles Voulsy, receveur des aides et tailles, à Loches, fut maire de Tours en 1567.

Alliance : De Rolland.

D'azur, au chevron d'or, accompagné de trois aigles d'argent.

Statistique monumentale du Cher. — *Armorial de la Touraine*.

DE LA VRILLE, seigneurs des Portes, Villemoriers, le Rivière.

Pierre de la Vrille, bourgeois et marchand de Châteauroux fait aveu et dénombrement du lieu des Portes en 1451. François de la Vrille, chevalier, seigneur de la Rivière, fait également l'aveu du dîme des Portes en 1576. Jean de la Vrille était curé de Saint-André de Châteauroux en 1450.

Alliances : De Boisay, Oudet, de Lessignat, Courson, de la Chaussée.

Archives de l'Indre.

DE VULCOB, seigneurs de Malantras, Coudron, Saint-Germain-des-Bois en partie.

Famille originaire de Flandre, établie à Bourges au xve siècle.

Elle a donné un échevin (1508) et un maire de cette ville (1528) qui était maître d'hôtel de la reine de Navarre, deux grands archidiacres de Bourges, un conseiller au parlement, un abbé de Beaupré et du petit Cîteaux, conseiller et aumônier du roi.

Alliances : Bastard, de la Loë, de la Doie, du Vergier, Gentils. Liparin, du Breuil, Portier, Tullier, de Lestang, Bochetel, Genton, Girard.

Burelé d'argent et de sable au franc-quartier de gueules, chargé de trois fleurs de lys de même, issantes des cornières et de la pointe surchargé d'un tourteau d'azur, en abîme.

Privilèges de Bourges. — La Thaumassière. — Mémoires de Castelnau. — Statistique monumentale du Cher. — Armorial des principales familles du Berry.*

DE WISSEL, *alias* d'HUISSEL et de RUISSEL, seigneurs de la Bellonnière, les Augères, Touzelles, la Charité-en-Brie, le Bois-Chaillou, la Ferté-Sainte-Fauste, Beauregard, Arpheuille, Beury, Paray, Palluau, Villebernin, la Mardelle, Saint-Pierre-des-Etieux.

Famille d'ancienne noblesse qui remonte à Jean de Wissel, écuyer, vivant avant l'an 1554. Elle a fourni des chevaliers de Malte.

François de Wissel était capitaine et maître des Eaux-et-Forêts des baronnies de Meillant, de Charenton, de Champdeuil et du Pondy en 1589.

Alliances : De Tragin, de Billet, de Fournoux, de Barbançois, de Patoufleau, de François, de la Châtre-Paray.

D'azur, à deux demi-vols d'argent, d'après la Thaumassière. et de gueules à un vol d'argent, d'après d'Hozier.

La Thaumassière. — D'Hozier. — Vertot. — Noms féodaux. — Nobiliaire de la généralité de Bourges, F. fr. 31791 et 32272. — Tausserat, Chroniques de la Châtellenie de Lury. — Ancien cachet. — Armorial des principales familles du Berry.*

YEL DE LA COUR ET DE CASTELNAU, seigneurs de la Cour, du Coudret, de la Motte.

Famille établie dès le commencement du xviie siècle dans la baronnie de Culan où Gilbert Yel était notaire et procureur en 1612.

Jacques Yel de la Cour, procureur au parlement de Paris, monta sur l'échafaud en 1793.

Alliances : Esnault, Sartin, Ragon, Berthoulat, Bechet, Savart, Libault, Sabardin, Maulmond, Guillemot, Simonet, Grangeron, Moreau, Peron, Béguin, Neiret, Caterneaux de Castelnault, Dessois, Regnault de la Mothe, Desjobert de Prahas, Machart, de Bourbon-Chalus.

D'azur, à un croissant d'argent, surmonté d'un Y de même.

L'Armorial de la généralité de Bourges donne à Charles Hiel, bourgeois, les armes suivantes (imposées d'office) : De sinople à une barre d'argent, chargée d'un lièvre courant dans le sens de la barre et contourné de gueules. — Celles que nous donnons ont été portées par la famille Yel de la Cour et nous ont été communiquées jadis par M. le Comte Chaton des Morandais ; elles ont d'ailleurs beaucoup d'analogie avec les armoiries des Yel (de Lorraine) anoblis en 1669, qui sont : D'azur, à un croissant d'argent, *chargé* d'un Y d'or.

Armorial des principales familles du Berry. — Armorial général de RIETSTAP.

YVERNAULT.

Famille de la Châtre qui a donné un greffier en cette justice (1653).

Claude Yvernault, écuyer, sieur de Chémée de Carmouchet, paroisse d'Ardentes, était lieutenant d'une compagnie au régiment de Normandie en 1644.

Silvain Yvernault, chanoine de Saint-Ursin de Bourges, né à la Châtre le 28 novembre 1740, fut élu député du Berry à l'assemblée nationale de 1789.

Alliances : Martinet, Marchand, Béguin, Rougier.

Archives du Cher. — *Le Bas-Berry*, canton d'Ardentes, p. 37. — Registres paroissiaux du Châtelet.

DICTIONNAIRE HÉRALDIQUE

Abeille, Mouche. — Audoux de Viljovet.—
Baraton d'Etat. — Delys, — Jolly de Bussy.
— Ledoux. — Moreau. — De Verton. —

Agneau, Agneau pascal. — Bagnayt. —
De Berthemet.

*Aigle seul dans l'écu ou dans un quartier de l'écu
écartelé.* — Berault. — De Buzançais. — De
Castello. — De la Celle. — De Châtillon. —
De Chauvin. — De Chazerat. — Du Chièvre.
— De Constantin. — De Cougny. — Estève.
— De Ganay. — Grossin. — Guindau.— Huet.
— Maché. — Néraud. — Poncet. — De
Puygiraud.

Aigle d'Empire. — De Bastard.

Aigles (plusieurs), Aiglettes. — Asse. — Augaix.
De Breuillebault. — De Gonzagues. — Laurent.
— Lostellier. — Mansard. — Marandé. — De
Poix. — De Preuilly. — Prévost. — De Rochery.
— De Saint-Martin.

Aigles avec d'autres pièces. — Agobert. —
Charlemagne. — Douté. — De Fourcy. —
D'Harambure. — De Laspic. — De Launay.
— De Marpon. — Millet. — De Pellorde. —
Peyrot des Gachons. — De Pons. — De Prie.
— Renouard. — Robert de Chennevière. —
De Saincthorent. — Scoffier. — Semelier. —
Sergent. — Soumard de Villeneuve. — Tail-
handier du Plaix.

Aigle (Tête d'). — Heurtault de Lammerville.

Alérions. — De Lacoux de Ménard. — De Montmorency.

Alliance, voir *Foi.*

Ancre. — Dumas. — Hodeau. — Sallé. — Vaillant
de Guélis.

Ange. — De Jumilhac.

Anille, Fer de Moulin. — Du Moulin. — Thiboust
de Quantilly.

Anneau. — De Buffevent.

Annelet. — D'Arnac. — Doré. — De Margat.
— Du Moutier. — Penancoët de Keroualle.
— Du Ponceau. — De Préville.

Arbre, Troncs d'arbre. — Aupic. — Le Bas. —
Bauduin. — De Baugy. — Bernard d'Aubeigné.
— De Boisgueret de la Vallière. — De Boislinard.
— Brision-Daunay. — Bruneau. — Cardinet
de Poinville. — Carré de Montgeron. — Du
Chesne. — Dairolles. — Daulne. — Dessaulx.
— De Duranti. — Duval. — De la Fond. —
Le Fresne. — Gallois. — Gervaise. — Guyard.
— D'Harambure. — D'Isle. — Jesse. — Laubier.
— De Launay. — Manceron. — Marandé.
— Maugis. — Mérigot. — Pecquot de Soupize.
— Perussault. — Plomet. — De Pommereau.
— Rabier. — De la Rable. — Ragot. — Rat

de Salvert. — Robin de Scévole. — De la Rue.
— De Saint-Bonnet. — Sapiens. — Du Teil.
— Thilloys. — Villatte.

Archet. — Darchis.

Bague. — Garnier.

Balance. — Callande de Clamecy. — Charpignon.

Balle de marchandise, v. *Trousseau.*

Ballon. — Perrot.

Bande. — D'Ars. — De Bonnafau. — De Bridiers.
— Estave. — De la Faire. — De Francières.
— De Menou. — De Pannevère. — De la Porte.
— De la Rivière. — De Rollin.

Bande en divise. — Roger.

Bande accompagnée. — Arrouflard. — Autort.
— D'Auttay. — Du Ban. — De Beaufort-
Montboissier. — De Bonnestat. — De Briçonnet.
— De la Bussière. — Du Carteron. — De Giac.
— Jacquemet. — Jacquet. — De Laize. —
De Lameth. — Des Marquets. — De Monestay-
Chazeron. — De Roffignac. — Roger. — De
Saint-Père. — De Sancerre. — Théault.

Bande chargée. — D'Aubigny. — Audet. —
Bonnardel. — De Brisay. — Charbon. — Fouynat.
— François. — Legrand. — Paulin. — Périsse.
— De Préville. — Voile.

Bande chargée et accompagnée. — Briquet. —
De Monestay-Chazeron. — Piat. — Robertet.
— De Silla. — De Souffrain. — De Thobie.
— Vermeil.

Bande brochant. — Barrat. — Cartier de Saint-René.
— De Chambellan. — De Montbel.

*Bande crénelée, échiquetée, engrêlée, fuselée, losangée,
componnée, dentelée, bretessée.* — Affray. —
De Briçonnet. — De Brisay, — Chaudru
de Raynal. — De Fricon. — Gazeau. — De
Grivel de Grossouvre. — Des Roches-Herpin.

Bandes (plusieurs), Bandé. — Alamand. — Aubépin.
— De Barral. — Barré. — Barré de Lépinières.
— De Barville. — Bertaud. — De Bréchard.
— De Brossard. — Du Cher. — Chollet. — De la
Combe. — De Constantin. — De la Coste. —
De Fiesque. — De Léodepart. — De Longueval.

— Magoutet. — De Patoufleau. — Pellet. —
De Pons. — De Reynard. — De la Roche-
Loudun. — De SaintMartin. — De Salignac.
— De Soizy. — De Vérines.

Bar, Barbeau. — Baraud. — De Barbarin. —
De Gaucourt. — De la Rivière-Chambon.

Barillet. — Barillet.

Barres (une ou plusieurs). — D'Aigrefeuille. —
De Bardonnet. — Berault. — Berthau des Gatines.
— Bully. — De la Chapelle-Pierrefitte. —
De Galléazy. — Guillot.

Bâton en bande. — Chevalier d'Almont. — De
Vendôme.

Bâton noueux, Ecot, Chicot. — D'Arpajon.
— Baston. — Du Bet. — De Biet. — Billot.
— De Billon. — Gaulin. — Gouin. — Le Large
des Saules. — Lauverjat. — Thiery. —
Toubeau de Maisonneuve.

Bâton péri. — De Bourbon-Condé. — De Bourbon-
Busset.

Belette. — Brun.

Bélier, (Tête de). — Baudichon. — Beüille. —
Cristaut.

Besant. — Augier. — Baron de Palis. — De Beau-
voir. — Berthet. — Bindé. — De Bonnafau.
— De Bony de Lavergne. — De Brichanteau.
— Du Chesneau. — Le Comte. — Dagoret.
— Dodart. — De Douhault. — Drouslin. —
Le Fort. — Fourson. — Gagneux. — Gallus.
— Guillot. — D'Isle. — Jousnier. — Labbé.
— De Laspie. — De Liniers. — De Loynes.
— Des Manchins. — Du Mas. — De Maumont.
— D'Orléans. — Pabot. — Parnajon. — Regnier
de Guerchy. — Simon. — De Saint-Avy. —
De Souffrain. — De Vignolles de Mautour.
— De Villelume. — De la Vigne.

Biche. — Bichier des Ages. — Bidault des Chaumes.

Billettes. — De l'Aubespine. — Du Bois. — Briquet.
— De Chazerat. — De Chevilly. — De Courault-
de Chevilly. — De Rochefort. — Taillon.

Bœuf, (Tête de), Vache. — De la Berthomière.
— Le Bouvier. — Duris du Fresne. — Lagier.
— Chardebœuf.

Boîte. — Courtin.

Bonnet. — Bonnelat. — Brunet-Laperelle.

Bordure. — De Beauvilain. — Des Colards. — De Couraud de la Roche-Chevreux. — De Guérard. — D'Harambure. — Jannequin. — De la Marche. — Palatin de Dio. — De Rochedragon. — Sallé.

Bordure engrêlée, componnée, denchée, crénelée. — D'Albret-Orval. — Baucheton. — De Beaufort-Montboissier. — De Boislinard. — Bord de Grandfond. — De Bourges. — De Clèves. — Dobin. — Esmard. — De Fleury. — Hodeau. — Rougen. — Stuart d'Aubigny. — De la Ville.

Bordure chargée. — Augier. — De la Briffe. — La Joye. — De Liniers. — Penancoët de Keroualle. — Pignot. — Stuart d'Aubigny.

Bouc (tête de). — Boucaumont. — Bouer. — Boutet. — Briquet.

Bourdon de pèlerin. — Bourdeau de Fontenay.

Bourse. — Baudon. — Bonamy.

Bouteille. — La Joye.

Branche. Rameau, Rinceaux, Brindilles. — Babou de la Bourdaisière. — Beraud. — Courtillat. — Cousturier. — Couté de Paumule. — Dudevan. — De Durbois. — Fougeron. — Gineste. — Guyon de Montlivault. — De Laujon. — Leblanc de Marnaval. — Mauduit. — Millet. — Page de Maisonfort. — Ronsart. — Tardif. — Vignauldon.

Bras. v. *Dextrochère.*

Buirette. — Garnier.

Buisson d'aubépine. — Aubespin.

Burelle, Burelé. — D'Argy. — Aubery de Vatan. — De la Brosse. — De Chénac. — De Clerambault. — Estevard. — Frezeau de la Frezelière. — De Mareuil. — De Passac. — De la Roche-foucauld. — De Saint-Gelais-Lusignan. — De Vulcolb.

Caducée. — Bery. — Gigot.

Cage. — De Gibieuf.

Caillou. — De la Vigne.

Cane, Canette. — Chénon de Léché. — Lucquain. — Pelletier. — De Silla.

Cantonné. — Delys. — Ferran. — Le Marchant. — Mathonnet. — De Maumont. — Michel. — Du Moulin. — De Sigougné. — Soulet.

Carreaux (Coussins). — Caraud. — Carré. — Chaumel. — Gagnepain.

Casque, Heaume. — Bonnet. — Dudevant. — De Pagany. — De Varie.

Cep de Vigne. — Bonneau. — De Vignolles.

Cerf, Chamois, Daim. — Bouiller. — Chapus. — De Cucharmois. — Jacquemet. — Jourdain. — De Montagu. — Sardé.

Cerf, (Tête, ramure, massacre, rencontre). — Berthaud. — De Compain. — Dubois de la Sablonière. — Fontaine. — Pautrisel. — Porlier. — Régnier.

Cerot. — De Cambray.

Chabot, v. *Poisson.*

Chaîne. — Ferron.

Chameau, Dromadaire. — Camelin. — Devaux.

Champagne. — Du Chesne.

Chandelier. — Garnier.

Chapeau. — Berthier. — Cardinal.

Chapelle. — Chapelle de Jumilhac. — De Jumilhac.

Chappé, Mantelé. — Cujas. — Le Clerc. — Marchand.

Charbon. — Charbon. — Charbonnier.

Chardon. — Charreton.

Chat. — Chabridon.

Chausse-Trappes. — Le Fuzellier. — Garnier.

Château. — De Castelnau.

Chef. — Alasseur. — Ancel. — Bagnayt. — Barbe. — De Beaulac. — Bery. — De Blancafort. — Boju. — De Bonnay. — Bonnet de Sarzay. — De Bourbon-Busset. — De Bourbon. — De Brisacier. — Carré de Montgeron. — Chamillart.

— Chapus. — De Chastenet-Puységur. — Chenu. — Du Chièvre. — Cordeil. — Dairoles. — David. — Deniseau. — Deshayes. — Dorléans. — Duvergier de Hauranne. — De Fourcy. — De Gamache. — De Ganay. — Gaucher. — Gautier. — Gérouilhe de Beauvais. — De Gréaulme. — Grozieux de Laguérenne. — De Guillon. — D'Issoudun. — Josset de Lamaugarny. — Joubert. — Jourdain. — De Lâge de Cerbois. — Latier. — De Linières. — De Magnac. — De Marans. — De la Marche. — De Maubruny. — Michel. — Mignon. — Millet. — De Monthieux. — De Morogues. — De la Motte d'Houet. — De Moyreau. — Neraud. — Paillason. — Penot. — Perigois. — De la Perrière. — Poignant. — De Pommereau. — Rabier. — De Razès. — De Saint-Palais. — Salat. — De Soizy. — Le Tellier. — Thibaud de la Rochethulon. — Thomas. — Des Ulmes. — De Vélard. — De Vendôme. — De Villiers.

Chef échiqueté, dentelé, émanché. ondé, bastillé, denché, bandé. — Aubry. — De Bizal. — Carré. — De Chazeron. — De Durbois. — De Fougères. — Du Genest. — Huard de Verneuil de Boisrenault et Du Plessis. — De Laleuf. — De Ligny. — De Milly. — De Monestay. — Chazeron. — De Peuille. — Pinsson. — Rabeau. — De Rachepelle. — De Vaillant.

Chef chargé. — Agobert. — D'Assy. — Aubry. — Augier. — Baraton. — Barbier. — De Beauregard. — De Beauvoir. — De Bourges. — De Broé. — De Buchepot. — De Chabenat. — Charrier. — De Chollé. — De Constantin. — De Cucharmois. — De Culon. — Duchier. — D'Estampes. — Esterlin. — De Fadate de Saint-Georges. — Fauvre. — Genton. — Godaire. — Gourdon. — Guymon. — Guyot de Montgermain. — Henault. — Hervet. — Heyrault. — De l'Hôpital. — Jesse. — Josset de Lamaugarny. — Jumel. — Labbé. — De Lannel. — Le Large des Saules. — Lecamus. — De Ligonnac. — Magnard de Drulon et du Vernay. — De Malesset. — De Margat. — Michel. — Millet. — De Morogues. — De Moussy. — De Moyreau. — Nicquet. — D'Orléans. — D'Orsanne. — De Perelle. — Périgois. — Péron. — De la Perrière. — Petit. — Phelippe de Billy. — Pocquet de la Mardelle. — De Pommereau. — Poupardin. — De Préaux. — De Prie. — Richard. — Riglet.

— Robert de Chenevières. — Roux. — De Saincthorent. — Sergent. — De Sorbiers. — De Souffrain. — Tailhandier du Plaix. — Du Teil. — Thaumas de la Thaumassière. — Le Tellier. — Thibault. — De Treignac. — De la Varenne. — Vergne. — Vignauldon. — Villate de Peufeilhoux et des Prugnes. — De Villiers. — Vivier de Lachaussée.

Cheval, (Tête de). — Chabridon. — Gay. — Du Jon. — Roussin.

Chevron seul ou brochant sur d'autres pièces. — Bourges. — Boursault du Tronçay. — Brossin de Méré. — Chaboureau. — Du Chesneau. — Cláveau. — Du Coudreau. — De Fontenay. — Fournier de Boismarmin. — Mirepied. — De Rivière.

Chevron brisé, écoté, alaisé, potencé, renversé. — Le Cointe. — Du Fresneau. — Gallus. — De Maray. — Petit. — Sallé.

Chevron accompagné de trois étoiles. — Baraudon. — Baucheron de Lécherolles et de Boissoudy. — De Boisrot. — De Brulle. — Colin de Laminière. — Cornuel. — Dufour de Villeneuve. — De Gendarme. — De Momine. — Tullier.

Chevron accompagné de trois roses. — Bonnet de Sarzay. — De Chéry. — Le Clerc. — Gassot de Fussy. et de Champigny. — Lallemant. — De Lapelin. — De Marandé. — Mazelin. — Mercier. — Nizon. — Philippot. — Sabathier.

Chevron accompagné de trois trèfles. — D'Auberville. — Bidon de la Prévoterie. — Jouslin. — D'Orléans. — De Soubrays. — Thabaud Deshoulière.

Chevron accompagné de trois objets semblables. — Arthuys de Charnisay. — Auboutet. — D'Aubrun. — Barangues. — Baraudon. — Bastide de Villemuzeault. — Bergeron de Charon. — De Bethoulat. — Beuille. — De Billon. — Bonnet. — De Boury. — De Boussigny. — Du Breuil du Bost de Gargilesse. — Briquet. — De Bron. — De la Brosse. — Brossier. — Cardinal. — Catherinot. — Charreton. — De Châteaubodeau. — Chauveton. — De Chenu. — Chenu de Mangou. — De Constant. — Crespin de Billy. — De Cucharmois. — Cochon de Lapparent. — Le Cointe. — Le Comte. — Cornuel. — Crénequin. — David. — Davril. — Deduis.

— Dejan. — Dorguin. — Douard des Gadeaux.
— Estourneau. — De Fadate de Saint-Georges.
— Forget. — Le Fort. — Fougeron. — Du Fresneau. — Gallus. — Garnier. — Gaultier. —
Gentils. — De Gigault de Bellefonds. — Guillot.
— Hellevin. — Hervé. — Heulhard. — Hortoul.
— Jagault. — Joubert. — DeLannel. — LeLarge.
— Lavaudrier. — De Ligny. — De la Loère.
— Lostellier. — De Louans de Coursays. —
De Louche. — Marandon. — Martin. — Menigault. — Du Montier. — Moreau. — Moreau
des Breux. — De la Motte-Tilloux. — De Neufville. — Nicquet. — Parnajon. — Pantrisel. —
Phelippe de Billy. — Picault. — Pineau des Forêts.
— Pinon de Quincy. — Poignant. — Des Prés.
— De la Rable. — Regnier. — Robin de Coulogne.
— Rocque. — Le Roy d'Alarde. — De la Rue.
— De Saint-Martin. — Sarton. — Scoffier. —
Tardif. — Thierry. — Triboudet de Mainbray.
— De la Vau.

Chevron accompagné de trois objets non semblables.
— Agard de Maupas. — Archambault de Montfort. — D'Argent. — Arnault. — Aupic. —
Aury. — D'Avesne. — Bastonneau. — Bery.
— Bonamy de Villemerieul. — De Bonnault.
— Bonneau d'Alençon. — Bouiller. — DeBrielles.
— De Charron. — Coutée de Paumule. — Crochet.
— Decisse. — Dorléans. — Dupin. — Fauvre.
— Ginestc. — Godard. — Hervet. — Langlois.
— Leblanc de Marnaval. — Luquet. — De
Marcillac. — De Monnot. — D'Orléans. —
De Pardieu. — Pastoureau. — Le Roy d'Alarde.
— De Saincthorent. — Semelier. — Du Teil.
— Vallois.

Chevron accompagné d'un ou de deux objets. —
D'Arcemale. — Barbier. — Blanchard. —
Bouilhat. — De Chastenet-Puységur. — De
la Fond. — De Gendarme. — Du Jon. — Morin.
— De Morogues. — De Noblet-Tercillac. —
D'Orsanne. — Page de Maisonfort. — Pasquet.
— Péron. — Petit. — Peyrot des Gachons. —
Plomet. — De Rance. — Souciet. — Thibaud
de la Rochethulon.

Chevron accompagné de plus de trois objets. —
D'Aumont. — Blondeau. — Boëry. — Du Bois.
— De Boisrot. — Callande de Clamecy. — De
Chazerat. — Gervaise. — De Gibieuf. — Heurtault de Saint-Christophe. — Hyde de Neuville.

— Jolly de Bussy. — De la Lande. — Le Large.
— De Lestang de Fins. — De Marpon. — Mauduit. — Le Mercier. — De Morogues. — De
Mousseaux. — De Nieul. — Pearron. — Poupardin. — Ragu. — Ragueau. — Rossignol de la
Ronde. — Des Roziers.

Chevron chargé. — De Beauvoir. — Fourson.

Chevron chargé et accompagné. — De Bigu de Chery.
— Briand. — Du Coing. — Darchis. — Hemeré.
— Jagault. — De Lacoux de Ménard. — MacNab. — Merigot. — Mijonnet. — D'Orléans.
— Pellisson. — Pichonnet. — De la Villatte.
— De Ville. — Villot.

Chevrons (plusieurs). — Babin de Lignac. — De
Bizac. — Bouguier. — Du Breuil du Bost de
Gargilesse. — Brision Daunay. — Corset. —
Courandin. — De Dampierre. — Dey de Séraucour
— Dubois. — Esmoingt. — Estourneau. —
De Faverolles. — Fromenteau. — De Ganay.
— De Gévry. — Girard de Vasson. — De Jarnage.
— De Ligny. — De Longbost. — Des Magnoux.
— De Mathieu. — Mercier. — De Montmorant.
— De Musart. — De Noblet. — Du Peyroux.
— Ravier. — De la Rochefoucauld. — De
Ruilly. — De Saint-Palais. — Du Vivier.

Chevronné. — Du Doyé.

Chicot. v. *Bâton noueux.*

Chien, lévrier, levrette, basset, limier. — Augier.
— Basset. — De Beaufort-Montboissier. —
Blanchard. — Chamillart. — De la Chassaigne.
— Cornuel. — Le Normant. — Peyrot. —
Pilloux. — Seurrat.

Chien, lévrier, levrette (Tête de). — Deniseau. —
Dorguin. — De Flory. — Fromenteau. — Gautier.
— Néraud. — De Nicolay. — Tixier.

Ciboire. — D'Argent. — Cibot.

Cigogne. v. *Grue.*

Clef. — Godaire. — Robin de la Tremblaye. —
De Saint-Père.

Cloche v. *Sonnette.*

Clou. — De Castaing.

Cocotier. — Devaux.

Cœur. — Beraud. — Bery. — Bias. — Bienvenu. — Bouchet. — Du Buc de Lauroy. — Bureau. —Carcat.— Charrault. — Charrier. —- Chaumeau. — Cœur. — Collet de Messine. — Deniseau. — Drouet. —- D'Estat. — D'Estutt d'Assay. — Gabillon. — Gaucher. — Gaudinot. — Hervet. — Isambert. — Jesse. — De Lestang de Fins.— Des Magnoux.— Marchand.— Neveux. — Pelletier. — Pellisson. — Penot. — Perrotin de Barmont.— Poupardin.— Renon. — Riffault. — De la Roche. — Vaillant de Guélis. — De Verdon. — De Villages.

Colombe, Pigeon, Ramier.— Amourette.— Barjon. — De Bize. — Bonnet. — Callande de Clamecy. — Le Large des Saules. — Nibelle. — Nicquet. —- Page de Maisonfort. — Pataud. — Perrinet. — Petit. — Pijault. — Plomet. — Poubeau. — Regnier.

Colonne, Muraille. — Girard de Villesaison. — Mansard.

Comble. — Dupin.

Comète.— De Léodepart. — Thiboust de Quantilly. — De Villemer.

Compas. — Gévery.

Compon. — Gagnepain.

Contrebandé. — De Patoufleau.

Contrefascé. — De Marans.

Coq, Poule (tête de). — Baille. — Baranguier. — Barjon. — Brouart. — De Cocqueborne. — Le Fer. — Gallais. — Gallepuis. — Gallois. — Gallucio de l'Hôpital. — Geoffrenet de Champdavid.— Godaire.— Henault.— Jaupitre — Josset de Lamaugarny. — Le Normant. — Popineau. — Scoffier. — Thinier. — De Vezien.

Coquille. — Alasseur. — D'Auvergne. — De Bigu de Chery. — Bonnet. — Chenu. — Du Chièvre. — Du Closel.— Cœur.— Du Coing. — Crénequin. — Doradour. — Dorléans. — Dupin. — Forget. — De Ganay. — De Grailly. — De Gréaulme. — Du Halde. — Hemeré. — Huard de Verneuil de Boisrenault et du Plessis. — Hervé. — Joubert. — De la Lande. — De Lannel. — Mérigot. — Michel. — De Nieul. — D'Orléans.

— Pastoureau. — Paulin. — Des Près. — Robin de la Tremblaye. — Sain. — De Sigougné. — Simon de Chancenay. — De Vérines.

Cor de Chasse, Huchet. — Baudet des Perrins. — Deniseau. — De Cocqueborne. — Corbin. — Guichard. — De Lesme. — Peyrot.

Cordeau. — Cordeil.

Cotice. — De Brisay. — Brochet. — De Brossard. — Ferré. — Frezeau de la Frezelière. — De Saint-Père. — De Thobic.

Cotice potencée. — De Sancerre.

Coupé. — D'Au. — Bonnin. — De Brossard. — Dudanjon. — Dupin. — De Flory. — Foret. — De Galléazy. — Guinet. — Du Halde. — D'Harambure. — De Loynes.— Mangin d'Ouince et de Beauvais. — Midou. — Du Peschin. — Peyrot. — De la Rippe. — De Rollin.

Couronne. — Agougué. — De la Berthomière. — Charrault. — Le Comte. — D'Estampes. — Gabillon. — Gilbert. — Laurens. — De Meaux. — Le Roy d'Alarde. — De la Vau.

Couronné. — D'Aubigné. — De Châtillon. — De Cochefilet. — De Malliveau. — De Massonne. — De Pannevère. — De Talleyrand-Périgord.

Crampon. — De Bridieu. — Crochereau.

Créquier. — Bertrand.

Croissant. — Archambault de Montfort. — D'Arsonville. — D'Assy. — De Ballue. — Baraton de la Romagère. — De Beauvoir. — Becuau. — Beguin. — Berthet. — Blanchard. — Blondeau. — De Boisgueret de la Vallière. — De Boisvilliers. — Bonin. — Bonnardel. — Bouchet. — Bouiller. — De Bretagne. — Briand. — De Brielle. — Briquet. — Bruneau. — Du Bueil. — Chardebœuf. — De Château-bodeau.— Châtillon. — Chaumeau. — Le Cointe. — Le Comte. — Cousturier. — Crochet. — De la Croix. — Deduis. — Delard. — Deniseau. — Dessaulx. — Douté. — Dudanjon. — Durand. — Duval. — Fauvre. — Foret. — Foucault. — De Fromenton. — Gargot. — Gaucher. — Gaudinot. — Gaultier. — Gervaise. — Gigot. — Girardot. — Gouge de Charpeigne. — De Guillon. — Henault. — Hervet. — Heurtault

de Saint-Christophe. — Hodeau. — De l'Hôpital.
— Hyde de Neuville. — D'Yvoy. — De Jarnage.
— Jolly de Bussy. — Labbé. — De Lacoux.
— De Lage. — De Lange. — Le Large. —
De Lastes. — De Léans. — De Lesmes. —
Léveillé. — De Ligonnac. — De Louan de
Coursays. — Luquet. — Macé. — Mac-Nab. —
Manceron. — Mangin d'Ouince et de Beauvais.
— De Marpon. — Des Marquets. — De Mauvise.
— De Mesnypeny. — Milon. — De Monnot.
— Neiret. — Nicquet. — Paillasson. — Pearron.
— Penier. — Petitjean de Maransange. — Pilloux.
— De Pommereau. — Portier. — Poupardin.
— De Puyvinault. — De Rance. — De Reugny.
— De la Roche. — Roux. — Royon-Varennes.
— De Saincthorent. — Sebize. — Selleron. —
De Silla. — De Souffrain. — Soulet. — Tenon.
— Terrasse. — Thaumas de la Thaumassière. —
Vallois. — De la Verne. — De la Vigne. —
De Ville. — Yel.

Croix, Croisettes. — Armenault. — D'Arpajon.
— Auger. — Barbe. — De Beaufort-Montboissier.
— Béchereau. — De Bourbon-Busset. — Charrault. — De Charron. — Cornuel. — De Courault
de la Roche-Chevreux. — Decencière. — Doradour.
— Duguet d'Amours. — Ferran. — Gineste.
— De Grailly. — De Guérard. — Heuliard.
— Iki. — Josset de Lamaugarny — de Lâge
de Cerbois. — De Lage de Puylaurens. — Massonneau. — De Mauroy. — Michel. — De Montmorency. — Perault. — De Sigougné.

Croix alaisée. — Chastelain. — Cornuel. — De
Macée. — De Maumont. — Du Moulin. —
Pichonnet. — De Saint-Gelais-Lusignan. —
De Vignolles de Mautour.

Croix ancrée. — D'Allegrin. — D'Argy. — D'Aubusson. — Des Barres. — De Beaucaire. —
— De Biottière. — De la Châtre. — De Crémille.
— Dumont. — Des Escures. — Girardeau.
— Hernault. — De Mauvise. — De Neufville.
— De Pannevère. — Du Peschin. — De Sarrebourse.

*Croix pattée, échiquetée, tréflée, ondée, fichée, nilée,
engrêlée, potencée, fleuronnée, frettée.* — Bernot
de Charant. — De Bize. — De Boisgueret de
la Vallière. — Bordreuil. — De Bourbon-Busset.
— De Bron. — De Buzançais. — Cornuel. —
De la Croix. — Danau. — Gaulin. — Gévery.

— De Gonzague. — De Lacoux de Ménard. —
Le Marchant. — Mathé. — Midou. — De Puyvinaud. — Sarrazin. — De Sigougné. — Thomas
des Colombiers.

Croix de Lorraine. — Petitjean de Maransange.

Croix de Toulouse. — D'Arpajon.

Croix (plusieurs). — Corsant. — Georges. —
D'Herouard. — De Vélard.

Croix recroisetées au pied fiché. — Du Bueil. —
De Clamecy. — De Lamothe. — De Mesny-Peny.
— De Pellorde.

Croix de la Légion d'honneur. — Vermeil.

Cygne. — Béchereau. — Berault des Billiers.
— Estève. — Des Friches. — Godard. — De
Marcillac. — Payard. — Vergne de la Borde.

Cube. — De Galleazy.

Dauphin. — Aury. — Barathon. — De Bonnault.
— Dauphin. — De Mesny-Peny. — Moreau
de Chassy.

Delta. v. *Triangle.*

Dextrochère, Bras, Avant-bras. — Babou de la
Bourdaisière. — Coladon. — Heurtault de
Saint-Christophe. — Thomas. — De Villiers.

Diamant. — Baudon.

Dragon. — Du Drac.

Drapeau. — Pinault des Ormeaux.

Duc, Chouette, Hibou (tête de). — Du Bet. —
Dubois de la Sablonière. — Du Chesne. —
Chouan. — Drouet. — Dudanjon. — Dumas.
— Huet.

Ecartelé. — D'Albret-Orval. — D'Amours. — De
l'Aubespine. — Babou de la Bourdaisière. —
De Babute. — Barathon. — De Barbarin. —
De Bastarnay. — De Beaucaire. — De BeaufortMontboissier. — De Beauvoir. — Bertrand.
— De Bonnafau. — De Bosredon. — Bourges.
— Le Bouteiller de Senlis. — De Boyau. —
De Bricefort. — Brision-Daunay. — Carré de
Montgeron. — De Castelnau. — De Contremoret.
— Cornuel. — De Couhé de Lusignan. — De
Courault de Chevilly. — De Crevant. — Decen-

cière. — Devaux. — Duguet d'Amour. — D'Estutt d'Assay. — Gallois. — De Gebert. — Givery. — De Gontaut-Biron. — De Gonzague. — Gourdon. — Isambert. — Juliot. — De Laspic. — Mars. — De Mesny-Peny. — De Monestay-Chazeron. — De Moyreau. — Le Normant. — Pecquot de Soupize. — Du Peschin. — Richer. — De Rivaulde. — De Roffignac. — De Saint-Gelais-Lusignan. — De Sanson. — Savary. — Stuart d'Aubigny. — Tabouët. — Taillon. — Tenon. — Thibaud de la Rochethulon. — Thiboust de Quantilly. — De Valsergue — De Vendôme. — De Vierzon. — De la Vigne. — De Vignolles-Mautour. — De Villaines.

Echiqueté. — Beauperreau. — Carré. — De Charost. — De Durat. — De Forges. — D'Herer de Panday. — De Laigue. — De Lavau. — De Maubruny. — De Moyreau. — De Murat. — De Passac. — Du PuydeVatan. — De Ventadour.

Ecot. v. *Bâton noueux.*

Ecu, Ecusson. — De Gonzague. — De la Grange. — De Marans. — De Mathefelon. — Nadaut de Valette. — Penigault. — De Rigault. — De Vulcob.

Ecu sur le tout. — Stuart d'Aubigny. — Thiboust de Quantilly.

Ecureuil. — Barrault. — Fouquet. — Robin de Scévole.

Eléphant. — De la Cube.

Emanché. — De Bomiers. — De Monestay-Chazeron.

Enclume. — Durand de Grossouvre.

Epée, Sabre. — D'Arsonville. — Bertrand. — Boursault du Tronçay. — Devaux. — Dudevant. — Ferrand. — Du Liège. — De Marolles. — De Moras. — De Moyreau. — De Ribot. — Soumard de Villeneuve. — Thomas.

Epi de blé. — Barjon. — Becuau. — Deschamps. — Gargot. — Heurtault de Saint-Christophe. — Paillasson.

Escarboucle. — Du Vergier.

Etoile. — Agard de Maupas. — Agobert. — D'Amours. — Andrault de Langeron. — Archambault de Montfort. — D'Argent. — D'Arsonville.

— Aubespin. — Augier. — Aury. — Bagnayt. — Baraton. — Baraton de la Romagère. — Baraudon. — Barbier. — De Bardonnet. — de Beauvoir. — Béguin. — De Bengy. — Beraud. — Berault des Billiers. — Bernot de Charant. — Berthet. — Du Bet. — Bezard. — Bias. — De Bizal. — Boëry. — de Boisvilliers. — Bonamy de Villemerieul. — de Bonnault. — Bonneau d'Alençon. — De Bonnestat. — De Bourdiers. — Briand. — De Briçonnet. — De Bridieu. — Brisson. — De Broë. — Bruères. — Du Buc de Lauroy. — De Buchepot. — De la Bussière. — Callande de Clamecy. — Caraud — Carré de Montgeron. — Chamillart. — De la Chapelle-Boucheroux. — De la Chapelle-Pierrefitte. — Chardebœuf. — Charrier. — De la Chassagne. — De Chassy. — De Châteauneuf. — Chaudru de Raynal. — Chevrier. — Du Chièvre Des Collards. — Colasson. — Collet de Messine. — Cornuel. — De Cotignon. — Cousturier. — Coutée de Paumule. — Crochereau. — Crochet. — — Decencière. — Delard. — Deniseau. — Desjobert de Prahas. — Dessaulx. — Doré. — Dorléans. — Drouet. — Dufour de Villeneuve. — Dupin. — De Duranty. — Duval. — Des Escures. — D'Estat. — Esterlin. — De Faix. — Foucault. — De Fouchier. — De François de Boisgisson. — Gallucio de l'Hôpital. — De Ganay. — Gargot. — Gaucher. — Gaudinot. — Gay d'Aubilly. — De Gendarme. — De Gevry. — Girard de Vasson. — Girault. — Godard. — Gougnon. — Gourdon. — Grillon. — Guénois. — De Guibert. — Guymon. — Guyot de Montgermain. — Hellevin. — Henault. — Hervet. — De l'Hôpital. — Jacques. — Jacquet. — Jean. — Jounier. — Jumel. — De Lacoux. — De Laize. — De Laleuf. — De Lange. — Langlois. — Le Large. — Le Large des Saules. — De Laspic. — Lassée de Maron. — De Lastes. — De Léans. — Leblanc de Marnaval. — De Lestang de Fins. — Léveillé. — De Ligny. — Du Ligondès. — De Ligonnac. — De Loiseau. — Magnard de Drulon et du Vernay. — De Malesset. — Manceron. — Marchand. — De Marcillac. — De Marpon. — Mercier. — Le Mercier. — Merigot. — Millet. — De Momine. — Mondin. — de Monnot. — De Montmorant. — Moreau de Chassy. — De Morogues. — Du Motet. — Moyreau. — De Muzard. — Neiret. — Neraud. — Nicquet

— De Noblet. — Le Normant. — D'Orléans.
— Page de Maisonfort. — Paillasson. — Pastou-
reau. — Pellisson. — Penier. — Perigois. —
Peron. — De la Perrière. — Petitjean de Maran-
sange. — Phelippes de Billy. — Piat. — Pilloux.
— Pinault de Bonnefond. — De Pons. — Porcher
de Richebourg. — Porreau de Boisvert. —
De Puyvinault. — Quillery. — Ragueau. —
Ragu. — Renon. — Renouard. — Richard.
— Riglet. — Robertet. — Robinet. — De la
Roche-Aymon. — Roger. — De Roland. — Rossi-
gnol de la Ronde. — Le Roy d'Alarde. —
Royon-Varennes. — De la Rue. — De Saincthø-
rent. — Sallé. — De Sauzay. — Sebize. —
Selleron. — Semelier. — Souciet. — Soulet.
— Tailhandier du Plaix. — Tandegué. — Tassin.
— Du Teil. — Le Tellier. — Tenon. — Terrasse.
— Tixier. — Tullier. — Vaillant de Guélis.
— De Verdon. — Vergne de la Borde. — De la
Verne. — Vignauldon. — De la Vigne. —
Villatte de Peufeilhoux et des Prugnes.

Etriers. — De Vignolles de Mautour.

Faisceau. — Grillon.

Fasce seule ou brochant sur d'autres pièces. —
De Bethune. — De Boisé. — De Buchepot.
— De la Chapelle-Pierrefitte. — Chevalier
d'Almont. — Fouré. — Guérin. — De Jarrie.
— Jouin. — De Liniers. — Nadaud de Valette.
— De Panevinon. — Pot. — Ruby. — Tenon.

Fasce en divise. — Bindé. — Bruères. — Charlemagne
— Durand. — De Gibieuf. — Libault.

*Fasce accompagnée ou surmontée de trois objets
semblables.* — D'Augustin. — Blanchard. —
De Boisvilliers. — Bonin. — Bonnet. — Du
Breuil. — Cazy. — De la Chapelle-Boucheroux.
— De Charault. — De Chassy. — Chavastel.
— De Fouchier. — Des Friches. — Gaucher.
— Gendre. — Georget. — Gouge de Charpeigne.
— De Guérard. — Guesnier. — Jardin. —
Jumel. — De Lâge. — De Laleuf. — De Loiseau.
— Du Mas. — De May. — Mondin. — De Ponceau.
— Rivière. — Tabouët. — De Valenciennes.

*Fasce accompagnée ou surmontée de trois objets
non semblables ou de moins de trois objets.* —
D'Amours. — Le Bègue. — De Berthemet. —
Brisson. — De Bron. — Communy. — Dudevant.

— Gaudinot. — Pallienne. — Du Pré de Saint-
Maur. — Simon de Chancenay. — Le Tellier
de la Varablière.

Fasce accompagnée de plus de trois objets. — Augier.
— Bindé. — Dagoret. — Durand. — De Flory.
— Foucault. — Gaucher. — Heuliard. —
De Lanty. — Neiret. — Petitjean de Maransange.
— Des Roziers. — Tandegué.

Fasce chargée. — Bernot de Charant. — Bidard.
— Bonnet. — Bruères. — Charlemagne. —
Chaumet. — Chevalier d'Almont. — Corsant.
— Doré. — Dubois de Bélair. — Gagneux.
— Isambert. — De Moyreau. — Nadaud de
Valette. — De Paris de Montmartel. — Du Pertuis.
— Riffault. — Simon. — De Verton.

Fasce chargée et accompagnée. — D'Auvergne.
— Beguin. — Berthier. — De Bourdiers. —
Bourgeot. — Brun. — Caraud. — Carcat. —
Carré. — De Castaing. — Charbonnier. — De
la Chassaigne. — Châtillon. — Chaumeau.
— Du Closel. — Cœur. — Fromenteau. —
Le Fuzelier. — Gagnepain. — De Ganay. —
Jounier. — De Lauverjat. — De la Loë. —
De Maray. — Milon. — De Puyvinault. —
Richard. — Sain. — Sarrazin. — Savart. —
Texier. — Thiboust de Quantilly. — Toubeau
de Maisonneuve. — Thiery. — Trousseau.
— De la Vigne.

*Fasce échiquetée, ondée, entée, fuselée, nébulée,
vivrée, dentelée, haussée, nouée, gironnée.* —
Ajasson de Grandsagne. — Baraud. — De
Bretagne. — Du Breuil-Baraize. — De Bricefort.
— De Brossard. — de Clèves. — Colladon. —
Corbin. — Crochereau. — Gillet. — Gourdon.
— Heuliard. — Jannequin. — Libault. —
De Maillé. — Martin. — De Moyreau. — De
Pocquières. — De Preaux. — Richard. —
Rivière. — Savart. — Stuart d'Aubigny. —
Tixier de Ligny. — Le Vaillant de Chaudenay.
— De Vaux.

Fasces (plusieurs). — D'Aigrefeuille. — D'Aligé.
— Aucapitaine. — Babin de Lignac. — De Bar.
— Baraton de la Romagère. — Berthau des
Gatines. — De Besdon. — De Boueix. — De
Breuille. — De Bricefort. — De Brossard.
— Brochet. — Bully. — Chardebœuf. —
Charrier. — De la Chassagne. — De Chollé.

— De Déols. — De François de Boisgisson. — Gédouin de Thais. — De Gonzague. — Guyon de Montlivault. — Hervet. — D'Isle. — Le Jay de Bellefond. — Labbe de Champgrand. — De Laspic. — Ligonnet. — De Maillé. — Martin de Marolles. — De Massonne. — De Maumont. — Ménard. — De Murat. — D'Orléans de Rère. — D'Orléans de Crecy. — De Pons. — De Potin. — Pournin. — Prevost. — Rabouin. — Ragot. — De Refuge. — Roquier des Patrigeons. — Rougen. — Sadron. — De Saint-Avy. — Simonnet — De Tespes. — Tixier de Ligny. — De Vaillant.

Fascé enté, ondé, nébulé. — Asse, — Bailly. — Barrat. — De Beauvilliers. — Foussedoire. — De Jussac. — De Lespinasse. — De Marans. — Nottin. — D'Orléans de Rère. — Palatin de Dio. — Penancoët de Keroualle. — Robin de Lambre. — De Rochechouart.

Faux. — Brun.

Fers de cheval. — Ferran. — Ferré. — Thibault.

Fers de lance, de flèche, Pique. — D'Anjou. — De Bigu de Chery. — De Fradet. — Georget. — Lannoy. — Picard.

Fers de moulin, v. Anille.

Fermail. — Stuart d'Aubigny.

Feuille. — Arthuys de Charnisay. — De Blet. — Carré. — Jagault. — De Messemé. — Thiboust de Quantilly.

Fève (cosse de). — Cosson de Lalande.

Figure humaine, Visage de femme. — Amy. — De Barbarin. — Bonin.

Filet. — De Clèves. — De Loynes. — De Monestay-Chazeron. — Théault.

Flammes, Langues de feu. — Augier. — Bienvenuat. — Bouchel. — Halicourt. — Isambert. — Pabot. — Picard. — Richard. — Ronsart.

Flèche. — D'Arreau. — Bastier. — Bias. — Bidard. — Bord de Grandfont. — Douard des Gadeaux. — Hémeré. — Des Manchins. — Renon. — Rossignol de la Ronde. — Sabasteau. — Saget. — De Sathenat. — De Vézien.

Fleurs, Fruits. — De Babute. — Babou de la Bourdaisière. — De Bethoulat. — Blondeau. — De Boury. — De Chabenat. — Du Coing. — Collet de Messine. — De Cucharmois. — De Fleury. — Gineste. — Hemeré. — Heulhard. — Le Large. — Mijonnet. — De Paris de Montmartel. — Peigner. — Phelippes de Billy. — Picault. — Poirier. — Rat. — Renier. — Savart.

Fleur de lys seule ou dans un quartier de l'écu. — De Gebert. — De Rechignevoisin. — De Saint-Quintin.

Fleur de lys avec d'autres pièces. — De Bastard. — Du Buc de Lauroy. — De Charron. — De Compain. — De Pagany. — De Ribot. — De Varennes.

Fleur de lys sans nombre. — Ancellon. — D'Anjou-Mézières. — De Marçay. — Du Pont. — De Vendôme.

Trois fleurs de lys. — D'Albret-Orval. — D'Aloigny. — de Bourbon-Condé. — De Bourbon-Busset. — De Boussigny. — De Brilhac. — De Brossard. — De la Brosse. — De Clèves. — Ferré. — Le Fuzelier. — Stuart d'Aubigny. — De Vendôme.

Fleurs de lys sur des pièces de l'écu. — Bouer. — De Bourges. — De Fadate. — Gautier. — De Lannel. — Lecamus. — De la Loë. — Le Normant. — De Tespes. — Trousseau.

Foi, Alliance. — Agougué. — Bienvenu. — Cousin. — De Cousin de la Tour-Fondue. — Cousturier. — Durand. — Terrasse. — Thévenat.

Fouine. — Fouynat.

Fourmi. — Voile.

Franc-Quartier. — Callande de Clamecy. — Dudevant. — De Murat. — Porcher de Richebourg. — Sallé. — De Vulcob.

Fretté. — De Beauvilain. — De Boyau. — Latier.

Fruité. — Bertrand. — Le Blanc de Marneval. — Coutée de Paumule. — Maugenest. — De Pommereau. — Ruellé du Chéné. — De Vignolles.

Fuseau. — Des Colards.

Fusée. — De Balou. — De Bouthillier. — Brisson. — De Chauvigny. — Gauthier. — De Guénant. — Pinsson. — De Pocquières. — De la Rippe. — De Sennetère.

Fusil. — De la Vigne.

Gantelets. — De Ricoux.

Gerbe. — Bâlavoine. — Le Begue. — De Brosse. — Desjobert de Prahas. — De Faix. — Goulu. — Grené. — La Joye. — Lavaudrier. — Mercier. — De Nieul-Tercillac. — Pallienne. — Perigois. — Robert de Chenevières. — Scourion. — Villot.

Genet. — Maugenest.

Giron, Gironné. — Dauphin. — D'Estampes. — — Girault.

Girouette. — Girault. — Maréchal. — Quasy.

Gland. — De la Barre. — Bochetel. — Bonnet. — Du Breuil du Bost de Gargilesse. — De la Brosse. — De la Chassaigne. — Du Chesne. — Dejan. — Grazon. — Pearron. — Phelippes de Billy. — Pincau des Forêts. — Simon de Chancenay. — Thiboust de Quantilly.

Globe. — Lhomme.

Grappe de raisin. — Drouet. — Quillery. — Robin. — Thévenin. — Vigan. — Vignat.

Grelot, Grillot, v. *Sonnette.*

Grenade. — Mercier.

Grenouille. — Deshayes.

Griffon. — Barjot. — Chigot. — Clerjaut. — De Cochon. — De Rachepelle. — De Roland.

Griffon (patte de). — De Buade. — Houet. — Minard. — Robert.

Grue, Cigogne. — Brossier. — Charbonnier. — Delard. — Duchier. — De Gréaulme. — Léveillé. — Loiseau. — Scoffier.

Gui. — De Guibert. — Guinet.

Hache d'Armes. — Quasy.

Haie. — Deshayes.

Harpe. — D'Arpajon. — David.

Heaume, v. *Casque.*

Hermine (moucheture d'). — De Bertrand de Beuvron. — Cardinet de Poinville. — De Chabannes.

— Duvergier de Hauranne. — De Gaucourt. — Heyrault. — Lamoignon. — De Moncorps. — De Montbel. — De Saint-Martin.

Hermines (d'). — De Coigne. — De Rohan.

Héron (tête de). — Brossier. — Marandon.

Herse. — Baron de Palis. — Du Halde.

Homme. — Lhomme.

Houlette. — Houet.

Huchet, v. *Cor de chasse.*

Hure. — Aubry. — De Baillou. — Bastier. — Boju. — De Bouchardière. — De Chenu. — Chenu de Mangou. — Cochon de Lapparent. — Du Fresneau. — Gaudeffroy. — Jean. — Manessier. — De la Motte-Tilloux. — De Pardieu.

Ile. — D'Isle. — Porlier. — Rat de Salvert.

Jacquette. — Jacques.

Jonc. — Dudanjon.

Joug. — Join. — Jounier.

Jumelle. — Du Breuil-Baraize. — Corard. — Chardon. — Lannoy. — De Meaux.

Lac d'Amour. — Dairolles.

Lambel. — De Bonnafau. — De Beaujeu. — Chaumeau. — De Chauvigny. — De Courault de Chevilly. — Le Fuzelier. — Le Jay de Bellefonds. — De Jussac. — De Maussabré. — Richard. — de Sancerre. — De la Vigne.

Lance. — De Buffevent.

Lapin. — Grozieux de Laguérenne.

Larme. — David. — Fouchier. — Pellisson. — De Saint-Pierre.

Léopard, Lion léopardé. — Audiers. — Barbier. — De Beaucaire. — De Biottière. — De Blanchefort. — Bonin. — De Chastenet-Puységur. — De Cochefilet. — Foret. — Gourdon. — Guinet. — De l'Isle. — De Jaucourt. — Jumel. — De Mauvoisin. — Millet. — De Montsaulnin. — De Moussy. — De Naillac. — Péron. — Poignant. — Robin de la Cotardière. — De Rochefort.

— De Sorbiers. — De la Souche. — Tenon. — Du Verdier.

Léopard (tête et visage de). — Agard de Maupas. — Auger. — De Barbançois. — Bigot de la Touanne et de Morogues. — De Monicault. — Du Roux.

Lettre, chiffre et monogramme. — Augier. — Berthier. — Cartier. — Cibot. — Desruaux. — Gombault. — Larcevesque. — Marchand. — Penier. — Thomas. — Yel de la Cour et de Castelnault.

Lézard. — De Bonnard. — De Boyau. — Cottereau. — Payard. — Le Tellier. — De Villantroys.

Licorne. — D'Avesne. — Bedé. — Bienvenu. — Genton. — Legrand. — Rat de Salvert. — De la Rue.

Licorne (tête de). — Bouilhat. — De Chevrier. — Colladon. — De Valenciennes.

Lièvre. — De Flory. — Séveragot.

Lion seul dans l'écu ou dans un quartier de l'écu écartelé. — Des Ages. — D'Aigurandes. — D'Amours. — André. — D'Anglars. — D'Aubigné — Bailly. — De Bazoge. — De Beauvilain. — Le Bloy. — Bolacre. — De Bonneval. — Le Borgne. — De Bosredont. — De Boyau. — De Bressolles. — De Bricefort. — Busson de Lavèvre. — De Chabannes. — De Chamborant. — Cirodde. — De Cluys. — Dantigny. — Delleterie. — De Foullenay. — De Gastineau. — Gaudin. — Gilberton. — De Goulard. — De Graçay. — De Guibert. — Guyard. — De Juliers. — De Liniers. — De Malliveau. — De Massonne. — De Mazières. — Menouvrier. — De Mesgrigny. — Du Mesnil. — De Montléon. — De Moyreau. — De Pannevère. — Peyrot des Gachons. — De Pierre-Buffière. — Le Picard de Phelippeaux. — De Poyenne. — Du Puy du Coudray. — Richer. — De Rochedagou. — De Roffignac. — De Sanson. — Taillon. — Thomas. — De Troussebois. — Des Ulmes. — De Valsergue. — De Vaux. — De Vignolles-Mautour. — De Villaines.

Lion dragonné. — De Rochedragon.

Lion léopardé, v. *Léopard.*

Lions (deux), Lionceaux. — Ancel. — De Berthemet. — Bujon. — Danié. — Macé. — Le Maréchal. — De Pagany.

Lions (trois). — D'Aubigny. — De Barbançon. — De Blet. — De Boucard. — Du Château. — Hemeré. — Menigault. — De Sathenat. — De Talleyrand-Périgord. — De Vendôme.

Lion avec d'autres pièces. — D'Assy. — D'Aubigny. — D'Aureuil. — Baraton. — Le Bas. — De Beaufort-Montboissier. — De Beaujeu. — De Beaulac. — De Bigny. — Blanchard. — Boëry. — De Bonnay. — Bourdalouc. — De Boutillon. — De Breuille. — De la Briffe. — De Brisacier. — De Bron. — Bruères. — Chapus. — Charpignon. — De Chauveau. — De Chénac. — Cordeil. — De Courault de Chevilly. — De Culant. — Esmard. — De Galleazy. — Georges. — De Gonzague. — Grellet de la Deyte. — D'Haramburc. — Heyrault. — Juliot. — Labbe de Champgrand. — De Laspic. — Lassée de Maron. — Du Ligondès — De Linières. — Macé. — De Malesset. — Le Maréchal. — De Mauroy. — Le Mercier. — De Montbel. — De Mousseaux. — De Moyreau. — De Muzard. — De Pagany. — De Panevinon. — Pellet. — Pinault des Ormeaux. — Pocquet de la Mardelle. — Du Pont. — De Preaux. — De Rachepelle. — De Reynard. — De Rigault. — De la Roche-Aymon. — De Rochedagou. — Des Roches-Herpin. — Roger. — De Saint-Gelais-Lusignan. — De Saint-Julien. — De Sathenat. — Savigny. — De Senneville. — Seurrat. — Stuart. — Thaumas de la Thaumassière. — Thibault. — Des Ulmes. — De Vendôme. — Du Vergier.

Lion morné. — Des Ulmes.

Lion naissant, issant. — De Cribleau. — De Malleret.

Lion (patte de). — Collasson.

Lion (tête de). — Bonamy de Villemerieul. — De Compain. — De Farou. — François. — Gentils. — Le Groing. — De Louche. — Le Roy d'Alarde.

Losange. — Bonin. — De Bouthilier. — Casy. — Chaumet. — De Gigault de Bellefonds. — Goulu. — De Guénant. — Hyde de Neuville. — Mathonnet. — Ragu. — Renault. — De la Rue. — Savigny. — De Villaines. — De la Villatte.

Losangé. — Des Barres. — De Bertrand de

Beuvron. — De Céris. — De Loubes. — De Texière. — Turpin de Crissé. — Turpin de Vauvredon.

Loup (tête de). — Baille. — Le Loup. — De Lubersac.

Lune. — De Beauregard. — Bery. — Grozieux de Laguérenne.

Lys (tige de). — D'Anjorrant. — Augier. — De Bardonnet. — Le Blanc. — Delys. — De Fleury. — Hortoul. — Jardin. — Libault. — De Ligonnac — Pocquet de la Mardelle. — Regnier.

Lys de jardin. — Valée.

Macle. — Baucheton. — De Bridieu. — Jagault. — D'Orsanne. — Poignant. — De Rohan. — Triboudet de Maimbray.

Maillet. — Magnard de Drulon et du Vernay. — Maillet.

Main. — Babou de la Bourdaisière. — Beraud. — Bonamy. — Chenu. — Girardeau. — Du Mesnil-Simon. — Porcher de Richebourg. — De Ribot. — Le Tellier de la Varablière. — De Villemenard.

Manche mal taillée. — Du Breuil du Bost de Gargilesse. — Herpin.

Manipule. — De Villiers.

Mantelé, v. *Chappé*.

Mas (sorte de seau). — Thomas.

Marteau. — De Martel. — Thevenat.

Masse, Massue. — Bondor. — De Lagogué. — Macé. — Sergent.

Matrice de monnaie, Marc d'or. — Marchand. — Rousseau.

Mer, Rivière, Ruisseau, Onde. — Guyot de Montgermain. — De Marcillac. — Mercier. — Merigot. — Popineau. — Roger. — De Saint-Bonnet. — Tabouët. — Voille.

Merlette. — Agenet. — Armenault. — D'Arsonville. — Auboutet. — D'Aubrun. — D'Aumont. — D'Auvergne. — De Beauvilliers. — Beguin. — Berthier. — De Boisbertrand. — De Boisselet. — Boju. — De Bongards. — Bourgeot. —

De la Briffe. — Catherinot. — De la Chapelle-Launay. — Charrier. — De Couhé de Lusignan. — Couraudin. — Fouchier. — Geoffrenet de Champdavid. — De Giac. — De Lanty. — De Leffé. — De Lesme. — Lignaud de Lussac. — De la Loë. — Des Magnoux. — Milon. — De la Motte-d'Houet. — Pecquot de Soupize. — De la Pivardière. — De Ponceau. — De Potin. — Prevost. — Regnault de la Mothe. — Robin de Lambre. — De Roffignac. — Roquier des Patrigeons. — Rossignol de la Ronde. — Tiercelin. — De Verdillac. — De la Vigne.

Miroir. — Porcher de Richebourg.

Mître. — De Ville.

Molettes d'éperon. — De Beaulac. — Bezard. — De Boisrouvray. — De Bomiers. — Briquet. — Carcat. — Chevalier d'Almont. — De Constant. — Cornuel. — De Cotignon. — De Cribleau. — De Culant. — Des Escures. — Fils-de-Femme. — De Gallcazy. — Gaultier. — Genton. — De Lagogué. — De Lesme. — De Montaignac. — De Moras. — De Neuchèzes. — De Peuille. — Poupardin. — De Roffignac. — Roux. — De Ruilly. — De Sully. — Tassin. — Le Tellier de la Varablière. — Thaumas de la Thaumassière. — De Thobie. — Vallois.

Monde, v. *Ballon*.

Mont, Montagne. — Bord de Grandfont. — Boucaumont. — Guymon. — Robin.

More (tête et buste de). — D'Anjou. — De Beauregard. — Le Blanc. — Le Bossu. — Bruneau. — Brunet. — Brunet Laperelle. — Charreton. — Du Closel. — Gaucher. — Moreau. — Moreau des Breux. — Morel. — Morin. — Mouron. — De Moyreau. — Poisle. — Sain. — Tacquenet.

Mouche, v. *Abeille*.

Mouton, Bélier, Brebis. — Arnoul. — Baille. — De Bourges. — Moutonnet. — Pasquet. — Ragon. — Rimbault. — Robin. — Robin de la Cotardière.

Navire, Vaisseau, Canot. — Lemort. — Mac. Nab. — Porreau de Boisvert. — Voille.

Nid. — Nicquet.

Nuée. — Babou de la Bourdaisière.

Oie. — Langlois.

Oiseau, Tête d'Oiseau. — Alligret. — Aubespin. — Auger. — Aupic. — Becas. — Becuau. — Bernard. — Berthier. — Bery. — De Boisrot. — Briand. — De Bron. — Caillaut. — Callais. — Carré de Montgeron. — Dairolles. — Durand. — Esterlin. — Estourneau. — Faisant. — Gervaise. — Girardeau. — Girault. — De Guillon. — Guymon. — Hervet. — Lepiat. — Lienard. — De la Loë. — Mahon. — Marchand. — Martin. — Millet. — Penin. — Piat. — Ragu. — Robinet. — Simonnet. — Thierry. — Thilloys.

Ombres de Soleil. — Bertrand. — Le Clerc. — Petit.

Ondes. — Alasscœur. — Béchereau.

Orle. — De Maumont.

Ours. — D'Harambure. — Lehours.

Pal. — De Chauveron. — Frottier de la Messelière et de la Coste. — Gaudon. — Gauthier. — Grasset. — De Laujon. — Payard. — Perreau. — Du Peyroux.

Pals (plusieurs), Palé. — D'Amboise. — Ancel. — D'Arpajon. — Aubépin. — Babou de la Bourdaisière. — Berault. — Buchet. — De la Chapelle-Launay. — De Coustures. — Deffenty. — Dobin. — Duvergier de Hauranne. — D'Estutt d'Assay. — De Fontenay. — Gaucher. — Giraud. — Guillot. — Jouin. — De Magnac. — De Passac. — De Ponard. — Rabier. — Ragu. — De Razès. — De Reugny. — Riglet. — De Rilhac. — De Rivière. — De Villantroys.

Palme. — Aupic. — Baugy. — Blanchard. — Le Clerc. — Cœurdoux. — De Dril. — De Gévry. — Girardeau. — Lasné du Colombier. — Mauduit. — De Monicault. — Robin de Coulogne. — Tabouët. — De Verdon.

Palmier. — Bertrand. — Crublier de Fougères. — Paumier. — De Pernière. — Regnier.

Paon. — De Vignolles.

Papillon. — Barrin de la Galissonière. — De Maray.

Parti. — D'Allegrin. — Babou de la Bourdaisière. — De Bastard. — De Bizal. — Du Breuil du Bost de Gargilesse. — De Chambellan. — Chartier. — De Cribleau. — Dudevant. — Georges. — D'Herer de Panday. — De Laleuf. — De Marans. — Pabot. — Perreau. — Peyrot des Gachons. — Peyrot. — De Reynard. — De Rohan.

Pégase. — Tabouët.

Peigne. — Peigner.

Pélican. — D'Amours. — Ausseure. — Goyer. — Jolly de Bussy. — Lecamus.

Pelle. — De Rachepelle.

Pennes. — Gayault.

Perle. — Gouin.

Perroquet. — Beuille. — Guyot d'Asnières. — Perrot. — Thiboust de Quantilly. — De Rusticat.

Phénix. — Du Ban. — Ronsart.

Piedestal. — Contancin.

Pignon. — Gallerand. — Massonneau.

Pin, Cyprès. — Le Bas. — Crublier de Fougères. — Dupin. — Gillet. — D'Isle. — Penigault. — Pignot. — Pinault de Bonnefond. — Popineau. — Rapin. — Ruellé du Chéné. — De Rume.

Plante de Lin. — Gaulin.

Plumes d'Autruche. — De Marolles.

Pointe. — Quillery.

Pointes pyramidales. — Thomasseau.

Points équipolés. — Gentil.

Poissons. — De Bigny. — Gougnon. — Guymon. — Guyot de Montgermain. — De Lacoux. — Maréchal. — Michel. — Porcheron. — De Saint-Bonnet. — De la Varenne. — Vivier de la Chaussée.

Pommes de pin. — Aubespin. — Bouilhat. — Communy. — Crespin de Billy. — Pichonnet. — Pignot. — Pinette. — Pinon de Quincy. — Quentin de Richebourg.

Pommier. — Maugenest.

Pont. — Dupont. — Merigot. — De Pons. — Porreau de Boisvert.

Porc. — Grazon.

Porc-épic. — D'Augustin. — Le Coigneux de Bélabre. — Ragueau.

Portail, Porte. — Carré. — Gérouilhe de Beauvais. — De Voudenay.

Pot. — De Buchepot.

Poule, v. *Coq.*

Puits. — Bonneau d'Alençon. — Dupuy. — Gallepuy.

Pyramide. — Auger.

Quintefeuille. — Armenault. — De l'Aubespine. — Barathon. — Bastonneau. — Du Buat. — Bureau. — Chartier. — De Chateaubodeau. — Le Clerc. — Crochereau. — Mathonnet. — D'Oiron. — Du Pertuis. — Du Plessis-Châtillon. — Stuart d'Aubigny.

Rameau, v. *Branche.*

Ranchier. — De la Grange.

Rat. — Foubert. — Ragueau. — Rapin. — Ravot.

Ray d'Escarboucle. — De Clèves.

Redorte (branche d'arbre retortillée en anneaux' les uns dans les autres). — Giraud.

Renard. — Chaudru de Raynal. — Du Doyé' — Lesac. — Magnard de Drulon et du Vernay'

Rivière, Ruisseau, v. *Mer.*

Roc d'échiquier. — De Beauvoir. — Du Carteron· — Darchis. — Labbé. — Le Normant. — Rochier. — Rocque.

Roquet (fer de lance épointée). — D'Au.

Roche, Rocher, Demi-Rocher. — Agougué. — Bergeron de Charon. — De Biet. — De Boutillon. — Callande de Clamecy. — Courtillat. — Girault. — Isambert. — Lasné du Colombier. — Perreau. — De la Perrière. — Reffort. — De la Roche. — Rocque. — Roger. — Taboüet.

Rose, Boutons de Rose. — Archambault de Montfort.

— Arnoul. — Aubry. — Autort. — Baraton d'Etat. — De Beaufort-Montboissier. — Beçon. — Belin. — De Besdon. — Bonamy. — Bonnet de Sarzay. — Boursault du Tronçay. — Briand. — Bridard. — Brisson. — Brunet. — Carré de Montgeron. — Du Carteron. — De Castaing. — Charlemagne. — Charrier. — De Chéry. — Chevalier d'Almont. — De Chollé. — Le Cointe. — Collasson. — Duchier. — Esnay. — De Flory. — Fromenteau. — De Ganay. — Gassot de Fussy et de Champigny. — Gay d'Aubilly. — De Gebert. — Goulu. — Guichard. — De Guillon. — D'Herouard. — Huault. — Isambert. — De Laize. — Lallemant. — De Lapelin. — De Lauverjat. — De Ligny. — Lucas. — De Marandé. — De May. — Mazelin. — Le Mercier. — Moreau de Chassy. — De Mousseaux. — Nizon. — Page de Maisonfort. — De Pardieu. — Pellisson. — Perrot. — Périsse. — Philippot. — Poupardin. — Ragu. — Richard. — Des Rosiers. — Sabathier. — Tandegué. — Du Teil. — Texier. — Thinat. — Thomas. — Toubeau de Maisonneuve. — Du Vergier. — Vermeil. — De Vezien. — De la Villatte. — Villot. — Vivier de la Chaussée.

Rose tigée. — Bouilhat. — Mercier. — D'Oiron. — Rougier. — Roze. — De la Varenne.

Rosier fleuri. — De Fleury.

Roseau. — De Laujon.

Roue. — Bichard. — Cornillat.

Ruche. — Ledoux.

Sabot. — Sabardin.

Sac. — Caillaut.

Sanglier. — Drouslin. — Fauvre.

Sangsue. — De Doullé.

Sautoir, Flanchis. — André. — D'Angennes. — De l'Aubespine. — Bardet. — Beçon. — Belin. — Bouer. — Du Carteron. — Des-Colards. — De Cotignon. — Courtin. — De Crévecœur. — Danau. — Dodart. — Ferron. — Goulu. — De Greuille. — De Guillon. — D'Harambure. — Juliot. — Laurens. — De Malleret. — De Maumont. — Mitterand. — De Montaignac. — Neveux. — Nottin. — Stuart d'Aubigny.

— Théault. — Thebault. — Thibaud de la Rochethulon. — De Varennes.

Scie. — D'Assier.

Scorpion. — De Jarnage.

Semi. — Ancellon. — D'Anjou-Mézières. — De Bizal. — Du Chesneau. — De Culant. — Grazon. — Du Pont. — De la Roche-Aymon. — De Rochefort. — De Saint-Julien. — De Sully. — Thaumas de la Thaumassière. — De Vélard.

Serpent, Couleuvre, Vipère, Bisse, Tête de Couleuvre. — Bardet. — Bezard. — Brouart. — Châtillon. — Colbert. — Jagault. — De Massonne. — Perrinet. — Pocquet de la Mardelle. — Porcher de Richebourg. — Ragon. — De Refuge.

Serpent ailé. — De Clamecy.

Serpent (tête de). — Gourdon.

Singe. — Devaux.

Sirène. — Alassœur.

Sixtefeuille. — De Montjouan.

Soleil. — Du Ban. — De Bardonnet. — De Beauregard. — De Beauvoir. — Le Bègue. — Bery. — Boëry. — Bourdaloue. — De Chabenat. — Châtillon. — Le Cointe. — Communy. — Dufour. — Dupuy. — Fauvre. — Gay d'Aubilly. — Gigot. — Jourdain. — De Lastes. — Lhomme. — Mansard. — Rivière. — Roger. — Soulet. — Toubeau de Maisonneuve. — Veillat.

Sonnette, Grelot, Grillot, Cloche, Clochette. — Alabat. — De Bretagne. — Cornillat. — Grellet de la Deyte. — Sanson. — Thinier.

Taillé. — Leger. — De Marans.

Targe, Targette (Bouclier). — De Culon. — Millet.

Tau ou Croix de Saint-Antoine. — Thomas.

Taureau. — De Lanet.

Taureau (tête de). — Bindé. — Bouer. — Dorléans. — Lucas. — Pain.

Terrasse, Motte, Terrassé. — Agobert. — Augier. — Berault des Billiers. — De Boisgucret de la Vallière. — Bonneau. — Camelin. — Crublier de Fougères. — Delard. — Delys. — Deshayes. — Dudanjon. — Esterlin. — De Fleury. — Grillon. — D'Isles. — Jaupitre. — Lehours. — Magnard de Drulon et du Vernay. — Maugenest. — De Montagu. — Du Motet. — Neraud. — De Pommereau. — Rapin. — De Saint-Bonnet. — De Sauzay. — Thilloys.

Tête de Janus (à deux fasces). — Barbe.

Tête humaine. — Desages.

Tête de fille. — Gendre.

Tête et visage de femme. — Grossetête. — Tenon.

Tierces, tiercé, retiercé. — De Bar. — De Marans. — Tiercelin.

Tiercefeuille. — Davril. — De Prie. — Le Roy. — De Thianges.

Tortue. — Corset.

Tour, Tourelle. — Augier. — D'Aureuil. — De Ballue. — Bastide. — Bechet. — Bien. — De Bourdiers. — Bourges. — Châtillon. — De Cluys. — Cluzel. — De la Cour. — Cujas. — Devaux. — Maréchal. — De Maumont. — Du Motet. — Poubeau. — Reffort. — De Sauzay. — Sebize. — Seurrat. — Thibaut de Guerchy. — De Tollet.

Tourteau. — D'Argier. — Arrouflard. — D'Auttay. — Baucheron. — De Charault. — De Courtenay. — Dagoret. — Du Dril. — De Fadate de Saint-Georges. — Ferron. — De Fourcy. — Gallucio de l'Hôpital. — Gilbert. — De l'Hopital. — Liénard. — Du Mas. — Le Normant. — D'Orléans de Rère. — D'Orléans de Crecy. — De Perelle. — Regnault de la Mothe. — Regnier de Guerchy. — Sarton. — Theault. — De Valsergue. — De Vulcob.

Tranché. — Laubier. — De Marans. — Millet.

Trangle. — D'Argy.

Trèfle. — Audet. — Bidon de la Prévôterie. — Bitherne. — Bonin. — Le Borgne. — Bouffet. — Bougnier. — De Bourdiers. — De Brisacier.

— De Broé. — Brossier. — Cartier de Saint-René. — Cristaut. — Deschamps. — Dubois de Belair. — De Gibieuf. — Girault. — Grasset. — Jouslin. — De la Loère. — De Loiseau. — Luquet. — Le Marchant. — Merigot. — D'Orléans — Du Pré de Saint-Maur. — De Soubrays. — Tardif. — Thabaud-Deshoulières. — De Thianges.

Trescheur. — Stuart.

Triangle, Delta. — Baudet des Perrins. — Charrier. — Cherrier. — Le Clerc. — Geoffrenet de Champdavid. — Le Maréchal. — De Villages.

Trousseau, Balle de marchandise. — Guénois. — Trousseau.

Urne. — Boytieres de Saint-Georges.

Vache. — De Brettes.

Vair. — De Bosredont. — Du Carteron. — De la Châtre. — De Lage de Cerbois. — De Laujon. — De Linières. — De Magnac. — De Patoufleau.

Vent (tête d'enfant). — Roger.

Vergette. — Bonnin. — Le Comte.

Vivre. — De Puyvinault. — Thierry.

Vivré. — De Blancafort. — Dobin.

Voile. — Voille.

Vol, Demi-Vol. — Boudet de Puymaigre. — De Brielle. — De la Bussière. — Robertet. — De Wissel.

LISTE DES SOUSCRIPTEURS

AJASSON DE GRANDSAGNE (Comte), La Fontaine-aux-deux-Frères, par Reuilly, Indre.
ALMONT (Vicomte d'), château La Cour, par Ivoy-le-Pré, Cher.
ALMONT (Baron Pierre d'), château de l'Echéncau, par Ennordres, Cher.
Archives du Cher, 9, rue Fernault, Bourges, Cher.
AUDE (A.-F.), 35, rue de Rome, Paris (8e).
BARAUDON (Comte A.), château de Quantilly, par Saint-Martin-d'Auxigny, Cher.
BARRÉ DE LÉPINIÈRE (Roger), château des Loges, Nevers, Nièvre.
BAUCHERON DE LÉCHEROLLE (Raoul), château de Pioux, par Ardentes, Indre.
BEAUCHAMP (Pierre-Robert DE), 72, rue Carnot, Poitiers, Vienne.
BEAUFORT (Lieutenant-Colonel DE), chalet de Varenne, Salbris, Loir-et-Cher.
BEAUFRANCHET (Comte DE), château de Moisse, par Bétête, Creuse.
BENGY (G. DE), 2, chemin de Beau-Soleil, Montauban.
BENGY (Henry DE), château de Labouchatte, par Vallon-en-Sully, Allier.
BENGY DE PUYVALLÉE (DE), château de Puyvallée, par Saint-Eloy-de-Gy, Cher.
BERTHOULAT (Georges), Sénateur, 195, faubourg Saint-Honoré, Paris.
BETHMONT (René), Ruffec-le-Château, Indre.
BIZEMONT (Comtesse DE), château des Ages, Le Blanc, Indre.
BIZEMONT (Mademoiselle DE), château de Norion, Foëcy, Cher.
BLANCHET (Adrien), Membre de l'Institut, château de Briantes, Indre.
BONNAULT D'HOUET (Vicomte DE), château de Mérélessart, par Hallencourt, Somme.
BONNEVAL (Comte DE), Thaumiers, Cher.
BONNEVAL (Vicomte DE), Issoudun, Indre.
BOUILLÉ (Madame G. DE), château de Pavée, par Bourgueil, Indre-et-Loire.
BOURBON-LIGNIÈRES (Comte DE), château de Lignières, à Lignières, Cher.
BOURGOIN (Marcel), Dun-sur-Auron, Cher.
BUZONNIÈRE (Madame Edgard DE), née BAUCHERON DE BOISSOUDY, 40, rue du Faubourg-Bannier, Orléans, Loiret.
CAVÉ (François), château de Notz-Marafin, Mézières-en-Brenne, Indre.

Celle (Comte de la), La Creste, Audes, Allier.

Champigny (Madame J. de), née de Chateauneuf-Randon, château de Champigny, par Vallon-en-Sully, Allier.

Charlemagne (Edmond), 26, avenue de Déols, Châteauroux, Indre.

Chaumont-Quitry (Marquis de), château de Maubranche, par Moulins-sur-Yèvre, Cher.

Chénon de Léché (Abel), 1, rue du Guichet, Bourges, Cher.

Choulot (Vicomte de), Thauvenay, par Sancerre, Cher.

Couhé de Lusignan (Comte de), 13, rue de la Marne, Poitiers, Vienne.

Decencière, Inspecteur des Eaux-et-Forêts, 2, place de la Préfecture, Bourges, Cher.

Déribéré-Desgardes (Dr P.), 16, rue Houdon, Paris (18e).

Deshoulières, Directeur adjoint à la Société Française d'Archéologie, château de l'Isle-sur-Arnon, par Ids-Saint-Roch, Cher.

Desjobert de Prahas (Raymond), 13, place Lafayette, Châteauroux, Indre.

Dubois de la Sablonière (Pierre), 61, rue des Arènes, Bourges.

Duchier de Jupille (Madame), château de Prahas, Culan, Cher.

Dufour (Joseph), château de Lauroy, Clémont, Cher.

Dure (Docteur E. de la), Saint-Août, Indre.

Estampes (Comte Jean d'), château de Saint-Maurice, près La Charité, Nièvre.

Fumichon (Baron de), La Croslaie, par Vailly-sur-Sauldre, Cher.

Gay-Lugny (Jean), notaire, 76, rue Basse, Pontoise, Seine-et-Oise.

Gaudeffroy (Ch.), château de Rivarennes, commune du Magny, par La Châtre, Indre.

Girard de Villesaison (Paul), 40, rue Moyenne, Bourges.

Grillon (P.), château de Chamousseau, par Villedieu, Indre.

Josset de Lamaugarny, Magnette, par Audes, Allier.

Josset de Lamaugarny (Camille), Audes, Allier.

Jouffroy Gonsans (Comtesse J. de), château de Farges, par Bruère-Allichamps, Cher.

Jouslin (Mademoiselle), avenue Séraucourt, Bourges.

Labriffe (Marquise de), château de Neuville, par Gambais, Seine-et-Oise.

Lagarde (Abbé L. de), Lourdoucix-Saint-Michel, Indre.

Laguérenne (A. de), 17, rue Benjamin-Constant, Saint-Amand, Cher.

Laguérenne (Henry de), 5, rue Marceau, Saint-Amand, Cher.

Léché (Comte de), villa « Les Alcyons », Fécamp, Seine-Inférieure.

Lemoine (Madame A.), 7, rue du Commandant-Martin, Saint-Amand-Montrond, Cher.

Lemoine (René), à Cosnay, par La Châtre, Indre.

Le Pelley du Manoir (Vicomtesse), château de Presly, Cher.

Lestourgie (Madame), château de Chevilly, par Vierzon, Cher.

Louan de Coursays (Baron de), château de la Touratte, par Fosse-Nouvelle, Cher.

Loynes du Houlley (Baron de), château de Montour, Jouy-le-Potier, Loiret.

Machart, 7, rue Bayard, Paris (8e).

Maillé (Duc de), Châteauneuf-sur-Cher, Cher.

Manceron (Paul), 3, rue Tournefort, Nantes, Loire-Inférieure.

Marcillac (Louis de), château de Boisgaillard, par Monétay-sur-Loire, Allier.

Martigné (Madame A. de), château de Saint-Août, Indre.

Massiac (Marquise de), 25 *bis*, rue des Arènes, Bourges, Cher.

Maugenest (Lieutenant Jacques), Beaulieu, par Le Châtelet-en-Berry, Cher.

Maupas (Comte de), 22, avenue de la Bourdonnais, Paris.

Méloizes (Marquis des), 18, rue Jacques-Cœur, Bourges.

Messelière (Vicomte H. de la), 19, rue de Brest, Saint-Brieuc, Côtes-du-Nord.

Orsanne (Comte Charles d'), Olivet, commune de Saint-Julien-sur-Cher, par Villefranche, Loir-et-Cher.

Orvau (Raymond d'), La Planchette, Le Blanc, Indre.

Pallienne (Alfred), Laumoy, par Morlac, Cher.

Pascaud (Fernand), Les Brassins, par Aubigny.

Perrot (Julien), 7, place Lafayette, Châteauroux, Indre.

Pierre (J.), Directeur de la *Revue du Berry*, château de Charon, par Cluis Indre.

Plessis (R. du), château du Tardet, Bélâbre, Indre.

Porcher-Labreuil (Edouard), château de Massay, Cher.

Rancourt de Mimérand (de), Lieutenant-Colonel en retraite, château de la Croix, Neuilly-en-Sancerre, Cher.

Roche (Marquis de la), château de la Lande, par Saulzais-le-Potier, Cher.

Roger (Baron), 53, rue François Ier, Paris (8e).

Roger (François), 20, rue Joyeuse, Bourges, Cher.

Rouget-Belletour (Madame), 3, avenue Boudon, Paris (16e).

Sallé (Baron François), château de Chou, par Moulins-sur-Yèvre, Cher.

Sallé (Mademoiselle G.), 11, rue Moyenne, Bourges, Cher.

Tixier (Pierre), château de Liénesse, par Sancoins, Cher.

Toubeau de Maisonneuve (J.), 25, rue Moyenne, Bourges.

Tournier (Madame la Générale), château des Porteaux, par Veaugués, Cher.

Tristan (Comtesse Louis de), château de Céré, Saint-Hilaire, Indre.

Tristan (Comte Louis de), château de Céré, Saint-Hilaire-sur-Benaize, Indre.

Ussel (Baron d'), château de l'Abeaupinière, par Vatan, Indre.

Vaillant de Guélis (Georges), château de Charmois, par Laizy, Saône-et-Loire.

Vaillant de Guélis (Jacques), 38, rue des Sablons, Paris (16e).

Vallois (Hubert), château de l'Herbay, par Vatan, Indre.

Vaufreland (Vicomte de), château de Vaufreland, par Vinon, Cher.

Vendeuil (Albert de), 6, rue Lézerat, à Châteauroux, Indre.

Vergennes (La Générale Marquise de), château de Bois-Briou, Saint-Martin-d'Auxigny, Cher.

Vergne de la Borde (Comte), 16, rue de Paradis, Bourges.

Verneuil (Pierre de), La Chapelle-Orthemale, par Buzançais, Indre.

Wirande de Bengy (E. de), Laizé, par Hurigny, Saône-et-Loire.

www.ingramcontent.com/pod-product-compliance
Lightning Source LLC
LaVergne TN
LVHW021154050726
842519LV00002B/618